语言的魅力

汪惠迪 著

图书在版编目(CIP)数据

语言的魅力/汪惠迪著.—北京:商务印书馆,2022(2025.9重印)
ISBN 978-7-100-21298-4

Ⅰ.①语… Ⅱ.①汪… Ⅲ.①现代汉语—语用学—文集 Ⅳ.① H109.4-53

中国版本图书馆 CIP 数据核字(2022)第 105113 号

权利保留,侵权必究。

YǓYÁN DE MÈILÌ
语言的魅力
汪惠迪 著

商务印书馆出版
(北京王府井大街36号 邮政编码100710)
商务印书馆发行
北京虎彩文化传播有限公司印刷
ISBN 978 - 7 - 100 - 21298 - 4

2022 年 11 月第 1 版	开本 880×1230 1/32
2025 年 9 月北京第 3 次印刷	印张 11⅝

定价:76.00 元

序

　　语言魅力无穷，但是能把语言的魅力淋漓尽致地揭示出来，而且还要使这些揭示语言魅力的文章产生魅力，让人爱读，实在不是一件容易的事。几十年来，我一直漂在语言的海洋里。因为兴趣和专业的原因，对语言散文情有独钟。写语言散文的大体有两种人：一种是文学家，他们把文学看作语言的艺术，在文学作品的字里行间欣赏美的语言和语言的美，探寻语言艺术表达中的效果和功能，如秦牧的《语林采英》、王蒙的《语言的功能与陷阱》、韩少功的《马桥词典》等；另一种是语言学家，他们在追寻语言结构和使用规律的同时，也通过语言散文普及语言和语言学的知识，如王力先生的《龙虫并雕斋文集》、吕叔湘先生的《语文常谈》等。这些都是人们熟知的"大人物"。

　　然而，多年来，我始终关注着一位语文专家，更是他的忠实读者。他坚称自己只是一个普通的语言文字工作者，而新加坡《联合早报》则总是在他的"语言文字工作者"前冠以"资深"二字。他的语言散文写得有声有色，光彩夺目，引人入胜。进入耄耋之年，仍日日笔耕，语言风采和魅力不减当年，实属难得。

　　国家语委海外华语研究中心（暨南大学）的《华语》公众号对他有如下介绍：

　　汪惠迪，江苏常州人，1984—2000年先后任《联合早报》新闻改写员兼培训（Rewriter cum Train）、高级新闻研究员和语文顾问，退休后先生笔耕不辍，先后担任《全球华语词典》和《全球华语大词典》

副主编，新加坡组主持人，在《咬文嚼字》主持《华语圈》专栏。汪先生在华语传承、传播，华语词典编纂，华语规范和协调等领域深耕多年，发表出版了大量的成果。他的语言散文视野开阔，分析独到，语言活泼犀利，深受读者喜爱。承蒙汪先生厚爱，《华语》公众号得以独家首发他撰写的《结缘新加坡华语》系列短文，现已发表30篇。从中我们可以领略一位84岁高龄的学人对华语事业几十年如一日的坚守和热爱。

上面的介绍简洁、明了、准确。不过，没有提及汪先生在新加坡任职前的情况。事实是，早在20世纪60年代，汪先生就是一位潜心专业的语言学人。他早年毕业于山东师范学院，毕业后，被分配到曲阜师范学院，在中文系任教多年，著有山东省高等师范院校函授教材《现代汉语》（下册，语法修辞，山东人民出版社，1962年）。后在常州教师进修学校任职，讲授语法修辞。80年代，出版了《中学语文基础知识》（香港雅集出版社有限公司，1981年）、《中学实用语法修辞》（香港昭明出版社有限公司，1982年）。

我和汪先生的交往始于新加坡。从《华语的规范与协调》开始，20多年来，海外华语研究的共同旨趣把我们牵在一起，线上线下，无话不谈。他长我近20岁，我们在一起无长幼之别，是忘年交那种。他的故事很多，我和朋友尊称他汪公。这里披露他的两个笔名：常舟仁、崔卯求。不用解释，我想读者已经知道了这两个笔名的来源。

这本《语言的魅力》（以下简称《魅力》），是汪公10年前在商务印书馆出版的《语言的风采》的姊妹篇。《语言的风采》的读者应该已经领略了一个有良知的新中国知识分子的民族情结和语言风采。《魅力》中这70余篇文章，本次结集出版前我大多已经读过，其中不少是发表前就已经读过。顺便说一下，在我读过的文章中，还有不少由于种种原因未能收录《魅力》一书，实在让人遗憾。作为《魅力》的第一批读者，纵观汪先生写文章和写出的文章，我想或许可以用下面五个字概括。

一曰勤。

汪公著文之勤，圈内人人皆知。读书和写作是他每日的必修课。从《魅力》中的文章可以看出，一位老人，在编词典、编专栏之余，有如此之多的著述，非勤恳之人实难做到。他属牛，用他自己的说法，是一头"犟牛"，在他的身上，我们的确可以看到他的老黄牛精神。我们来看看他的一些著述：

《新加坡华文报语文评议》（与中国人民大学合作，新加坡联合早报，1992年）、《熟语天天学》（1—5册，新加坡联邦出版社，1993—1995年）、《词语评改》（1—7册，同前，1994—2000年）、《狮城语文闲谈》（同前，1995年）、《华文字词句》（新加坡玲子传媒私人有限公司，2002年）、《缤纷世界说语用》（新加坡八方文化企业公司，2003年）、《新加坡报章华文应用200题》（新加坡联合早报，2004年）、《新加坡华文字应用百题》（新加坡玲子传媒私人有限公司，2014年）。

要说明的是，这不是他所有著作的清单，也没有包括他在新加坡期间编写的各种字典、词典和教材。

再曰敏。

汪公思维敏捷，文章出手不凡。大到国际风云变幻，小到一个词语使用的变化，都会牵动他那根敏感的神经，快速做出反应。从《呵呵，特朗普》到《老皮，皮斯特》，汪公抓住关键点，通过对词语发展和构成的阐述，对海外反华势力的卑鄙无耻，给予了无情的揭露，语言辛辣，笔触犀利，化腐朽为神奇，令人忍俊不禁。

汪公的"敏"源于对语言生活关注面之广，知识积累之丰。《魅力》中的几大块，涉及语言生活、字词天地、华语华文、新书介绍、人物评介等，领域和话题之多、之广，不能不让人击节赞叹！下面这段文字记录了他的读书生活：

2021年春，为躲避新冠疫情，我回到内地江南老家，宅在家里喝茶，读书，听听音乐，看看电视，倒也舒坦。忽一日，看到微信公众号上一则书讯：《北京话儿化词典》（增订本）出版。随即网购一册，次日书到，开卷阅读。

这也就有了他的《读词典，逛京城，品京味儿》一文。我得提醒一下，此时汪公已经八十有四。

三曰"犟"。

选用这个字颇费神。我的本意是想说汪公为学之执着，但实在想不出一个适合的单音节形容词相配。好在汪公自认"犟牛"，因此以这个字来代表似乎也未尝不可。

汪公性格豪爽大气，但为文则慎之又慎，一个字、一个词，每个细节都不漏掉，的确体现出一种"犟"劲儿。2016年12月，我在悉尼，忽然收到他的微信，说他发现"面包"的"包"有的地方写作"飽"，他在查询各地的情况，让我把悉尼的拍下来。他想弄明白，这种文字使用的错误，为什么在我国大陆非常罕见，而在香港特区和海外的新加坡和马来西亚两国那么普遍，连澳大利亚都有。对其中的缘由，他至今仍在追寻。

这种"犟"也体现在他的较真儿。《爱心座挺好》一文可以佐证。巴士、地铁、轻铁上特为老幼病残孕所设的座位，多叫"爱心座"或"爱心专座"。有人认为应该叫作"需要专座"或者"特需专座"，汪公则指出早有城市使用类似"特需专座"名称，建议不妨选用"爱心座"。

理由是：一词形简短，二立意美好，三使用频密。从语言形式出发，到立意考量，再到社会接受，无懈可击！

四曰真。

务实、求真、接地气，解决实际问题是汪先生的一贯风格。他一直关注语言生活，不仅关注现实的语言生活，也关注虚拟空间的语言生活。他赞赏网络语言，欢呼新时代的语言生活，但他绝不媚俗。在谈到"饭圈"用语时，他说：

网络语言的一大特征是个性化，但是个性张扬到如此田地，未免任性。不用汉字，大多用汉语拼音字母缩写，同时掺杂英语单词，有人说这是"密码"。这样的文字对青少年学习华文，必将产生十分恶劣的影响。(《圈、饭圈、饭圈语》)

他又说：

网络语言像浩瀚的海洋，大浪淘沙，大量流失的是沙，只有金子才会留下。(《大浪淘沙，金子留下》)

汪公始终有一颗童心，率真，真性情。他注重知识更新，善于也乐于接受新事物、新观念和新思想，他的身边总围着一群年轻人。他呼吁让汉语拼音展翅飞翔，他欢呼字母词时代的到来。国内的流行语发布，更是牵动着他的神经。2016年2月，在《读懂媒体上的中国》一文中，他充满深情地写道：

流行语测量着时代的体温，勾勒了时代的画卷，帮助我们读懂媒体上的中国。

写到这里，我忽然想起，同龄人中，无论是用电脑处理文件，上网搜索各种资源，还是用聊天工具讨论问题，等等，他都是先行者。本世纪初，他还在新加坡，我们讨论问题就是用 Hotmail 和 Messenger 进行的。

五曰活。

在汪公的文章里，到处可以感受到"活"，几乎可以用所有表达"活"的成语去描述它们：生动活泼、灵活多样、活灵活现、活蹦乱跳、活龙活现，等等。语言学圈内能做到这一点的并不多。多年来，语言学家们热衷于对语言事实的描写，对影响语言的各种因素进行分析，但缺乏对语言魅力的挖掘。很多年前，一位研究文学的朋友曾经"抨击"说，你们研究语言的，把生动活泼的语言弄得十分艰涩。我有点儿不服气，说你们总套用我们的术语，如话语、文本、言语、能指和所指，等等。朋友戏谑说，这些术语你们一用就死，我们一用就活。这句话杀伤力够大。语言学追求科学，但不是不可以写得生动一些，活泼一些，多一些可读性。这方面汪公做到了，无疑是我们的一位典范。

汪公一生著书为文，锲而不舍地追求短小精悍，长文章也写，但不多。他曾多次跟我谈及他的理念，就是要用社会喜闻乐见的方式，传递一个语文工作者的声音，尽到一个语文工作者的责任，他要用最适合的方式，服务社会语文生活。他善于通过实例来讲道理。例如，为什么用"伊斯兰教"而不用"回教"，到底是"榴莲"还是"榴梿"？他都有精彩的分析。在谈到《全球华语词典》编写时，汪公说，不当语用法官，要当好语用导游。他自己正是这样的"导游"。

我还想说说汪公对祖国语言文字事业的贡献。可以毫不夸张地说，汪公是在海外不遗余力地通过华文媒体推广和阐释中国语言政策和语言标准的第一人。从《魅力》的字里行间可以看出，他洞悉国家语言文字政策和标准，时刻关注国内字词典的变化；他歌唱祖国的语言生活，说方言是一种语言资源，呼唤全球华语研究，为海外华语的传承奔走。

总的来说，和它的姊妹篇们一样，《魅力》是汪公对语言使用的思考和心路历程的记录。能在新书出版前通读一遍，我又从中学到了很多，感到无比的荣幸和喜悦，于是就写了上面这些文字，借以分享我的心得，表达我对汪公的祝贺和感谢。期待着读到汪公更多的新作！

郭　熙

2022年1月8日　于羊城九一斋

目 录

40年200词	/ 1
"碰肘"与"拱手"	/ 6
圈、饭圈、饭圈语	/ 9
"耗子尾汁"真恶心	/ 12
满纸绰号读港报	/ 15
满嘴喷粪谐音梗	/ 19
日子过得很茶楼	/ 21
标语口号务须规范	/ 25
大浪淘沙,金子留下	/ 28
读懂媒体上的中国	/ 32
天朗气清的APEC蓝	/ 36
调侃简化字为哪般	/ 39
小康:一个美丽的词儿	/ 44
"咬文嚼字"与《咬文嚼字》	/ 48
白字谁不念,公仆也难免	/ 52
病态语言务须猛药去疴	/ 54
反腐斗争孕育热词新语	/ 57
国家资源理念下的方言	/ 61
"零翻译"使母语青春永驻	/ 66
顺口溜:民间文学的宝藏	/ 70

习大大：老虎、苍蝇一起打	/ 73
文字无国界，咬嚼处处在	/ 76
当演员被叫作"戏子"的时候	/ 79
推动"文明革命"进入现在进行时	/ 82
缤纷的语文生活彰显汉语的魅力	/ 85
呵呵，特朗普	/ 100
老皮，皮特斯	/ 102
"土豪"还乡啦	/ 105
别让"老赖"进狮城	/ 108
教我如何不想"她"	/ 111
另眼相看"必须的"	/ 118
"娘炮"将走进历史	/ 120
熊猫基地看猫熊	/ 122
抗疫隽语激励斗志	/ 126
英语中的汉文化使者	/ 132
中国创客创新词，玉陶轻叩辞书门	/ 135
爱心座挺好	/ 142
到吃风楼吃风	/ 144
心系榴梿27载	/ 148
汉语拼音展翅飞翔	/ 151
《海峡两岸》字幕语用刍议	/ 156
离开太平山，何处觅知音	/ 161
香港再出发，推广普通话	/ 167

香港中文"再出发"的路向	/172
新加坡华语何以自处	/176
强国须强语,强语助强国	/180
新加坡华语的规范与协调	/183
同姓异拼和异姓同拼	/186
新加坡华语"没大没小"真好	/188
新加坡华语特有词语探微	/191
马来西亚华语规范方略	/234
全球华语:汉语词汇研究与辞书编纂的视野	/250
全球华人语文生活中的一件大事	/260
创汉语"牛津高阶"之楷模	/265
新版《现汉》恪守正道,开拓创新	/271
纸电同步,百年《辞源》换新装	/275
常州四大语言学家主创四套汉语拼音方案	/280
沿着一带一路走向世界	/287
文化星空下的一片五彩祥云	/293
立体呈现近现代汉语新词形态	/298
熟读王叔和,不如临症多	/303
读词典,逛京城,品京味儿	/307
成为中国古代诗词达人的阶梯	/313
语例鲜活的《语法修辞例话》	/317
推进语言文字规范化标准化	/321
异彩纷呈学术路,南国之梅吐芬芳	/326
汇入大海的小溪	/331

目录

带部《现汉》下南洋,"老师"时刻在身旁	/335
我跟郝老总的三次握手	/341
跨越百年的智慧长者周有光	/344
李光耀,新加坡国家语言整体规划的总设计师	/349
后记	/354

40 年 200 词

1978年12月18日至22日，中国共产党十一届三中全会在北京举行，这次会议如一轮旭日，照亮了一个时代，标志着中国进入改革开放的新时期。

光阴荏苒，改革开放至今已经40周年了。40年间，神州大地发生了历史性巨变。社会的急剧变化必然反映到人们的语言生活之中，最显著的现象就是新词新语如雨后春笋，大量产生，汉语词汇获得了丰富的营养。这些逐年产生并存活积淀下来的新词新语增强了汉语的表现力，使它的基底更加厚实。

与此同时，人们也看到有些新词新语像流星似的划过夜空，如今已经从人们的语文生活中消失了，它们进入历史，成为历史词语。只有当人们回首往事的时候，它们才有机会"复出"，再现在人们的语文生活中。

词汇是构成语言的三要素之一，它是社会的一面镜子，折射出不同历史时期社会生活的方方面面，政治的、经济的、文化的、环境的，等等，因而每一个新词新语都镌刻着时代的烙印。下文先举两个解读起来令人感觉轻松的例子，分析它所留下的时代印记。

改革开放之初，笔者铭记在心的一个词是"万元户"。当年谁是全中国第一个"万元户"呢？1979年2月19日，《人民日报》以《靠辛勤劳动过上富裕生活》为题，报道了广东省中山县小榄公社埒西二大队第二生产队社员黄新文的事迹，说他1978年靠参加生产队集体劳动所得和发展以养猪为主的家庭副业，全年总收入达到1.07万元人民币。黄新文是当时冒尖儿的第一个农民"万元户"。

接着，在甘肃兰州、山东临清等地又先后出现"万元户"，他们的事迹被媒体大量报道，一时之间，"万元户"成为热词，高频使用，家喻户晓，走红全国。"万元户"指改革开放初期，人民群众中年收入或累计存款达到或超过一万元的人家，主要指先富起来的农民家庭。

1979年，邓小平提出"让一部分农民先富起来"，"万元户"成为"先富起来"的富裕户的代名词，成为很多人追逐的梦想。

城镇居民既不种地，也不养猪，他们也想腰缠"万元"，唯有"下海"。1982年伊始，全民经商热潮席卷全国，人们纷纷"下海"，于是"下海"摇身一变，以一种新姿态新面貌走红。

之所以说"下海"摇身一变，是因为它是个固有词，辞书都收，一般胪列四个义项：到海中去；渔民到海上捕鱼；业余戏曲演员成为职业演员；旧时指从事某些行业，如娼妓、舞女等。如今它被语言用户赋予新义，指"放弃原来的工作而经营商业"。在计划经济体制下人们捧惯了铁饭碗，吃惯了大锅饭，一旦决定砸掉铁饭碗，自己去"揾食"（挣钱谋生，粤方言），那需要多大的勇气啊！所以把从商喻为"下海"。

到迎接千禧年时，"十万元户刚起步，百万元户马马虎虎，千万元户才算富"的顺口溜流行起来，"万元户"算个啥？也就淡出了人们的语文生活。

语用的这种变化折射出，经过20年左右的快速发展，中国经济社会的深刻变革，反映了人们对合理财富追求的肯定及对富裕生活的向往。

20世纪80年代到90年代初是中国个体户发展的黄金时期，个体户的增长从1981年的82.6万户增加到1999年的3 610.11万户，从业人员达到 6 240.91 万人。我国政府有关部门的统计数字显示，目前全国共有个体工商户 2 700 万户，从业人员超过 5 000 万人。曾几何时，"下海"所成就的一批"风流人物"，如今早已归于平淡。

下面挑选从 1978 年至 2018 年这 40 年间出现的新词新语 200 个，每年 5 个（大致以音节多寡排序，音节相同者按首字汉语拼音音序排列），借以展示中国改革开放的历史画卷。

1978 年：平反、拨乱反正、哥德巴赫猜想、十一届三中全会、实践是检验真理的唯一标准。

1979 年：特区、万元户、四个坚持、中美建交、中外合资。

1980 年：阿信、倒爷、个体户、包产到户、经济特区。

1981 年：托福、少林寺、女排夺冠、公审"四人帮"、五讲四美三热爱。

1982 年：下海、Follow Me（《跟我学》）、一国两制、一号文件、有中国特色社会主义。

1983 年：春晚、步鑫生、利改税、农民工、乡镇企业。

1984 年：傻子瓜子、小平您好、《我的中国心》、经济技术开发区、14 个沿海港口城市。

1985 年：按揭、教师节、裁军百万、长江首漂、反对资产阶级自由化。

1986 年：崔健、扶贫、合同制、企业破产法、"飞乐音响"股票。

1987 年：彩票、费翔、下岗、肯德基、"一个中心、两个基本点"。

1988 年：《红高粱》、火炬计划、私营企业、设立海南省、科学技术是第一生产力。

1989 年：民工潮、希望工程、政治风波、居民身份证、稳定压倒一切。

1990年：《渴望》、Internet（因特网）、开发浦东、上海证券交易所（上交所）、香港特别行政区基本法。

1991年：葛洲坝、抗洪救灾、希望工程、海协会成立、深圳证券交易所（深交所）。

1992年：麦当劳、九二共识、《秋菊打官司》、邓小平南方谈话、社会主义市场经济体制。

1993年：房地产热、宏观调控、汪辜会谈、粮油敞开供应、澳门特别行政区基本法。

1994年：蹦迪、超市、分税制、三峡工程开工、人民币汇率并轨。

1995年：Windows95、恭喜发财、五天工作制、世界妇女大会、东方明珠电视塔。

1996年：三讲、网吧、京九铁路、依法治国、精神文明建设。

1997年：禽流感、香港回归、邓小平逝世、亚洲金融危机、设立重庆直辖市。

1998年：贺岁片、门户网站、特大洪灾、再就业服务中心、住房分配货币化。

1999年：腾讯QQ、澳门回归、国企改革、经济适用房、西部大开发。

2000年：手机、黄金周、新千年、阿里巴巴、"三个代表"重要思想。

2001年："9·11"事件、北京申奥成功、博鳌亚洲论坛、上海合作组织、中国加入世贸组织。

2002年：姚明、沙尘暴、带薪休假、《省委书记》、小康社会。

2003年：CEPA（《内地与香港关于建立更紧密经贸关系的安排》）、非典、百年巴金、神舟五号、科学发展观。

2004年：刘翔、和谐社会、红色旅游、孔子学院、振兴东北。

2005年：愿景、废止农业税、《反分裂国家法》、构建和谐世界、连战破冰之旅。

2006年：《大长今》、苏丹红、八荣八耻、流氓软件、青藏铁路。

2007年：物权法、嫦娥一号、《士兵突击》、CRH动车组、世上最牛钉子户。

2008年：抗击冰雪、三聚氰胺、神舟七号、北京奥运会、汶川大地震。

2009年：《蜗居》、微博、被××、低碳生活、钓鱼执法。

2010年：达人、给力、忽悠、世博会、玉树地震。

2011年：高铁、Hold住、微信、地沟油、西安世园会。

2012年：三沙市、十八大、正能量、创先争优、航母style。

2013年：土豪、中国梦、单独二孩、一带一路、中央八项规定。

2014年：失联、断崖式、新常态、打虎拍蝇、顶层设计。

2015年：颜值、供给侧、获得感、屠呦呦、互联网+。

2016年：吃瓜群众、工匠精神、洪荒之力、厉害了我的×、撸起袖子加油干。

2017年：新时代、不忘初心、砥砺前行、扎心了，老铁、人类命运共同体。

2018年：贸易战、长生疫苗、国家宝藏、阴阳合同、港珠澳大桥通车。

（2018年9月）

"碰肘"与"拱手"

每个人都是特定社会的一员，相互之间沟通或交往是基本的生活需要。在人际交往中，人们唯有知书达礼，才不致出乖露丑。有教养，通事理，懂礼仪是为人应有之修养。

中华民族具有5 000年悠久的历史，产生了灿烂的文化，形成了传统的美德，建立了规范的礼仪，故称"文明古国，礼仪之邦"。

《礼记·冠义》曰："凡人之所以为人者，礼义也。礼义之始，在于正容体、齐颜色、顺辞令。容体正，颜色齐，辞令顺，而后礼义备。以正君臣、亲父子、和长幼。君臣正，父子亲，长幼和，而后礼义立。"

《论语·微子》记载这样一个故事：子路跟着老师孔子周游列国，有一次落在后面，遇见一位长者，便上前打听："您看见我的老师了吗？"老人回答说："四体不勤，五谷不分，谁是你的老师？"说罢，把子路晾在一边，径自除草去了。"子路拱而立"——子路两手抱拳，相合胸前，恭恭敬敬地站在那儿。

尽管老人当着子路的面羞辱他的老师，但是子路依然向老人施礼，表达善意，以期消除敌意。

说起施礼，古今中外，方式因国情不同而有别。嬗变至今，握手成为国际标准礼节。

2020年初新冠病毒蔓延全球，疫情反反复复，至今犹存。人们见面时相互握手，成为大忌，盖因握手须近距离甚至零距离肢体接触，可能成为病毒交叉感染之途径。然而在国际外交场合或日常生活中，人们相见总不能彼此视同陌路，不相互施礼吧。于是不得不改换方式，"碰肘"成为时尚。

"碰肘"起于何时？一说，碰肘礼是2014年利比里亚发生埃博拉病毒疫情后，为了避免因握手、贴面亲吻、碰鼻等方式而带来的病毒传染的风险，由中国政府援助利比里亚的医疗队首创，方式是见面不握手，用胳膊肘互碰一下，以示友好。此后这种礼节流行开来。

另一说是，2009年5月12日，第60届"英特尔国际科学与工程大奖赛"（Intel ISEF）在美国内华达州雷诺市展览中心举行，适逢甲型H1N1流感肆虐美国。为了防范甲型流感，美国人将握手改为"撞肘"（elbow bump）。英特尔董事长贝瑞特和电视主持人，还带领参赛的56个国家和地区的1 500多名学生，一起"撞肘"，于是"撞肘"代替握手成为一种新的礼仪。

新闻报道说，在中国，是陆军军医大学第二附属医院主任护师宋彩萍，在抗击新型冠状病毒疫情中，把"碰肘礼"带到武汉的，医疗队用"碰肘礼"。

"碰肘"或"撞肘"，一字之差，"碰""撞"同义。目前，"碰肘"的使用频率似高于"撞肘"。拙见认为用"碰"较好，因为"撞"的力度似大于"碰"。"肘"与"肘"轻轻触碰一下，以示问候、友好，亦已足矣。

然而"碰肘"依然免不了肢体接触，所以有人呼吁华人应当传承中华传统，让拱手礼重新焕发生机，就像子路那样"拱而立"，以避免肢体接触。

老外不习惯用拱手礼，尽可"碰肘"或"撞肘"。在国际外交场合，2020年8月25日至9月1日，国务委员兼外交部长王毅对意大利、荷兰、挪威、法国、德国五国进行正式访问期间，就是用"碰肘"取代握手的。

全球华人如果采用拱手礼,该如何进行呢?方式是两手抱拳上举,在胸前相合。具体地说,就是"右手在内,左手在外,是谓尚左手。男拜如是,男之吉拜如是,丧拜反是"(段玉裁《说文解字注·手部》)。换言之,行拱手礼,男女有别。男子右手握拳,左手成掌,对右拳或包或盖;女子相反。如遇丧事行拱手礼,则无论男女,手势相反,亦即段玉裁所谓"丧拜反是"。在电视剧中,常见行拱手礼时,男女不分、吉凶不分,各行其是,应当规范。

(2021年10月)

圈、饭圈、饭圈语

圈，环形物，比喻某种范围或领域。大家最熟悉的圈莫过于微信上的"朋友圈"和生活中的"娱乐圈"。圈有大小，再大的圈也只是个圈而已，在人民大众的汪洋大海里，不过是沧海一粟，渺小之至。

圈的大小虽有限，却不能小觑，一旦发酵起来，其危害不能等闲视之。最近的"圈"事闹得很大，那就是"圈"中之"圈"的"饭圈"。

说起"饭圈"，跟"饭"无关，却跟"粉丝"有关；说起"粉丝"，跟淀粉无关，却跟英语fans有关，是fans的音译，指迷恋、崇拜某个人的人。按华人传统的说法，"沉醉于某种事物的人"叫作"迷"，如"棋迷""球迷""戏迷""影迷"，其构词模式是"事物名称+迷"，哪有叫什么"丝"的？

音译的"粉丝"产生在2004年前后，《现代汉语词典》是2012年第6版才增收了这个"粉丝"的。

"饭圈"又是怎么跟"粉丝"攀亲的呢？是这样：fans由fan+s构成，s表多数，而fan可以直接音译为"饭"。初译"粉"，后译"饭"，由"粉"而"饭"，其圈儿就叫"饭圈"了。因此，"饭圈"是"粉丝圈子"的简称，跟"粉丝"一样，都是网络用语。

"饭圈"大约是2014年之后才出现的一种新型社群，七八年下来，"圈"气急升，"圈"事闹猛。由于依托资本，并任由资本、流量操纵放大，为所欲为，"饭圈"竟被扭曲成为只顾追名逐利，荼毒青少年灵魂，毁人三观，影响极为恶劣的"怪圈"。

日中则移，月满则亏，物极必反。如今这个"怪圈"终于成为官方重拳出击的对象。

今年6月15日，中央网信办启动"清朗·'饭圈'乱象整治"专项行动，重点打击5类"饭圈"乱象行为。8月25日，中央网信办秘书局发布了《关于进一步加强"饭圈"乱象治理的通知》，提出10项强力措施，要求各地深入整治"饭圈"乱象，"维护网上政治安全和意识形态安全、营造清朗网络空间"。

"饭圈"之"怪"之"乱"还有一大特征，就是"饭圈"用语，请看：

ace（王牌成员）、awsl（啊我死了）、bdjw（不懂就问）、blx（玻璃心）、fc（讽刺）、hyq（好友圈）、jm（姐妹）、jms（姐妹们）、nbcs（不是"拿不出手"，而是nobody cares）、nsdd（你说得对）、nvtc（男女通吃）、plgg（漂亮哥哥）、pljj（漂亮姐姐）、rs（人身，即人身攻击）、swd（是我的）、szd（是真的）、xswl（笑死我了）、xfxy（腥风血雨）、yxh（营销号）、zqsg（真情实感），等等。

不看注释，谁看得懂？网络语言的一大特征是个性化，但是个性张扬到如此田地，未免任性。不用汉字，大多用汉语拼音字母缩写，同时掺杂英语单词，有人说这是"密码"。这样的文字对青少年学习汉语，必将产生十分恶劣的影响。

语言是人类相互沟通的重要工具，也是文化和文明的象征与标志；语言是我们的家园。如今治理"饭圈"乱象，使用语言文字的乱象亦应一并加以治理才好。

营造文明健康的网上家园,共同维护清朗的网络空间,网络语言不能例外,也应发挥正能量。现实世界和虚拟世界都要天朗气清,惠风和顺,使用正确、规范、健康的语言文字。

(2021年9月)

"耗子尾汁"真恶心

去年年中,"耗子尾汁"突然蹿红,成了网络新词。

"耗子"是从哪儿窜出来的呢?据说出自"浑元形意太极拳掌门人"马某某的一段视频,是马某某对不讲武德的年轻人的谆谆教诲,原意是"好自为之",含有劝人向善之义。(于泽远:《"耗子尾汁"是个什么鬼?》,新加坡《联合早报》,2020年11月30日言论版)

笔者愚钝,初看标题,莫名其妙。读完全文,心想马某某既然要"谆谆教诲""不讲武德的年轻人",就该讲大家都听得懂的话,为何放着现成的言简意赅的成语"好自为之"不用,却偏要拿"耗子"来玩儿呢?

老实说,"耗子尾汁"这个四字,看了就有点恶心。它到底是个什么"鬼"呢?

笔者认为这个"鬼"是《现代汉语词典》(第7版)"鬼"条下的第5个释义:属性词。恶劣的;糟糕的。《新华字典》(第12版)"鬼"字条下的第6个释义跟《现汉》相同。因此笔者认为"耗子尾汁"是个拙劣的谐音成语,是语言中的垃圾。

成语是汉语中的瑰宝,是中华传统文化的精华,"每个成语都背负很深的文化背景,在借用成语时应怀有敬畏之心,谨慎取用"。可是作为"大师"级的公众人物,马某某炮制了一个"耗子尾汁"这种噱头十足的谐音成语,污染语言,他对祖国语言文字似欠缺敬意。

自从改革开放以来,在全球华语圈中,谐音词语,尤其是谐音成语，不时出现在人们的现实语文生活和虚拟语文生活中，优秀的少，拙劣的多。垃圾谐音词语损害语言的健康，是到了坚决扫除的时候了。

自去年年初新冠肺炎疫情暴发以来，与疫情相关的新闻报道大量见诸媒体，尤其是融媒体。在百度输入"抗疫"关键词，资讯多达259万条，与"疫"字相关的谐音式标题层出不穷，乱象丛生。例如"'疫'诺千金""'疫'举成名""不堪'疫'击""背水'疫'战"，等等。这些拙劣的谐音成语"或牵强别扭，或浮夸不实，或空话套话，或俗气逼人"。（曾佰龙：《谐音式新闻标题不能因"疫"成病》，"中国语情"公众号，2020年11月21日，武汉大学中国语情与社会发展研究中心主办）

拙劣的谐音词语新加坡也存在。有位读者投书《联合早报》说："居家的日子里，可以静下心来，每天通过媒介不间断地了解到最新疫情信息。不过，渐渐地，我发现手机上、报纸上，到处都写着：疫起过生活、疫起来晨运、疫起来做饭、疫起来上课……当我看到满屏满眼的谐音字时，心里真不是滋味。"（金春华：《为下一代减少语文污染》，新加坡《联合早报》，2020年6月26日言论版）不用"一起"，非用谐音的"疫起"，"疫起""疫起""疫起"……新加坡的疫情起起落落，一再反弹，难道还"起"得不够吗？还要一个劲儿地"起"个不休吗？如此爱用"谐音"手法，是否达到"痴迷"的地步了呢？

谐音是汉语里一种独特的修辞现象，它以富有创意的联想为基础，巧妙地利用字词之间的同音关系来表情达意，其辞式有谐音双关、谐音析字、谐音仿拟、谐音拈连、谐音曲解、谐音对偶、谐音避讳、谐音藏词等十多种。优秀的谐音式标题能突出新闻主旨，增强新闻情趣，凸显新闻色彩，但是乱用、滥用，就会造出像"耗子尾汁"这种粗鄙的垃圾词语。媒体编辑应该严格把关，杜绝谐音垃圾词语污染媒体，污染我们的语言。中国是汉字汉语的故乡，应该树立榜样。

（2021年3月）

满纸绰号读港报

2015年11月22日，星期日，适交小雪，但是，香港艳阳高挂，气温高达30摄氏度，创下香港50年来同日气温之纪录。香港人的政治热情跟天气一样，仿佛也高涨了几分。是日，香港进行区议会选举，在炎热如夏的冬日里，全港18个区内的146.7万名选民从早晨7时30分到晚上10时30分，先后前往就近的投票站，慎重地投下神圣的一票，选举自己心仪的区议员。投票率约为47%，创历史新高。一天之内，香港改写了两项历史纪录：一是气温，二是投票率。

本届香港区议会选举为第五届，共需选出458名议员，其中民选议员431名，当然议员27名（均为新界各乡乡事委员会主席）。有68名上一届的议员在自己的选区内无竞争对手，"一枝独秀"，个个自动"冻蒜"（中选），所以实际需要选民投票选举的议员为363名，而本届候选人有867名，竞争的比例是2.4∶1。但是，有的选区6人争一席，竞争非常激烈。

23日清晨6时29分，区议会选举尘埃落定，香港特区政府新闻网站公布了全部431名民选议员的当选名单。全港十余家主流报纸与往日一样，天未亮就出街，家家都用大字标题大篇幅地报道选举当天的选情及结果。笔者居港30余年，还是第一次行使一人一票的投票权，因而选前对这次选举颇为期待，一直关注着这次选举活动。选举结果一公布，立马上网浏览媒体的报道，发现最精彩的新闻有三则：一是"何君尧撼赢AV仁"，二是"小花拔老笋"，三是"伞友拔起Tree根"。若非久居香港，一般人大抵不会了解败给何君尧的"AV仁"和鹿死"小花"之手的"老笋"是何方神圣，当然也不会知道"小花"和"伞友"是谁。这便是香港媒体新闻语言之"妙"。

说起香港报章的新闻语言，大致有两大特点：一是爱用广东话，二是好给新闻人物起绰号。拙文要说的是第二个特点，也就是新闻语言使用绰号的问题。

先说第一则新闻。标题中的何君尧是香港律师会前会长，无政党背景，新闻用的是这位律师的本名本姓。他所"撼赢"的对手"AV仁"何许人也？

"AV仁"姓何名俊仁，今年六十有四，职业律师，香港民主党前主席，立法会议员。何俊仁根植新界屯门乐翠区，连任该区议员多届，这次若当选，该是五连任了。笔者所在的社区与其鸡犬之声相闻，逢年过节我们社区举行嘉年华会，何议员都是座上嘉宾，故有数面之缘。如此备受礼遇的双料议员，资格不可谓不老，"名望"不可谓不高，资源不可谓不丰富，然而竟以135票之差栽在五百年前是一家的何君尧手下。闲言少叙，说回正题。

贵为议员先生的老何怎会跟AV挂钩的呢？说来有点不光彩。那是在2014年2月26日，香港"财爷"（财政司司长）胡须曾（曾俊华）在立法会宣读财政预算案，参加会议的何俊仁坐在议事大厅里用平板电脑（iPad）全神贯注地欣赏三点式女模写真达半个多小时之久，谁知这一幕被记者悄悄摄入镜头，并在媒体上大曝其光。一时之间，"淫虫""老咸虫""何尽淫""AV仁"就成了他的诨名（AV，adult video的缩略语），害得他忙不迭认错道歉，颜面尽失。不过，知名度又提高了许多。

还有一段插曲值得在此一书。何俊仁在与何君尧竞争，正当选情紧急之时，没想到半途杀出个程咬金，遭到同属泛民主派阵营的"热血公民"（香港反对派中的极端激进团体）支持者的谩骂和挑衅。媒体说他们上演了一场"狗咬狗"的闹剧。且看：

选举当晚9时许，"热狗"（"热血公民"）的"教主"黄毓民（1996年3月斥资1 500万元创办《癫狗日报》，自号"癫狗"）突然率领一批支持者杀到选区路口，拿着话筒大声力挺"热血公民"的候选人郑松泰（"热血公民"核心成员、理工大学专任导师）。这位"教主"果然不失"癫狗"本色，在场声嘶力竭地怒斥何俊仁，指"铁头仁"（何俊仁的另一绰号）曾公开宣布将辞职，最后却"走数"（说话不算数），他还曾在立法会开会期间在议事厅内看AV，根本不配当议员，气得何俊仁七窍生烟。

第二则新闻中的"小花"叫陈颖欣，女，今年25岁，是香港最大的劳工团体工联会的社区干事。她出身于工运世家，是香港大学经济金融学学士和伦敦大学法学学士，这一回是她初次参加区议员选举投票，人称"首投族"。陈颖欣每天上午7时上班，晚上11时收工，街坊们叫她7-11（一家连锁超市的名称），又因年轻靓丽，被选民们昵称为"小花"。

"小花"所出战的地区是九龙深水埗丽阁选区。该区展开的是一场"三角战"。另两位候选人一个是曾任民协（民主民生协进会）主席18年之久、此番想争取连任该区区议员的现立法会议员冯检基，另一个是报称无党派的、冯检基的徒弟、前民协成员黄仲祺。冯检基是个政坛老将，其所属党派之党徽为一棵茁壮的竹笋，故媒体称这位老将为"老笋"。谁知这棵"老笋"以99票之差被"小花"连根拔出。"小花"击败"老笋"，拿下关键性议席，一时成为政坛佳话。

第三则新闻中的"伞友"是个新产生的热词，要了解这位"伞友"的底细，得从香港的"占中"骚动说起。2014年9月28日，香港发生了

"让爱与和平占领中环"的非法集会,简称"和平占中"或"占中"。这场骚动持续了79天,直到12月15日警方完成铜锣湾非法占领区的清场行动才画上句号。

在"占中"期间,示威者撑起黄色雨伞,既用以遮阳挡雨,亦用以防身,于是雨伞迅速成为他们的标记。西方媒体随即以"雨伞革命"为标题报道香港"占中",给香港"占中"贴上"雨伞革命"的标签。美国《时代》杂志的封面印着一幅抗争者举起雨伞的照片,打的标题就是"The Umbrella Revolution"("雨伞革命")。某些香港媒体跟西方媒体遥相呼应,同气相求,也把"占中"称为"雨伞运动"或"雨伞革命"。"占中"结束后,败下阵来的散兵游勇不甘寂寞,于是纷纷成立各种团体,统称"伞后组织"或"伞兵团体",其成员自称"伞兵",人称"伞友"。香港区议会选举定于2015年11月22日举行,"伞兵"们认为机会来了,虽然他们完全没有参选经验,也未为社区居民服务过一天,但仍推举近50名候选人参战,7人当选。

读香港平面媒体报道的第五届区议会选举新闻,但见字里行间新闻人物的绰号处处,别说外地受众看不懂,即使当地受众,若不是有长期读报的习惯,也会遇到文字障碍,不是字不认识,而是不明白某个绰号的含义。再说了,绰号有褒贬之分,若用在新闻人物头上的绰号含有贬义,对当事人也很不公平。笔者认为新闻语言使用绰号得有个度,而这个度在哪里,媒体人不妨探讨探讨。

(2016年2月)

满嘴喷粪谐音梗

修辞方式数十种,在当今人们的语文生活中,谐音双关的使用频率一直保持高位。

谐音双关是利用读音相近或相同的词语,把字面含义和实际含义联系起来,使人产生联想,领悟其意,会心一笑。

下面且看每年高考开考日送考家长利用谐音讨彩头的噱头。

2019年我国高校招生考试的统考日期是6月7日、8日两天,6月7日适逢端午节,为3天小长假的第一天,因此各个考点前送考的爷爷奶奶、爸爸妈妈、兄弟姐妹或亲朋好友结伴而行,摩肩接踵,交头接耳,眼中满含期盼之情。

蔚为大观的是送考人的服饰打扮。送考的爸爸穿马褂,寓意马到成功。送考的妈妈着旗袍,寓意旗开得胜,旗袍衩高开,寓意"高中夺魁"。有人左手高举菊花,右手高举葵花,寓意"一举夺魁"。有人颈挂双粽,双手高举葵花,寓意"高中""一举夺魁"。

如果连考3天,每天衣着不同。第一天穿红色,寓意"开门红";第二天穿绿色,寓意"一路绿灯";第三天穿灰色和黄色,寓意"走向辉煌"。千万别只穿黄色衫裤,因为黄色寓意"黄了"。"黄"在口语里当动词用,指"事情失败或计划不能实现"。

考生本人须穿紫色内裤,寓意"指定赢"。盖因我国北方方言有把臀部叫作"腚"的,"腚"裹紫色,便成"紫腚","紫腚"与"指定"谐音,而"指定"作副词,有肯定、毫无疑问义。

考生还得记住，进入考场，拿到试卷，别忙着答卷，务必先亲吻试卷，然后下笔。何也？因为"吻过"寓意"稳过"。

看吧，为讨彩头，各施各法，绞尽脑汁。其实，这种做法古已有之。

话说乾隆年间有一书生参加县试，他遵父命在头巾里放了几只鸣蝉，蝉在头上鸣叫就是"头鸣"，与"头名"谐音，岂非吉兆？结果因蝉在考试时放声鸣叫，扰乱了考场秩序，这名考生被主考官逐出考场。考官在试卷上题诗曰："头鸣不是这头名，皆因老父好功名。秋蝉识鸣不识名，迷信兆头失功名。"

今天，新时代的家长、学生为什么也"迷信"起"兆头"来了呢？

我国著名作家、画家、文化学者冯骥才说，"我们的公众已然生活在这种日益粗鄙不堪的环境中了"，而"我们今天的文化却正在走向粗鄙化"。

下面请看一个公众号视频，报道广西某地吸粪车爆炸，附字幕，照录如下：

广西一辆吸粪车在街边正常行驶，可能因为沼气太过浓烈，爆炸了，而且威力巨大，方圆50米内无人幸免。当时和吸粪车并行的还有一辆公交车，车上的乘客们做梦也没有想到自己也会有人人有"粪"的那一天，行人都变成了"屎行者"。周边店铺也惨遭"发粪涂墙"，满城尽带黄金甲。这是有屎以来，屎无前例，最过粪的一次灾难，史称安屎之乱。总结：人生自古谁无屎，用纸只能用一尺。

粪即是屎，屎即是粪。整篇报道以粪、屎谐音份、愤和史，主播是位帅哥，却满嘴"喷粪"，观其神态，得意扬扬。粗鄙、低俗莫此为甚，"叹为观止"矣。

（2021年6月）

日子过得很茶楼

"喝茶"广东话叫"饮茶"(jɒm² tsa⁴)。广州人爱"饮茶",广州茶楼之多,或为全国之冠。香港人也爱"饮茶",茶楼处处,早午两市,排队轮候,座无虚席。穗、港两地,街坊邻居早晨的问候语通常是"饮咗茶未"(喝茶了吗),而一句"几时我请你饮茶",成为主人向客人表示友好的礼貌用语。

1925至1926年,毛泽东在广州,柳亚子曾与他交往。1949年4月19日,毛泽东作七律《和柳亚子先生》,首句便是"饮茶粤海未能忘",追叙当年两人在广州品茗之事。

广州人和香港人在茶楼饮茶,并不是只喝茶,同时还品尝各色点心和美味佳肴,点心如虾饺烧卖,佳肴如凤爪排骨。所谓"一盅两件"即指一盅茶两份点心,是为粤式茶楼早茶消费之常规(《全球华语大词典》,第1798页,商务印书馆,2016年)。

独自或跟亲朋好友一起饮茶,在广东人和香港人心目中是一件非常惬意的事儿,因此他们把"饮茶"叫作"叹茶"。"叹"在广东话中是"享受"的意思,"叹世界"就是"享清福""享受人生"。

新加坡人的生活习惯跟香港人不同,他们大多是在组屋区(相当于我国的小区)的咖啡店里用早餐的,因而新加坡的粤式茶楼很少,然而新加坡华人对香港的粤式茶楼并不陌生。附带一提,新加坡的咖啡店卖咖啡等饮料和饭食,格局跟我国完全不同。

下面聚焦本文标题,讨论一个语用问题。

"日子过得很茶楼"是新加坡《联合早报》副刊上出现的大字标题,时间大约在20世纪90年代初期。看了上文对粤式饮茶的介绍,相信大家不会不明白"日子过得很茶楼"的意思——日子过得挺舒服。只是编辑在制作标题时刻意不按常规出牌,用了个"很+名词"的格式来表达。

这个标题打得好不好呢?报纸出版后,争议就来了。肯定者认为编辑富有创意,突破常规,使标题富有眼球效应;否定者认为话语不合华语习惯。我专事文字工作,所以只要发生争论就难免卷到旋涡之中。我的态度是,这个标题,我能接受。

诚然,现代汉语的一般规律是"很"类程度副词是不能跟普通名词组合的,换句话说,"很+名词"是不合语法的。但在当时,《联合早报》上"很茶楼"之类的用法屡见不鲜。例如:

(1)我的长相**很中国**,因为中国五千年以来苦难与沧桑都写在我的脸上。

(2)他初次给我的印象确实**很中国**,从外表到语言一点也不陌生。

(3)37岁的克里斯婷是瑞士人。问她到中国前做什么工作,她竟"**很中国**"地回答:"在邮局当干部。"

(4)我的老公**很草莽**、**很草根**,也很实在。

(5)公公打孩子**很山东**,常常从村东头打到村西头。

(6)现在他们是名副其实的夫妻,过着**非常百姓**的生活。

(7)他表现得**很男子汉**。

(8)富田靖子最令人遐思的是,她连脱也可以脱得**很"玉女"**。

"副+名词"("很"是程度副词的代表词)这种格式早就出现过,例如1936年6月,曹禺在他创作的《日出》里借顾八奶奶的嘴说了句"顶悲剧",结果被人嘲笑,认为"顶悲剧"是个错误的说法。

当一种新的语言现象出现时，往往会出现这种情形。不过作为语文工作者应当多看看，多想想，多分析，多比较，多研究，多探讨。一言以蔽之，应多往积极方面考虑、思索，而不是马上加以否定，甚至一棍子打死。

后来大量的语用事实证明，海内外从报纸刊物到广播电视，无论口语还是书面语，"副+名词"这种格式，终于流行开来了。

有鉴于此，语言学界的学者专家们纷纷从理论上进行阐述，指出这种格式产生的原因、理据和语用价值。他们说，"副+名词"必须具备四个条件：（1）有独特的语用价值；（2）有一定的使用范围；（3）不是很难理解；（4）可以有限度地类推。这种格式独特的语用价值是：（1）有补偿作用；（2）增大信息量；（3）显得很俏皮。

《语文建设》1997年第4期发表了拙文《"动宾式动词+宾语"规律何在？》。这篇文章举了47个新加坡华文报的用例，说明"动宾式动词+宾语"这种句式在新加坡已经广泛使用、流行开来了，将来是不是也会在我国广泛使用，有待观察。我建议语言学界的学者专家进行研究，后来，我国的语文刊物发表了许多关于"动宾式动词+宾语"规律的论文。

我到新加坡工作后，常常看到我们公司编辑出版的报纸上使用"××挑战××"这样的句子，特别是在举行大选的时候，这种句式在新闻中高频使用。当时，按照我国的习惯用法，这样的句子一定得用介词"向"，说成"××向××挑战"，因为"挑战"是个"动宾式动词"，后面不能直接带宾语，诚如邢公畹先生所说："这是一种说汉语的人尽量避开的句式。"我也曾尝试建议同事们用介词"向"，但是同事们说，他们用惯了，而且还省个"向"字，更加简洁。我想，语言运用的一条基本规律就是约定俗成，人们的使用习惯应当受到尊重，就不再坚持己见了。

　　我长期在语言应用一线工作，经常遇到语言应用中各种各样的问题，特别是词语应用中的问题。我在报社工作，一有问题，需要马上就解决，有时难免失误。一位伟人说过，"错误和挫折教训了我们，使我们比较地聪明起来了"，因此我们不要怕犯错，错了就改，前事不忘，后事之师。时间长了，积累多了，也就"比较地聪明起来了"。

（2021年11月）

标语口号务须规范

2019年4月12日,新华社的文化类公众号"新华每日电讯",推送了该社记者李雄鹰和陆华东经过调查后撰写的《医生、失独家庭成扫黑对象?基层标语出错为哪般》一文。文章指出近期不少地方的基层标语"错字频出","内容生硬、胡乱嫁接"。我国网民早就把这类标语统称为"奇葩标语"了,上网搜索,图文并茂,不胜枚举。

改革开放前30年,以阶级斗争为纲,呼口号、刷标语,是"阶级斗争"的需要;改革开放后40年,以经济建设为中心,呼口号、刷标语,是"经济建设"的需要。新中国成立70年来,无论哪个历史时期,标语口号从来就不缺位,成为神州大地的一道风景线。这是国情使然。

一句高度凝练、含义深刻且富有鼓动性的话语,呼喊出来,诉诸听觉,便是口号;写在纸上,诉诸视觉,便是标语。标语口号并非我国特有。"全世界无产者联合起来"产生于德国,是一个响遍世界各地的战略口号,自1847年问世至今,已经172年了;"团结就是力量"本是歌曲名称,产生于抗战时期的延安,是一个响彻神州云霄的战斗口号,自1943年问世至今,已经76年了。

标语是宣传民众、鼓舞人心、凝聚共识、推动工作、弘扬社会正能量的载体,也是我国各级政府赖以塑造自身形象的工具。因此,从城市到农村,从闹市到陋巷,其身影随处可见:一幅幅标语或垂直悬挂在高楼大厦上,或印制在公路两侧的大型标语牌上,或张贴在柱子上,或喷涂在墙壁上,林林总总,目不暇给。在无数标语中,位居排行榜首的是

"社会主义核心价值观",无论街道两旁还是机关、团体、学校、医院、企业、商场、景点内,随处可见。

标语一多,就难免失控,乱象丛生。拙文仅就其语病举例略作评述。

错字频出。例如:"投身军营报销(效)祖国""文明没有旁观者 你我都是贱(践)行人""加强组织领导 仅仅(紧紧)依靠群众 打赢扫黑除恶这场硬仗""坚决维护法律遵(尊)严 严厉打击黑恶势力""扫黑恶 经(净)环境 保稳定 保平安""人人争当文名(明)市民 共建优良交通秩序""检举揭发黑恶犯罪光荣 包皮(庇)纵容黑恶犯罪可耻"。

不合事理。例如:"公厕是我家 卫生靠大家""文明城市靠大家 文明祭奠你我他""文明农村靠大家 酒后驾驶靠大家"。第1句"公厕"怎成了我的家了呢?第2句"你我他"本是致祭主体,却成了祭奠对象(客体)。第3句是号召大家酒驾吗?

不知所云。例如:"飞机已经上天 地里不准冒烟""禁止做人 后果自负""不是吃饭的人不要上厕所""有黑扫黑 无黑除恶 无恶治乱 无乱打吵 无吵防闹 无闹管狂 无狂控跳"。前3条标语莫名其妙,最后一条越说越让人摸不着头脑,尤其是最后一句"无狂控跳",要"控"之"跳"是指什么?跳舞、跳高、跳神、跳槽、跳水、跳伞、跳海、跳楼……哪个"跳"啊?

产生歧义。例如:"举报毒品违法 犯罪活动有奖""自觉维护法律责任 严厉打击禁止燃放烟花爆竹行为"。第1句应一行过,分成两行,产生歧义。第2句"打击"的对象应是燃放烟花爆竹的行为,然而"打击"与"禁止……行为"连用,"禁止……行为"就成了打击的对象,与原意正好相反。

语义不明。例如:"进城打工忙 不要乱上床""抢劫不如去炒股"。

第1句"不要乱上床"指不要乱搞男女关系，受众都能一看就明白吗？第2句抢劫跟炒股，前者非法，后者合法，两件事有可比性吗？标语作者的葫芦里卖的是什么药啊？

胡说八道。例如："让村里每个女人怀上二胎 是村支书不可推卸的责任""文身是黑恶势力外在表现""公职人员上坟烧纸 即开除 非公职人员上坟烧纸 即拘留"。怀二胎、文身、开除、拘留之说，有政策依据吗？信口开河，胡说八道，莫此为甚。

恶语诅咒。例如："人畜不分居 又无子孙又无妻""粪堆草堆不迁走 后辈子孙不如狗"。"人畜不分居"或"粪堆草堆不迁走"触犯什么天条了？竟要诅咒人家断子绝孙无妻或后辈子孙不如狗，还有人性吗？

充满戾气。例如："上午烧秸秆 下午就拘留""种植罂粟 抓人罚款""一人点火 全家坐牢"。用拘留、抓人、罚款、坐牢吓唬谁呢？典型的语言暴力，老百姓是吓大的吗？

一边是核心价值观，倡导文明、和谐、法治、友善，一边却恶言相向、胡言乱语，很不相称，很不和谐。

我国是汉语汉字的故乡，标语遣词造句如此不济，成为人们茶余饭后的谈资，或被谙熟中文的海外华裔或老外嘲笑，岂不令人尴尬？

"奇葩标语"严重污染语言环境，务须严加整治才好。

（2019年4月）

大浪淘沙，金子留下

实体经济插上互联网这对翅膀，引致智能手机（smartphone）商务应用大爆发，手机上网业已全面开花。

2014年，中国的手机网购、手机支付和手机银行等用户的年增长率分别为63.5%、73.2%和69.2%，一度处于低位的手机旅行预订，增长率达到194.6%，成为移动商务类应用中增长最快的业务。打电话、发微信、读新闻、看电视、听音乐，等等，则是人们购买智能手机的主要目的。手机的功能可谓广矣！它可与电脑比肩，但它体态娇小、轻盈便携的特点则是电脑难以望其项背的。

智能手机不但是人们的通信工具，而且已经成为人们日常生活中最亲密的须臾不可离开的伙伴。低头族（Phubbing）在马路上、公车内，在学校、办公室、商场、餐馆里，比比皆是。截至2014年底，我国网民已有6亿4 900万，其中手机网民5亿5 700万。互联网进入寻常百姓家，遍及社会生活的各个领域。

网上沟通，无论是用电脑还是手机，由于沟通的工具、方式、范围、对象和目的不同，因此网络语言跟日常生活中的口语和书面语均有所不同。虽然网络的应用日益广泛，但网络语言还只是一种非主流的表达方式，它是口语和书面语之外的第三种语言，其特点是个性化、简单化、碎片化。

虚拟生活是现实生活在网络中的反映，二者密不可分。生活离不开语言，虚拟世界自不例外。网络语言随着互联网应用的发展而发展，并日益显现其强大的渗透力和影响力。网络语言无时无刻不在向传统语言渗透,影响着传统语言甚至人们的语用习惯。

网络语言的一大特点是为张扬个性、追求简约而标新立异,有时无所不用其极,离经叛道,不守规矩,一至于胡言乱语,违背了社会的公序良俗。下面举些例子来谈谈。先看一则启事:

亲,你大学本科毕业不?办公软件使用熟练不?英语交流顺溜不?驾照有木有?快来看,中日韩三国合作秘书处招人啦!

这是我国第一个由部委开通的官方微博"外交小灵通"于2011年8月1日发布的一则招聘启事,用的是所谓"淘宝体"。开头的称谓语"亲"和文内的"有木有"在当时是很时髦、很前卫的网络用语,即使今天来看,依然觉得光鲜。然而这样的行文在我们传统的口语和书面语中听得到、看得见吗?答案是否定的。明明应该说"亲爱的",却说"亲";明明应该说"有没有",却偏偏要说"有木有",这是为什么?是不是太离谱了?对此,点赞者有之,狠批者亦有之,意见相左。说实话,这则启事算是上品了,常为人诟病的是一些网上所用的词语,即所谓网言网语。请看:

A组

屌:某歌星首创的赞美语,指很拽,很厉害,很强大,很牛逼(详下),最高级为"超屌"或"屌爆了"(碉堡了)。

屌丝(屌厮/吊丝/刁丝/叼丝):原指穷、丑、矮、呆或肥的人,现多用作社会自嘲语,不分性别,故有"女屌丝"。

B组

装逼:自我抬高身价或地位,凸显自身的优越感,以此满足自己的虚荣心;也指坚持错误的愚蠢行为。

牛逼(牛B/NB/牛×/牛掰/流弊):厉害;很厉害。

C组

何弃治（何弃疗）：为何放弃治疗。指对方的言论很脑残，和放弃治疗的精神病人一样。

细思恐极：仔细一想恐怖至极。

人艰不拆：人生已经如此艰难，有些事情就不要拆穿了。

D组

槑："梅"的异体字，字形像两个手牵手的人，故用以表示热恋中的情侣。又因此字由二呆合成，故用以形容人很傻。

可爱：可怜没有人爱。

杯具：悲剧的谐音。

智捉："智商捉急"的缩略形式，形容人的智商低下，连旁人都为他捉急（着急）；使用谋略将目标擒住。

5毛（5毛党/5毛水军）：指被收买或雇用的网络评论员，他们以普通网民的身份在网上发帖子，每发一条收两三毛或三五毛钱，故称。

特困生：上课爱犯困、打瞌睡的人。

小鲜肉：小：年轻有活力；鲜：经历浅，情感方面没有太负面的新闻；肉：健硕的肌肉。多指年轻、帅气、有肌肉的新生代男性偶像。也指年轻靓丽的女孩。

E组

思密达：朝语/韩语습니다的音译，语气词后缀，用作敬语。

郁闷ing：正在郁闷中。

午饭ed：吃过午饭了。

TMD：他妈的。

WBD：王八蛋。

A、B两组上不了口，不堪入耳；C、D两组生硬简缩，语义不明；

E组前三例用在汉语中不伦不类,后两例是詈语。这样的网络词语粗鄙、低俗、污秽,我认为应严防或禁止这类网络词语进入现实世界的大众传媒,如广播、电视、报纸、杂志,不能让它们渗透到校园内,更别说课堂上,学生作文应严禁使用。大众传媒和各级学校应当使用规范汉字和规范语言。现在很有些报纸和刊物自我矮化、丑化,把"屌""逼"类词语挂在出版物上,把肉麻当有趣。

当然,我们也不能一概排斥网络词语,优秀的网络词语可以丰富我们语言的词汇,如"版主""播客""菜鸟""粉丝""愤青""灌水""跳水""蚁族"等已为《现代汉语词典》(第6版)收录。我们应当看到网络语言也有自我净化机制——社会的选择与认同,因此我们用不着过于担心网络语言会破坏语言的纯洁性、严肃性、规范性,搞乱我们的语言秩序,网络语言还没有这样的能量与威力。

网络语言像浩瀚的海洋,大浪淘沙,大量流失的是沙,只有金子才会留下。

(2015年6月)

读懂媒体上的中国

2015年7月15日,中国国家语言资源监测与研究平面媒体中心发布了"2015年春夏季中国主流报纸十大流行语"。该中心设在北京语言大学,"十大流行语"是基于该校的动态流通语料库(Dynamic Circulation Corpus, DCC),通过电脑提取获得的。从2003年起,该中心每年发布两次,一次是"中国报纸春夏季流行语",另一次是"中国媒体年度流行语",至今已经12年了。

中国国家语言资源监测与研究平面媒体中心监测的18家平面媒体依音序排列是:《北京青年报》《北京日报》《北京晚报》《法制日报》《光明日报》《广州日报》《华西都市报》《今晚报》《南方周末》《钱江晚报》《齐鲁晚报》《人民日报》《深圳特区报》《新京报》《新民晚报》《羊城晚报》《扬子晚报》《中国青年报》。这18家报纸从中央到地方,覆盖了机关报、都市报和晚报,代表了主流媒体的语言特点和变化指征(indication)。

本次发布的流行语共有7个类目:综合类、国内时政类、国际时政类、经济类、社会生活类、体育娱乐类和文教科技类。分类是为了便于人们对流行语的认知与分析,也能更好地发挥流行语对某个领域的生活进行素描的作用。7类流行语的榜单如下:

综合类:创客、三严三实、四个全面、反法西斯战争胜利七十周年、宪法宣誓、国际足联、控烟、股市、MERS、希腊债务。

国内时政类:简政放权、十三五规划、司法改革、复兴航空、京津冀协同发展、红色通缉令、天网行动、也门撤侨、新国家安全法、双引擎。

国际时政类：尼泊尔地震、也门危机、李光耀、缅甸事件、万隆会议召开六十周年、德国之翼、红场阅兵、美国古巴恢复外交关系、中拉论坛、查理周刊。

经济类：自贸区、O2O、大众创业、纳什、G7、中国制造2025、救市、高通公司、互联网+、普惠金融。

社会生活类：专车、东方之星、留守儿童、上海外滩踩踏事故、抢红包、姚贝娜、柴静、粉尘爆炸、僵尸肉、闪秒。

体育娱乐类：苏炳添、真人秀、女足世界杯、颜值、大白、孙楠退赛、duang、撕名牌、足球改革、聂隐娘。

文教科技类：校园足球、汪国真、平凡的世界、物联网、校园暴力、苹果手表、人工智能、文化惠民、生源大战、5G。

所谓流行语是指在某一时期、某一地域或某一人群中迅速传播、风行的词语。流行语比一般词语更直接、更敏锐地反映社会生活，忠实地记录了民众在物质生活、意识形态、道德情操、文化时尚方面的发展与变迁，为他们留下了真实的、具象的集体记忆。从这个意义上来说，流行语是一种集社会面貌、大众心理、观念形态为一体的语言现象。流行语榜单已成为广大民众了解世间万象、大情小事，把握时代脉搏的重要依据。流行语的发展变化是中国社会和中华民族发展的轨迹，域外人士若想读懂媒体上的中国，了解并研究中国国情，途径之一是关注、跟踪中国流行语的发展变化。

如果单纯从语言运用的角度来观察，那么，用一个字（character）、一个词（word）或一个短语（phrase）来描述当代社会所发生的重大事件，正是汉语魅力的彰显。

上述7类流行语，每类10个，共计70个，绝大部分不是新造的词语，而是固有的普通词语或用这类词语组合而成的短语，例如：股市、自贸区、希腊债务、红色通缉令、上海外滩踩踏事故、美国古巴恢复外交关系。有些则是人名，例如：李光耀、柴静、姚贝娜、苏炳添、汪国真，多半是因这个人逝世或突发事件而忽然盛行，成为流行语的。

可是，也有些流行语是新造的词语，即新词语，例如：创客、控烟、颜值、僵尸肉、互联网+、duang。这类流行语深受语言用户青睐，假以时日，很可能成为词典中的新血。限于篇幅，试解读一二。

【创客】2015年3月5日，第十二届全国人民代表大会第三次会议在北京开幕，总理李克强向大会作政府工作报告。他在回顾2014年工作时说，过去一年，我们大力调整产业结构，着力培育新的增长点，促进服务业加快发展，支持发展移动互联网、集成电路、高端装备制造、新能源汽车等战略性新兴产业，互联网金融异军突起，电子商务、物流快递等新业态快速成长，众多"创客"脱颖而出，文化创意产业蓬勃发展。

李克强第一个提出"创客"，接着这个新词就在媒体上和民间广泛流行。在李克强报告的英译文本中，"创客"译作creators。因此，有人认为应将"创客"解读为"利用互联网、电脑等'高、精、尖'技术，使创意变成现实的创意领导者或技术领衔者"，"创客"不是maker或maker和hacker二者的综合义。在应用"创客"时须特别注意的是，"创客"不是一般的创业者。例如有一则新闻说，"去年，她辞职当起了'创客'，在老家搞起了舍饲养羊"，这个"'创客'恐非真正意义上的'创客'，意思更多指向的是'创业者'"。（李世江：《创客："×客"族新贵》，《语文建设》，2015年第4期）笔者赞同李先生的解读。

【颜值】颜：容貌；值：数值。指人物的颜容英俊或靓丽的程度，用于评价人物的容貌，男女都适用。"颜值"产生后广受语言用户青睐，结果是使用的领域大大拓宽，它所形容的主体从人物延伸到事物，如相机、汽车、楼盘、城市等，甚至一道甜品做得靓，也用"颜值高"来形容。社会大众能否普遍接受，尚待观察。

【僵尸肉】听着就让人毛骨悚然。这是一种什么样的肉呢？2015年6月23日，新华社记者发表了一篇题为《走私"僵尸肉"窜上餐桌，谁之过？》的新闻报道，首次使用"僵尸肉"一词。"僵尸肉"指冷冻年限长达数十年的陈年走私冻肉，别称"70后"冻肉。泛指超过保质期的走私冻肉，别称"超高龄冻肉"。

【duang】出自中国香港影视明星成龙代言的某洗发液的广告词。在普通话语音系统中没有duang这个音节，因此也就没有相应的汉字。没有音、形，总该有个意思吧？可是duang表示什么意思呢？有人说是"加特技""加特效"，问成龙，他也"说不清道不明"。也就是说，duang至今没有一个公认的解释。金波生说："没有公认的准确释义，就不可能在交际中正确地表情达意，即不能用来'造句'，这是duang的致命伤。"(《说不清道不明的"duang"》,《咬文嚼字》,2015年第5期) duang仅是一个没有标准的形、音、义的标音符号，是个无厘头流行语。笔者预测，它的"词命"长不了，要不了多久，就会淡出人们的语文生活。

流行语测量着时代的体温，勾勒了时代的画卷，帮助我们读懂媒体上的中国。

（2016年2月）

天朗气清的APEC蓝

八股是中国明清两朝科举制度的一种考试文体。八股文内容空泛，形式僵化，束缚人的思想。现在人们用"八股"这个词儿，多半是比喻言之无物、空洞死板的文章或演讲，含贬义。

鲁迅曾经说过："八股无论新旧，都在扫荡之列。"1942年2月8日，毛泽东在延安干部会议上发表题为《反对党八股》的演讲（《毛泽东选集》第3卷，第831—847页，人民出版社，1991年）。"八股"而"党"是什么意思呢？毛泽东解释说，党八股是一种洋八股，因为它除了洋气之外，还有一点土气，所以叫作党八股。看来党八股是土洋结合的八股。毛泽东历数了党八股的八大罪状，分析了它的危害性，号召全党抛弃党八股，树立生动活泼新鲜有力的马列主义的新文风。然而在过去很长一段时间里，人们读报纸，看电视，听演讲，党八股式的语言文字时不时地在眼前重现，在耳边萦回。

令人耳目一新的是习近平的讲话，其文风就是毛泽东所提倡的生动活泼新鲜有力的新文风。笔者不能忘怀的是2014年11月10日习近平在亚太经合组织（APEC）领导人非正式会议欢迎宴会上的致辞。他说："这几天我每天早晨起来以后的第一件事，就是看看北京空气质量如何，希望雾霾小一些，以便让各位远方的客人到北京时感觉舒适一点。好在是人努力天帮忙啊，这几天北京空气质量总体好多了，不过我也担心我这个话说早了，但愿明天的天气也还好。""也有人说，现在北京的蓝天是APEC蓝，美好而短暂，过了这一阵就没了，我希望并相信通过不懈的努力，APEC蓝能够保持下去。""我们正在全力进行污染治理，力度之大，前所未有，我希望北京乃至全中国都能够蓝天常在，青山常在，绿水常在，让孩子们都生活在良好的生态环境之中，这也是中国梦中很重要的内容。"这些话听起来是何等的平易、随和、朴实、清新啊！

中共十八大以来，习近平发表了许多讲话，形成了独特的富有个性化的语言风格。有人评论说，习近平的讲话有八大特色，有很强的亲和力、感染力、穿透力、冲击力，大家想听、爱听、愿听，觉得很过瘾、很解渴、很兴奋。（文秀：《习近平讲话的语言风格及特点》，《学习时报》，2013年12月13日）媒体上发表了好些论述习近平语言风格特点的文章，用意至显，就是希望各级干部向习近平学习，转变自己的文风。

可是，我国一些媒体人和新闻发言人，好像还生活在延安时代，忘了今夕何夕。他们嘴上说与时俱进，行动上却原地踏步，表现之一便是他们要么不开口不动笔，一开口一动笔，八股腔依旧。

请看一例。今年8月31日，山东东营市滨源化学公司发生爆炸惨剧，造成13人死亡。该市政府门户网站9月5日发布通报称，部分遇难者的遗体在爆炸时已被炸成碎片，部分遇难者遗体已火化，遇难者亲属情绪稳定。谁知一句"遇难者亲属情绪稳定"，触发了部分媒体人和网友的"情绪"，他们强力反弹，有人撰文痛批通报的措辞是"冷血的措辞"，讲的是"官话，不是人话"。

细心的读者在阅读灾难性新闻报道时，也许会看到诸如"领导高度重视、第一时间赶赴现场、作出重要批示、启动应急预案、全力救治伤员、现场指挥调度、搜救基本结束、原因正在调查、工作有序进行"之类绝对正确、高频通用的话语，只要让事件发生的时间、地点、人物、伤亡数字等各就各位，即可敷衍成文。这类文章，套路相同，千篇一律。更令人生气的是这种新闻违反了新闻写作的原则，把各级领导作为主角，加以凸显，一个劲儿地为他们歌功颂德，涂脂抹粉，而灾民、灾情被撂在一边，轻描淡写，三言两语，一笔带过。这就是典型的"灾难八股文"。

中共十八大召开至今已经整整三年了，习近平为倡导、树立新文风以身作则，何以有些媒体和新闻发言人依然我行我素，还拥抱着党八股呢？这是因为八股式的话语体系已经成了他们的最爱，成了他们的惯性思维。如此传播信息，只能伤害人心，消费政府的形象。

（2015年9月）

调侃简化字为哪般

1940年1月,毛泽东发表了《新民主主义论》(《毛泽东选集》第2卷,第655—704页,人民出版社,1991年),发出了文字改革的号召。他说:"文字必须在一定条件下加以改革,言语必须接近民众,须知民众就是革命文化的无限丰富的源泉。"

1949年10月1日中华人民共和国成立。同月,中国文字改革协会宣告成立;1954年12月,改名为中国文字改革委员会(文改会);1985年12月16日,改名为国家语言文字工作委员会(国家语委);1994年2月14日,转为国家教委管理的国家局;1998年并入教育部,对外保留国家语言文字工作委员会的牌子至今。长期以来,文改会及其后续机构在执行文字改革的三大任务(简化和整理汉字、推广普通话、制定和推行汉语拼音方案)中的第一项任务,即简化和整理汉字时,可谓不遗余力。

1955年1月7日,文改会发表了《汉字简化方案(草案)》。1956年1月28日,国务院全体会议第23次会议通过了《关于公布〈汉字简化方案〉的决议》。根据这项决议,文改会分四批推行简化字,总共517个。1964年5月,文改会、文化部、教育部联合发布《简化字总表》,此表为当时中国最终进行汉字简化后的总表。22年后,即1986年10月10日,国家语委重新发布《简化字总表》,经个别调整,该表共收简化字2 235个。2013年6月5日,国务院公布了《通用规范汉字表》。此后,"社会一般应用领域的汉字使用都应以《通用规范汉字表》为准,原有相关字表停止使用",包括《简化字总表》。

《通用规范汉字表》收字8 105个,《简化字总表》中有31个字未予收入,但是《通用规范汉字表》新收录了226个类推简化字,因此《通用规范汉字表》共有简化字2 430个,约占30%。这2 430个简化字是到目前为止经国家批准公布的全部简化汉字。须要强调的是,这2 430个简化字属于规范汉字。所谓"规范汉字"是指经过系统整理、由国家发布、通行于中国大陆现代社会一般应用领域的标准汉字。它是一个具有法律意义的名词。

《通用规范汉字表》中的简化字虽是国家正式颁布的"标准汉字",可是社会上依然有人不把它放在眼里,拿它来说事。直到今天,智能手机用户仍会在微信上收到调侃简化字的"段子",这些"段子"通过网络传播,十分火爆。例如:"爱"而无"心","亲"而不"见","厂"里空空,"竞"无对手。还有什么"回望故乡,已不见郎"(指繁体字"鄉"简化后减省了"郎");"不讲道义,与我无关"(指简化字"义"完全另造,繁体字"義"中的部件"我"不见了);"领导者已无道"(指繁体字"導"简化后,其上的部件"道"为"巳"所取代)。深受指责的是"爱"字。批评者认为把"愛"简化为"爱",造成了"无心之爱","违背了汉字的艺术性和科学性"。事实果真如此吗?

就小篆字形而论,繁体字"愛"是个形声字。请看《说文解字·夊部》:"𢕊(愛),行皃。从夊㤅声。"清·段玉裁《说文解字注》:"行皃也。《心部》曰:'㤅,惠也。'今字假爱为㤅,而㤅废矣。爱,行皃也,故从夊。"

"行皃。从夊㤅声"是什么意思呢?皃即貌,行貌就是行走的样子;从夊㤅声是说"夊"(suī)是形符,"㤅"(ài)是声符。由此可见,

"心"不是单独的义符,而是声符"恶"中的一部分。后来,"爱"被借指喜爱之义,就六书而论,是个假借字。刨根究底,"爱"本"无心","无心之爱"从何说起呢?(参见《汉字形义分析字典》和《新华多功能字典》)这说明,用"爱而无心"之类来嘲笑,乃至于否定简化字,并无理据。

与此同时,人们也看到许多用简化字调侃繁体字的"段子"。例如:"爱"对"愛"说,我没有心,却有朋友(指简化字"爱"中有个"友"字);"广"对"廣"说,我已经扫黄了;"头"对"頭"说,你没有做美容吗?怎么长了小豆豆?无须赘言,诸如此类,纯属杜撰。

繁体字和简化字针锋相对、互相调侃,这一现象说明在汉字文化圈内,对简化字存在两种截然相反的态度。据笔者观察,"爱"而无"心"这样的声音来自境外,境内有人跟着起舞。共舞的背景或与某人最近10年来大谈"正体字"有关。论者认为只有"正体字"才能代表、保存、传承中华文化,不保存"正体字"就会跟过去断层。这种观点将文字字体当作文化本身,将文化载体当作文化内容,不但偏颇,而且荒谬。而所谓"正体字"是什么字呢?答案是"繁体字"。哦!明白了,简体字或简化字、"国字"或"规范字"都排除在外了。且不说中国大陆并没有废除繁体字,在《通用规范汉字表》中,简化字是2 430个,其余5 675个字叫什么字呢?大陆叫"传承字"。某人倡导"正体字",在中国大陆自有人闻声起舞,亦步亦趋,甚至在春天的两会上相呼应。遗憾的是广大的汉字用户不吃这一套,他们不会愚蠢到连"国际机场"与"國際機場"哪个写起来更简便都分不清,因此,他们照样用国家颁布的简化汉字。

汉字简化运动从1909年陆费逵提出"普通教育应当采用俗体字"至今,已经100多年了。国民政府曾于1935年8月21日公布了《第一批简体字表》（未推行），至今80年了。中华人民共和国成立后，自20世纪50年代推行简化字以来，迄今也已经一甲子了。可是，简化字依然是个议论不休的话题，原因何在？

有人处心积虑把简化字问题政治化，十分无聊。就字论字，不能否认简化工作是有缺失的，主要是未能将文字的工具功能与文化功能很好地结合起来。有时为简省一笔而忽略了其他，可谓得不偿失。例如将"堯"简化为"尧"，"兀"上面的部件不成字，无法称说，给形体分析和识字教学带来不便。而且这个部件跟"弋"和"戈"十分相似，容易引起混淆，人们在写"尧""浇""挠""饶""绕""铙""侥"等字时，往往在右上角加一点，结果出错。

其次，在繁简对应关系上，出现了为减少汉字字数而将字用合并，以致存在"一简对多繁"的复杂关系。所谓"一简对多繁"是指一个简化字对应多个繁体字（或传承字），这在《通用规范汉字表》中有96组。例如用"干"对应"干、乾、幹"，以一对三，同时规定"乾"读qián时不简化作"干"，结果是笔者看到超市里卖的"豆腐干"，包装上印着"豆腐幹"三字；出版物上的"乾隆皇帝"成了"干隆皇帝"，"万里长城"成了"万裏长城"，"一代歌后邓丽君"成了"一代歌後邓丽君"。更离谱的是，因为"餘"简化成"余"，而用"余"意义混淆时可用"馀"，于是台湾著名诗人"余光中"成了"餘光中"或"馀光中"。因此有人建议有限度地恢复繁体字，在用简化字印刷的出版物中允许把"头发""面条"之类容易产生误解的字打成"头髮""麵条"。可是，在坚持简化字政策，不恢复繁体字的前提下，有关方面没有采纳这个建议。为了解决这个问题，《通用规范汉字表》的附录《规范字与繁体字、异体字对照表》对96组"一简对多繁"的字际关系进行了分解，人们在使用中如有问题，可以查检此表。商务印书馆出版了一本小册子叫《〈通用规范汉字表〉解读》(王宁主编，2013年)，其中"《通用规范汉字表》对简繁对应关系的处理"一节（第29—45页），有更详尽的解释。

（2016年8月）

小康：一个美丽的词儿

"小康"最早出现于《诗经·大雅·民劳》。

《诗经》是中国第一部诗歌总集，收集了从西周初年到春秋中叶（公元前11世纪—前6世纪）500多年间流传在黄河流域的诗歌305篇（另有6篇只有标题，没有内容），反映了周朝的社会风貌，展示了农牧、蚕桑、狩猎、战争、爱情、祭祀等一幅幅绚丽多姿的画卷，文化积淀极为深厚，成为解读周朝历史的百科全书。

《诗经·大雅·民劳》共五章，每章十句，每句四言，句式整齐，结构谨严。其第一章曰：

民亦劳止，汔（qì，庶几；差不多）可小康。惠此中国，以绥四方。无纵诡随，以谨无良。式遏寇虐，憯（cǎn，曾；竟然）不畏明。柔远能迩，以定我王。

有人译为：

百姓也已够辛苦，应该可以稍安康。抚爱王畿众百姓，安定四方诸侯邦。不要听从欺诈语，谨慎提防不善良。遏止暴虐与掠夺，怎不畏惧天朗朗。安抚远地使亲近，我王心定福安享。

其余四章每章开头两句依次为："民亦劳止，汔可小休""民亦劳止，汔可小息""民亦劳止，汔可小愒（qì）""民亦劳止，汔可小安"。小康（安乐）、小休（休息）、小息（喘息）、小愒（安宁）、小安（安定）互文同义，反复吟唱，表达了先民共同渴求的愿景。后来，儒家学说中也出现了"小康"。儒家所谓"小康"是指比"大同"的理想境界略低的一种政教清明、人民安乐的社会局面。而宋人洪迈所谓"久困于穷,冀以小康",说白了,就是穷怕了,多么希望过上不愁温饱的日子啊!

自古以来,"小康"就是华夏百姓亲切熟悉的美好词儿,是他们梦寐以求的美好生活。"小康"是神州大地上华夏子孙的情结,蕴含着特殊的中国国情,富有鲜明的中国特色。

1949年10月新中国成立之初,人民当家做主,个个扬眉吐气,经济蓬勃发展,生活蒸蒸日上。眼看着小康日子就要来临,谁知进入50年代后期,突然折腾起来,这一折腾就是20年。令人永远铭记感念的是农村中勤劳纯朴的老乡,他们自始至终坚守乡土,面朝黄土背朝天,日出而作,日落而息,让城里人可以吃着他们生产的粮食,在那里折腾。

历经磨难的当代中国老百姓正想像他们的先民那样异口同声高唱"民亦劳止,汔可小康……""民亦劳止,汔可小休……"的时候,是邓小平第一个体察民生艰难,提出建设小康社会。

1979年12月6日上午,邓小平和到访的日本首相大平正芳举行会谈,会谈进行到一半的时候,大平正芳突然发问:"中国将来是什么样?整个现代化的蓝图是如何构思的?"邓小平思考了一分钟就提出了"小康"的概念。邓小平说,到20世纪末,中国要达到第三世界中比较富裕一点的国家的水平,实现"小康",国民生产总值达到人均800至1 000美元。

1982年9月中共十二大提出"奔小康";2002年11月中共十六大提出"全面建设小康社会";2007年10月中共十七大提出"实现全面建设小康社会奋斗目标的新要求";2012年11月中共十八大提出"全面建成小康社会"的总蓝图;2017年10月中共十九大提出"决胜全面建成小康社会",即到2020年全面建成小康社会。"全面建成小康社会"是中华民族伟大复兴"两个一百年"总目标中的第一个"一百年"的目标,是处于引领地位的战略目标,事关中国梦的实现,事关中华民族的伟大复兴。

"建设小康社会",多么令人向往啊!但是,关键在哪里呢?

2013年12月23日至24日,中央农村工作会议在北京召开,会议强调:"小康不小康,关键看老乡。"一定要看到,农业还是"四化同步"的短腿,农村还是全面建成小康社会的短板。中国要强,农业必须强;中国要美,农村必须美;中国要富,农民必须富。全面建成小康社会,基础在农业,难点在农村,关键在农民。"三农"不稳,天下难"安";"老乡"不富,小康难"全"。

"小康不小康,关键看老乡。"老乡说:"农村富不富,关键看支部;支部强不强,关键看头羊。"中国国家统计局2018年2月18日公布的数据显示,截至2017年底,我国大陆总人口为13亿9 008万人,城镇常住人口8亿1 347万人,占总人口的58.52%,乡村常住人口5亿7 661万人,占总人口的41.48%。改革开放后,城镇化比率逐年提高,农村的行政村大大缩减,目前约为69万个。按每村设村主任和村支书各一人(有的地方由一人兼任),全国主要村干部大约100万人,加上副职,总人数突破500万大关。他们就是老乡们口中的"头羊",他们"强不强",是农村能不能富起来的关键。

2012年11月中共十八大后,从当年12月至2018年9月,中纪委打了以周永康为首的"大老虎"209只,可是对老乡来说,"大老虎"是"远在天边",可是"小苍蝇"却"近在眼前",就在老乡身边。因此,如果"头羊"成了"蝇贪",成天在老乡身边嗡嗡叫,老乡们肯定不会有好日子过,小康目标就别想达到。事实也确是如此。

2018年9月13日,天津卫视开播了一部电视连续剧叫《啊,父老乡亲》，跟2017年3月28日湖南卫视开播的《人民的名义》一样，受到观众热情点赞。如果说《人民的名义》是反映城市"打老虎"的反腐剧，那么《啊，父老乡亲》就是反映农村"拍苍蝇"的反腐剧。

在《人民的名义》中，我们看到，一个部委的处长赵德汉在别墅的床上、壁柜里、冰箱内塞满了一沓一沓的人民币，总数超过2.3亿元；在《啊，父老乡亲》中，我们看到，当了30年村支书兼村主任的申保国，在家中的密室内整整齐齐地码放着一沓沓人民币。此人的后台是县长和县公安局长，所以他在村里一手遮天，有恃无恐，贪赃枉法，鱼肉村民，老乡们说他比《白毛女》中的恶霸地主黄世仁还黄世仁。另一个叫张希平的老村干部，也是村支书兼村主任，他在光天化日之下强暴村里的少女，却花钱让村民顶罪，自己若无其事，逍遥法外。在中国农村，村官巨贪、小官巨腐的现象较为严重。

十八大以来，全国共处分乡科级及以下党员、干部114万多人，处分农村党员、干部55万多人。在农村，如果不治村官、惩乡霸，不铲除黑恶势力，老乡们是不可能过上小康生活的。

"小康不小康，关键看老乡；农村富不富，关键看支部；支部强不强，关键看头羊。"头羊—支部—农村—老乡—小康，农村的党员领导干部其身不正，"小康"再美也只能是"老乡"的一场梦。

（2018年12月）

"咬文嚼字"与《咬文嚼字》

"咬文嚼字"是个成语。说话、阅读和写作能不能、该不该、可不可咬文嚼字呢?回答之前,不妨先看看辞书是怎么解释的。

《现代汉语词典》(第6版)堪称中国权威的语文词典,它对"咬文嚼字"的解释是"过分地斟酌字句(多用来指死抠字眼儿而不注重实质内容)"。所谓"斟酌",它的解释是"考虑事情、文字等是否可行或是否适当"。据此,可以肯定"斟酌字句"是必需的,只是不能"过分",否则就是"咬文嚼字",是不能、不该、不可的。接着,我们来咬嚼一下释义括号中的注文。"抠字眼儿"好不好呢?它说,"抠字眼儿"指"①说话或写作讲究字句的使用。②挑人说话或文章中字句的毛病"。可见,"抠字眼儿"无论是对人还是对己都是必需的,只是不能"死抠",即为抠而抠,以至于"不注重实质内容"。不过,假如既"注重实质内容",又"讲究字句的使用",那么"字眼儿"是"抠"得还是"抠"不得呢?该是"抠"得的吧?

"咬文嚼字"这个成语出自何处?《辞源》(第3版,商务印书馆,2015年)举出的书证是《太平乐府》载元代乔吉的《小桃红·赠刘牙儿》曲:"含宫泛徵,咬文嚼字,谁敢唬牙儿。"然后解释说,"指词句上的推敲",又说"也转指掉书袋卖弄典故,形容冬烘迂腐",书证是《古今杂剧·司马相如题桥记》:"如今那街市上常人,粗读几句书,咬文嚼字,人叫他做半瓶醋。"刘洁修编著的《汉语成语考释词典》(商务印书馆,1989年。下称《考释词典》)的释义是"原指过分地斟酌或强调字句","后多用来讥讽人死抠字眼儿",书证跟《辞源》相同。

《辞源》与《考释词典》的相同之处是书证都引自元曲,不同之处是《辞源》释义中的原始义带褒义,转指义带贬义,而《考释词典》中的两项释义都带贬义。《现汉》的释义看似一项,细分便是《考释词典》中的前后两项。两相比较,笔者取《辞源》而舍《考释词典》。原因是例句中的"含宫泛徵"说明唱曲人精通音律,并懂得必须先道字后还腔,所以才要"咬文嚼字",如此方能字正腔圆嘛。《考释词典》的释义值得商榷。

有的词典对"咬文嚼字"的释义只有褒义,没有贬义,例如根据《应用汉语词典》(商务印书馆,2000年)改编的《现代汉语学习词典》(商务印书馆,2010年)的释义是"对文章的字句反复体会,反复琢磨"。有的词典对"咬文嚼字"的释义为褒义,但括注指明含贬义,例如《现代汉语规范词典》(外语教学与研究出版社,2004年)的释义是"认真推敲字句的意义和正误(有时含贬义,指过分注重文字而不去领会精神实质)"。笔者写作本文时,传来《现汉》(第7版)出版的消息。询问友人,得知第7版《现汉》"咬文嚼字"的释义改为"过分地斟酌字句,多用来指死抠字眼儿,也用来指对文字的使用反复推敲,十分讲究"。这样解释虽先说贬义,但用"也用来指"带出褒义。这是一大进步,其实早该如此了。

那么,"咬文嚼字"到底应该怎样理解呢?《辞源》说得很明白,"咬文嚼字"就是"词句上的推敲"。"推敲"产生于前,比较书面化;"咬文嚼字"产生于后,比较口语化。"咬文嚼字"的字面意思就是像咀嚼食物一样咀嚼文字,比喻"对文章的字句反复体会,反复琢磨",是个褒义成语。后也用来形容死抠文字或掉书袋,于是产生了贬义用法。今天,就语用的实际情形而言,"咬文嚼字"褒义的使用频率似高于贬义。进入网络时代后,人们对语言文字的运用不像以前那么讲究了,网络语言中的错误比比皆是。说实在的,我们有必要大力提倡"咬文嚼字"。

我国现代美学家朱光潜写过一篇文章,题目就是《咬文嚼字》。他说:"在文学,无论阅读或写作,我们必须有一字不肯放松的谨严。文学借文字表现思想情感;文字上面有含糊,就显得思想还没有透彻,情感还没有凝练。咬文嚼字,在表面上像只是斟酌文字的分量,在实际上就是调整思想和情感。"在这篇文章中,朱先生列举实例,仔细进行分析、比较,旨在鼓励读者咬文嚼字。

1995年1月,上海文化出版社创办了一份期刊,刊名就是《咬文嚼字》。一位马来西亚读者看到后,不无感慨地说:"我委实摸不透这份以指导正确使用文字,内容绝对严肃的杂志,堂堂大名为何竟用上含贬义的成语'咬文嚼字'。无论如何,它的这一着,叫我在不知不觉间,不自觉地误以为这咬文嚼字,与字斟句酌般,含褒义的成语一样。"这段话的后一句颇有责怪之意,你用"咬文嚼字"做刊名,误导我将贬义成语等同于褒义成语。我们要问,是《咬文嚼字》的"堂堂大名"误导了读者,还是中国出版的某些辞书误导了读者?答案是不言自明的。《现汉》直到第7版才增补了"咬文嚼字"的褒义,其释义严重滞后。

如今,《咬文嚼字》创办已经21年了,多次获奖。2013年和2015年先后两次被国家新闻出版广电总局评为"百强报刊",2016年入选"期刊数字影响力100强",是中国发行量最大的语文刊物。"咬文嚼字"的褒义随着《咬文嚼字》的影响力日益深入人心。

《咬文嚼字》每月出版一期,32开,是个小刊物。目前,它的内容已从初期的48面增加到64面。其宗旨是"宣传语文规范,传播语文知识,引导语文生活,推动语文学习";其口号是"咬书咬报咬刊,咬天下该咬之错；嚼字嚼词嚼句，嚼世上耐嚼之文"；其读者主要是编辑、记者、校对、广告从业人员、文秘、节目主持人和教师、学生。开设的栏目有《名家语画》《语林漫步》《朝花夕拾》《锁定名人》《一针见血》《词语春秋》《追踪荧屏》《热线电话》《学林》《时尚词苑》《文章病院》《华语圈》《谈联说谜》《重读经典》《向你挑战》《看图说话》《火眼金睛》等。

值得一提的是《华语圈》，这是《咬文嚼字》今年9月新开设的栏目，主要刊登全球华语国家或地区的社区词（某个国家或地区的特有词语）。作者是中国大陆、台湾地区、港澳特区以及印尼、新加坡、马来西亚等国的专家学者。文章短小，文风诙谐，笔调轻松，将知识性、科学性、实用性、趣味性熔于一炉。《华语圈》的开栏使《咬文嚼字》真正做到了"咬天下该咬之错"，"嚼世上耐嚼之文"。它立足中国大陆，面向台湾地区、港澳特区和全球其他华语区。

《咬文嚼字》被受众喻为"语林啄木鸟"，而在有13亿多人口的国度里，以促进语文规范化为己任、贴近社会、贴近人民语文生活的语文专业刊物仅此一家，可以想象，这只"啄木鸟"的工作是何等辛苦啊！

（2016年12月）

白字谁不念，公仆也难免

中国人读书从识字开始。自古以来，由于念白字而闹的笑话可以装一箩筐。比如"錫荼壺"三个字连在一起，一看，脑海里闪出的很可能是一把"錫茶壺"，于是就读成xīcháhú。这就糗大了，因为"錫荼壺"要读yángtúkǔn。最近，我国有位省级领导念错了一个字，为白字笑话箩筐添加了一点猛料。该领导在出席沪（上海）昆（昆明）高铁开通仪式上发表讲话时，把"滇（diān）越铁路"连续两次念成"zhèn越铁路"，引起舆论一片哗然。

许多人不厌其烦地分析、猜测该领导念白字的原因。老实说，念白字或写白字的原因是很复杂的，因此真正的原因只有他自己最清楚。

2013年6月5日国务院公布了《通用规范汉字表》，收字8 105个，分为三级。一级字表共收3 500字，是使用频度最高的常用字集，主要满足基础教育和文化普及层面的用字需要；"滇"字收录在内。2008年6月，国家语委以绿皮书的形式发布的《现代汉语常用词表（草案）》，共收录现当代社会生活中比较稳定的、使用频率较高的汉语普通话常用词语56 008个，按照使用频率高低排序，"的"字的频序号为1，"滇"字为10 496，算是比较靠前的。可见无论作为一个书写或者造句单位，"滇"是个常用的字词。"滇"的使用频率跟它是云南的别称有非常密切的关系，例如：滇池（湖名，在云南省昆明，又叫昆明湖）、滇红（云南出产的红茶）、滇剧、川滇公路、滇越铁路、环滇（池）铁路（建设中）等。所以一个具有中小学程度的学生就应该认识"滇"字了，可是这位领导居然爆冷读半边，其尴尬的程度不难想象。

另一方面，我们应当看到汉字数量庞大，形体复杂，难认、难读、难写、难记。每个人一生中不读错或写错一个字，几乎是不可能的。领导念个白字，实在不必大惊小怪，更不应该过度解读。念错了，认账，改正，引以为戒，不就好了吗？

群众在网上调侃或揶揄读白字的人民公仆，当事人能奈他何？那就让他们乐和乐和吧。不过，领导干部在大庭广众之下念白字总归不是件光彩的事儿，还是小心的好。秘书给首长起稿，遇到容易读错的字，最好括注汉语拼音。在新加坡工作时，我就听说，他们用这个办法，蛮好的。

（2017年1月）

病态语言务须猛药去疴

上海有份由市语委和上教社主办的语文小报叫《语言文字周报》，4开8版，每月两期，彩色印刷。报纸虽小，资格却老，它的前身是《汉语拼音小报》，创刊于1959年7月11日。

60年来，《语言文字周报》始终坚持语文现代化方向，倡导"语言共同化，文体口语化，文字简便化，注音字母化，术语国际化"，力求贴近新时代的语文生活，助力面向社会的语文规范化工作。

近读该报第1881期头版《热风》专栏刊登的一篇题为《"三十而骊"如何可能？》的短评，深有感触。文章作者瀛华批评中国某省电视台娱乐频道播出的爆红综艺节目《乘风破浪的姐姐》所用的"响亮的宣传语"——"三十而骊、青春归位"。

瀛华认为这句宣传语"似有语病，'三十而骊'读起来很别扭"。按现代汉语的语法规则，在"三十而□"这个框式中，"而"后头应该跟的是动词，而不能跟名词，如"匆匆而来""挺身而出""为正义而战""视情况而定"等，而"骊"指"纯黑色的马"，是名词，因此，"三十而骊"是不合语法的句法结构。

瀛华说揣摩电视节目策划人想表达的意思，是"三十来岁的女性仍然可以像骏马一样奔腾向前，追逐理想"。之所以特选"骊"字，一是由于"骊"字陌生，有新鲜感，二是"骊"和"自立"的"立"、"美丽"的"丽"及"励志"的"励"都谐音，一语多关，言简意丰，因而"显得很有创意"。

然而瀛华笔锋一转,用一个设问句作为文章的结尾:"但是,用病态的语言结构来呈现自己的文化创意,是可以的吗?"

"是可以的吗?"窃以为不可,原因诚如瀛华所说,"三十而骊"是个"病态的语言结构"。

孔圣人说:"吾十有五而志于学,三十而立,四十而不惑,五十而知天命,六十而耳顺,七十而从心所欲,不逾矩。"老夫子从他十五岁讲到七十岁,"而""而""而"地重复了六遍,你偏要"而骊","病态"毕露。诸如此类,将"病态"视为"创意",环顾周边国家或地区,在中文／华文／国文的媒体上见得还少吗?

前几天,笔者在朋友圈内看到一篇某自媒体所发的文章,图文并茂,标题说"厕所还有很多名字,估计你看了都认不出"。认不出?厕所倒有哪些"大名"呢?那就开开眼界吧。实因此文难登大雅之堂,故略引数例如下:

厕所:轻松阁、大使馆(某校)、安腔门(某北京炸酱面馆)、解放区(某湘菜馆)、高粱地(某农家饭庄)、青纱帐(某森林公园)、离尘院、静心阁(某寺院)、泉水叮响(某酒吧)、天下粮仓、曲径通幽处(某农村公厕)、五谷轮回之所。

男厕:男排、观瀑亭。

女厕:女排、听雨轩。

对联:天下英雄男儿到此,俯首脱裤;世上贞烈女子进来,低头解裙。男女称爽(横批)。再忙也要来这里,偶听雨打芭蕉,蛙儿入水响叮咚;减负还要来此地,从不斤斤计较,白纸里面有文章。不亦乐乎(横批)。

上引文字,并无语病,然而如此玩转中文／华文／国文,成何体统?是不是"病态"作者才会有此"创意"?如此这般还要求受众转发点赞，夫复何言？笔者不敢转发，只得"收藏"，以为病态文字之"范例"，权充反面教材，公之于众。

语言是人类相互沟通的重要工具，也是文化和文明的象征与标志；语言是我们的精神家园。接触性是语言的特征。语言如流水，人类到哪里，就传播到哪里，语言在国际交往中的作用与影响力是不可低估的。

"科技创新开创人类社会新天地。语言文字与机器的联姻催生了计算机和互联网，人类得以遨游于虚实两个空间。随着新技术的发展和综合应用，社会网络化和网络社会化快速推进，虚实二元空间正深度交融，人机共生社会结构正在形成。"（赵世举：《语言文字事业要有新发展新开拓》，《光明日报》，2020年10月17日）可不，现代人借助一台智能手机，无论身在何处，皆可"坐地日行八万里，巡天遥看一千河"。

正确、规范、健康地使用规范的语言文字，关乎维护国家主权和民族尊严，关乎精神文明的建设。因此，网络语言应当发挥正能量，虚实两个世界都要天朗气清，惠风和畅。病态语文务须猛药去疴，让健康语文阔步前行！

（2020年10月）

反腐斗争孕育热词新语

十八大以来，我国已有60余名省部级以上官员落马。1月14日中纪委第五次全体会议甫结束，翌日下午5时，军方权威部门便在网上公布了16名军级以上干部重大贪腐案件情况，涉案者分属中央军委、总后勤部、各大军区、二炮部队和军事院校，其中仅一人为大校军衔，余皆将级：少将11名，中将3名，上将1名。我国军方一次性打包式剑指16名"老虎"，这在军史上还是破天荒第一次。由此可见，从中央到地方，从军外到军内，中国的反腐斗争可谓席卷方张。

在最近举行的中纪委五中全会上，习近平继续强调"打虎拍蝇"的决心，指出反腐败斗争形势依然严峻复杂，在实现不敢腐、不能腐、不想腐上还没有取得压倒性胜利，因此，必须坚持"打虎拍蝇"无禁区、全覆盖、零容忍，对腐败集团，要层层瓦解、直捣黄龙，还政治以清明，还权益于人民。习近平的讲话掷地有声，听其言，观其行，老百姓无不期待着习大大誓言成真，而眼下社会舆论的兴奋点则集中在推测下一只"大老虎"将会是谁。

语言是人类社会特有的产物，它既是人们的交际工具，也是文化传承、道德感召和维护社会公正的工具。词汇是语言中最敏感的部分，它是社会的一面镜子。社会上一旦出现新事物、新现象或者发生重大事件，立刻就会在语言的词汇中反映出来。当前我国正在深入进行反腐斗争，所查处的老虎和苍蝇数量之多，前所未有，反腐行动力度之大，范围之广，空前未见。方兴未艾、如火如荼的反腐行动必然会孕育出一批热词新语。

早在2013年初举行的中纪委二中全会上，习近平就强调，反腐要坚持"老虎""苍蝇"一起打。这句话在使用过程中逐渐凝缩成为一个四字格短语"打虎拍蝇"，也说"打虎灭蝇"。

2014年12月15日，被喻为"语林啄木鸟"的《咬文嚼字》杂志社评出了2014年的10大流行语，"打虎拍蝇"在榜单上位列第三。编者解释说："'老虎'喻指位居高层的腐败官员，'苍蝇'则指身处基层的腐败官员。""高层"起于哪一层止于哪一层，"基层"始于哪一层终于哪一层，未予说明。在现阶段，对"老虎"和"苍蝇"大抵也只能这样模糊地解释着。可以肯定的是，"打虎拍蝇"使用频率甚高，而且家喻户晓，很可能会以新成语的姿态步入辞书的殿堂。他日真有那么一天河清海晏，蝇虎绝迹，无虎可打，无蝇可拍，亦无妨让"打虎拍蝇"作为历史词语保留在辞书中，因为它见证了一段历史。

上文提到军网公布被查处的16只军中"老虎"，这群"老虎"简称"军虎"，也是个新词儿。此外，还有塌方式腐败、断崖式降级、家族式腐败、区域性腐败、系统性腐败、前腐后继、壮士断腕、刮骨疗毒、猛药去疴、圈子文化、团团伙伙、树倒根存、一窝黑、四风、雅贿、雅腐等热词新语。为篇幅所限，试解读一二。

先说"塌方式腐败"。"塌方"也说"坍方"，指由于种种原因，致使道路、堤坝等旁边的陡坡或坑道、隧道的顶部突然坍塌。有时地震或暴雨造成山体崩塌，给人类带来毁灭性灾难，其情其景至为可怕。"腐败"而像"塌方"一样，其对国计民生、政治生态所造成的危害与破坏的严重性不言而喻。有人认为"塌方式腐败"是指"一定范围内的系统性腐败"，俗称"一窝黑"。山西省便是个典型的案例。

2014年以来，山西省原领导班子共7人落马，他们是省人大常委会副主任金道铭、省政协副主席令政策、副省长杜善学和任润厚、省委统战部长白云、省委秘书长聂春玉、太原市委书记陈川平。该省共辖11个地级市,已有7个市的32名官员接受"组织调查",其中既有夫妻档,也有父子兵。

最不堪的是太原市和高平市。太原市先后有三任市委书记、连续三任市公安局局长出问题;高平市在八年中连续三任市长因涉贪被查,成为"塌方式腐败"之"样板"。令人吃惊的是去年11月26日一天之内山西省纪委监察厅官网同时通报了四名官员(两男两女)被"双开",同日,中纪委予以转发。山西贪官被查处的新闻接连不断,已经成为一道寻常"风景",看得老百姓视觉疲劳起来。然而两个女贪官被查却使民众顿觉眼前一新,新鲜之处何在?通报指这两名女性官员"通奸",这在全国尚属首次披露,难怪要成为老百姓的谈资啦。如此丑闻也让"晋善晋美"(山西在CCTV-4的广告宣传语)的山西摊上了,可叹也夫。

跟"塌方式腐败"有关的一个词语是"前腐后继"。上举高平市八年中连烂三任市长的例子,可以说是"前腐后继"的典型。成语有"前赴后继"和"前仆后继",尽管"腐"和"赴"音近,但是笔者认为"前腐后继"是"前仆后继"的活用。"仆",向前跌倒,"前仆后继"的意思是"前面的人倒下了,后面的人继续跟上去",原本形容英勇奋斗,不怕牺牲。"腐",腐败、腐烂或变坏,"前腐后继"是指前面的人因贪污腐败而受到党纪国法的惩处,后面的人不但不引以为戒,反而效尤,接着腐败,烂下去。15年前新加坡《联合早报》(2000年9月13日言论版)发表的一篇评论,作者就用了"前腐后继",原文是:

这么多的高级干部一个接一个地垮了,而且,还有人"勇敢地"接下去,真是前"腐"后继。

现如今的情形越发严重,因此是把"前腐后继"收进辞书的时候了。

再说"断崖式降级"。"断崖式"形容势头很猛的下行状态。我国的公职人员从省部级到办事员共分10级,"断崖式降级"指官员被大幅度贬黜,职位猛降。典型的案例是2014年江西省委原常委、秘书长赵智勇从副省级连降七级到科级;云南省委原常委、昆明市委原书记张田欣连降四级,担任副处级非领导职务。按照《公务员法》《行政机关公务员处分条例》和《中国共产党纪律处分条例》的规定,对违纪而不违法的官员进行处分,降级是一种处分方式。江西的赵智勇被连降七级到科员,垫底的就是办事员了,所以赵智勇基本上是被一"撸"到底了。对触犯党纪而未触犯国法的干部理应跟违纪又违法者分别对待,所以"断崖式降级"被认为是反腐更加科学化、制度化的标志。

最后说说"雅贿"。所谓"雅贿"既可指用"高雅"的物品行贿,也可指以"优雅"的姿态受贿。方法是行贿者不送钞票、金条,也不送豪宅、股票,而是送名家字画、珍奇古玩或周鼎宋瓷。行贿和受贿都是不法行为,在"贿"前以"雅"字粉饰,这样的贪腐分子是典型的无耻之尤,安徽省原副省长倪发科便是这样的典型。此人爱玉成痴,其玉石藏品丰富得足可举办一次展览会,然其藏品十之八九是他以"优雅"的姿态接受的"高雅"的物品,检方替他算算,折合人民币1 300余万元。据不完全统计,近年来全国至少有17名落马官员涉嫌收受"雅贿"。

中国境外和海外从事华语文教学与研究的朋友们若能以超越自身生活圈子的视野对这些热词新语进行观察、收集、分析、探究,定能汲取丰富的养料,获得教学与研究的丰硕成果。

(2015年2月)

国家资源理念下的方言

2017年8月17日,上海市媒体报道,上海巴士公交(集团)有限公司宣布,随着车辆更新和线路调整,上海话报站将和普通话、英语一起基本覆盖市区公交线路。凡是站距超过300米的公交线路,都要采用三语报站,即在现行语音报站系统中增加上海话,三语播报的顺序是普通话、上海话、英语;站距在300米以内的公交线路,则采用普通话和上海话双语报站,取消原先的英语。

对增加上海话报站,绝大多数乘客表示能够接受,尤其是老年乘客,他们对上海话有感情,听到上海话报站,觉得很亲切很舒服。年轻人感受虽没那么深,却也表示欢迎。新鲜上海人呢?一位在上海工作的外地人吴姓小姐在受访时说,在公交车上听到上海话报站,特别能感受到"上海的味道"。反对的声音微弱,不过是池中泛起的涟漪。

上海是从2011年12月5日开始,在三条公交线路上试行上海话报站的,随后又增加了7条线路。目前,巴士集团所属市区5个营运单位的公交线路共计511条,已完成上海话报站升级的线路有300多条,逐步实现全覆盖。巴士推广上海话报站,那么地铁呢?截至2016年12月,上海轨道交通共开通线路14条(1—13号线、16号线,不计磁浮),报站语言是普通话、英语,只有16号线有上海话。

至于航空公司,早在2010年世博会期间,上海航空就曾推出过上海话广播特色服务。2017年7月16日至8月31日,上航决定再次在昆明—虹桥的FM9452航班和台北—浦东的FM802航班上试点,推出全新的上海话广播升级版。为此,上航特邀沪剧泰斗、著名表演艺术家茅善玉女士录制上海话客舱广播,上航客舱经理、拥有18年工作经验的优秀男乘务员林嘉庆录制男声版本。问卷调查显示,这次上海话广播试运行得到大部分旅客的好评,将近96%的旅客表示接受,他们希望听到更多的上海特色景点介绍,并希望在更多航线上推广。上航从善如流,在9月份内将沪语广播航线增加至10条:3条地区航线(台湾、澳门、香港),5条旅游航线(昆明、海口、三亚、桂林、南宁)和两条商务航线(深圳、广州)。

"软糯的上海闲话勒辣申城巴士浪向和机舱里向响起来",一时成为媒体和公众关注的话题(闲话:话,上海方言;闲是俗字,本字是"言"。勒辣:在。申城:上海的别称。浪向、里向:上面、里面)。其实,不光是上海在公交车上有方言报站,其他一线(北京、广州、深圳)、新一线(15座)及二线(30座)城市有方言报站的不在少数,三线(70座)、四线(90座)及五线(129座)城市一般只用普通话单语报站。再看境外,香港特区用粤语、英语和普通话三语报站;澳门特区用粤语、葡萄牙语、普通话、英语四语报站;台湾地区的台北、台中、高雄用"国语"、闽南话双语报站。

"多言多语、开放包容"是上海语言生活的鲜明特点。2017年5月,上海市委书记韩正在复旦大学跟师生对话时说:"上海是一座海纳百川的城市,我觉得年轻人应该弘扬普通话、传承上海话、会说外国话。""弘扬""传承""会说"三者分寸显而易见,也告诉人们保护、传承上海话和跟推广普通话及学习外语并不矛盾,而且学讲上海话还能了解上海人文历史,体味海派文化。《上海市语言文字事业改革和发展"十三五"规划》提到要"加强上海地方语言资源的保护、开发与利用",在公共交通工具上增加上海话报站正是对上海话的保护、开发与利用。

1956年2月6日,国务院发布《关于推广普通话的指示》,开始在全国范围内推广普通话。《指示》发布60年来,中国普通话普及率已经从2000年的53%提高到2015年的73%左右,预计到2020年,普通话普及率将达到80%,中华民族几千年来"书同文,语同音"的梦想将会实现。可是,普通话普及率越高,势必导致方言的交际功能降低,应用空间收窄,活力大为减弱,有些甚至趋于濒危或面临消亡。

语言不仅是人类交际最重要的工具,而且是一种国家资源,在传承文明和保持文化多样性方面具有重要的作用。以语言是国家资源这个理念来看待方言,就不能对方言的日趋式微等闲视之,必须采取切实有效的举措加以保护、开发、利用,以增强其活力,使其得以传承(传授、继承)。

我国幅员辽阔,人口众多,有56个民族、129种语言(参见《中国的语言》,商务印书馆,2007年)。汉族占全国总人口的92%,方言划分为10个区:官话、晋语、吴语、徽语、湘语、赣语、客家话、粤语、闽语、平话;方言的层次划分为5级:点—小片—片—区—大区(参见中国社会科学院、澳大利亚人文科学院编:《中国语言地图集》,香港朗文(远东)有限公司,1987年、1990年)。10个方言区包括97个方言片和101个方言小片,土语更是难以计数。因此,我国是当今世界上语言资源最丰富的国家之一。

然而近几十年来,我国语言文化资源快速流失,情况日趋严重,已经引起社会各界的广泛关注。2015年,教育部、国家语委启动中国语言资源保护工程,"在全国范围内开展以语言资源调查、保存、展示和开发利用为核心的各项工作"。习近平2014年3月在柏林会见德国汉学家、孔子学院教师代表和学习汉语的学生代表时说:"在世界多极化、经济全球化、文化多样化、国际关系民主化的时代背景下，人与人沟通很重要，国与国合作很必要。沟通交流的重要工具就是语言，一个国家文化的魅力、一个民族的凝聚力主要通过语言表达和传递。掌握一种语言就是掌握了通往一国文化的钥匙。"中国使用人口最多、最重要的语言，是各族人民的共同语普通话。普通话、各民族语言、汉语方言是中华文化的载体和见证，是宝贵的文化财富。而且方言如今已经成为一种文化，它带着深刻的地域、族群的烙印，方音也是一种乡愁，是打开地方文化大门的钥匙。

对强势方言，如广州话、福建话、客家话、上海话等要继续研究、开发、利用，对一些濒危的弱势或超弱势方言，应当赶快多管齐下进行抢救，然后开发利用。总之，对语言必须认真地做好"保存"和"保护"工作。"语言保存"是指通过全面、细致、科学的调查，把语言、方言的实际面貌记录下来，并进行长期、有效的保存和展示。"语言保护"是指通过各种有效的政策、措施、手段，保持语言、方言的活力，使其得以持续生存和发展，尤其是要避免弱势和濒危的语言、方言衰亡。（曹志耘：《关于语保工程和语保工作的几个问题》，《语言战略研究》，2017年第4期）

我国推普60年了，还要继续下去，这无疑是正确的、必需的。与此同时，千万不能忘记，语言是国家资源，也是每个人的资源，政府应该为营造方言与共同语并存的和谐气氛积极创造条件。

资源对国家和个人的重要性无须笔者赘言。这里讲个小故事供读友思考。享誉世界的语言学大师赵元任（1892—1982）除母语外，还会英、法、德、俄、日等将近10种外语，更令人惊叹的是他会说33种汉语方言。有一次，赵元任跟讲不同方言的8个朋友聚餐，席间要求他们不讲国语，而讲各自的方言，赵元任仔细聆听。过不久，他再请这8位朋友来聚餐，竟然能用8种不同的方言跟他们一一交谈。更出奇的是，"二战"后，赵元任到法国出席会议，在巴黎车站，他跟行李员讲巴黎土语。对方听了，以为他是土生土长的巴黎佬，于是感叹道："你回来了啊，现在可不如从前啦，巴黎穷咯。"后来，他到柏林，又用带当地口音的德语跟人聊天。邻居一位老人对他说："上帝保佑！你躲过了这场灾难，平平安安地回来了。"老人以为他是道地的柏林人呢。赵元任拥有丰富的语言资源，使他的"老乡"范围具有全球性。（赵贤德：《常州籍四大语言学家与中国语文现代化》，凤凰出版社，2016年）

（2018年4月）

"零翻译"使母语青春永驻

"零翻译"(zero translation)就是不加转换,径直把"源语言"(source language)中的词语移用于"目标语言"(target language),包括缩略语零翻译、词语零翻译、语句零翻译和语篇零翻译等。对华人来说,"零翻译"就是在讲华语或写华文时夹着未经翻译的外语的词语或句子。

英语教授李家春通过对9种报刊语篇的考察,统计其中出现的零翻译现象,结果显示:各类报刊中零翻译多见于时新专有名词。其中,综合性报刊中出现的零翻译现象以常见缩写形式为主,专业性报刊中则以术语、文献标题和人名居多。(《对待"零翻译"不能"一刀切"》,《中国社会科学报》,2013年3月4日)

华语中常见的外语缩写形式大多是英语首字母缩略语,属于语言学界所说的字母词(lettered words)。就人们日常语文生活中所用的英语字母词而言,既有地区性,也有共同性。例如:BRT(bus rapid transit,快速公交,快速公交系统)、ECFA(Economic Cooperation Framework Agreement,海峡两岸经济合作框架协议)是中国的单区独用词语,CC(community centre/club,民众联络所/民众俱乐部)、COE(certificates of entitlement,拥车证)、NTUC(National Trades Union Congress,全国职工总会/全国职总/职总;NTUC FairPrice,职总平价合作社)是新加坡的单区独用词语,GDP(gross domestic product,国内生产总值)、Wi-Fi(wireless fidelity,一种短距离高速无线数据传输技术,主要用于无线上网)则是华语社区的通用词语。

词语无国界,它们为适应人际沟通或信息传播的需要而自由地流动,而且一个单区独用词语在应用过程中会演变成双区共用甚至多区通用的词语。地区性是相对的。

今天全球经济一体化,信息传输网络化,不同语言之间的互动、碰撞、渗透、交融越来越频繁,翻译越来越显得重要,而"'零翻译'的提出和运用有助于解决因语言表达差异、文化差异以及源语创新给翻译带来的各种难题,极大地提高了各种语料的可译性,对指导日趋增多的翻译实务有着十分重要的积极作用和现实意义"(刘明东:《零翻译漫谈》,《中国科技翻译》,2002年第1期)。

李家春教授指出,零翻译的出现和高频使用是由"多重动因"促成的。一是自然语言的趋简性。人们在运用语言时,从全称形式到简化形式是一种惯常的趋简过程。二是语言的不可通约性。不同语言和文化所表现、反映和描述的内容无法比较和无法传译,如PowerPoint就很难找到意义明确且朗朗上口的译名。三是交流的快速递增性。跨文化交际使得生僻的专有名词频繁出现,同时译员队伍的发展跟不上翻译需求的脚步。四是词典编纂的滞后性。词典编纂总是落后于语言发展。新鲜的表达法常常缺乏约定俗成的译名,给译者造成了较大的翻译障碍。(参见《对待"零翻译"不能"一刀切"》)

据估计,近代、现代和当代,在中国人民语文生活中,因零翻译而出现的字母词累计已有五六千条。(刘涌泉:《"综合汉语字母词词典"的构想》,《(香港)语文建设通讯》,2014年总第106期)今年4月11日,《人民日报》发表了《外来语滥用,不行》一文,同月25日又刊登了该报记者撰写的长文《"零翻译"何以大行其道》。这两篇文章指出,"外语词频繁出现使用过度,影响沟通,伤害汉语纯洁性","既破坏了汉语言文字的严整与和谐，影响了汉语表意功能的发挥，使语境支离破碎，从深层次来说，也消解了中国文化精深而丰富的内涵"。"破坏了……影响了……消解了……"，零翻译罪莫大焉。

碰巧的是5月4日，新加坡总理李显龙在社交媒体与网民分享了BBC网站上一则关于中国外语词"零翻译"现象的文章。他说："语言实际上是一个活的而且不断变化的东西。只要人们在日常生活中还在使用，它就会持续吸收外语的词句、概念与应用方式，不然的话它会如拉丁语或梵语那样，成为只有学者考究，但一般人不再使用的死语言。"

新加坡媒体从三方面解读了李显龙的语用观：一是我们不应排斥一些已经用开的英文缩写；二是新加坡原本就是多元种族多元语言的社会，任何一个种族的母语要保持"纯净"是不可能的事；三是对华族新加坡人而言，影响华语的"外来语"，不只是英语，也包括其他华人社会的华语，尤其是来自中国的用语。

李显龙的语用观合乎新加坡国情，而新加坡媒体的解读也及时、到位。

提到华语（语音、词汇、语法）规范，新加坡有的学者向来主张向中国的普通话倾斜，这无疑是正确的。但是，新加坡是个以英语为行政语言、在教育中实施英语+母语的双语教育政策的国家。新加坡的国情跟中国不同，新加坡应给零翻译更大的空间，在这个问题上不能像有些人那样今天提出"纯洁"，明天要求"纯净"，用"一刀切"的方法向零翻译说"不"。在新加坡，叫华族年青一代讲华语时不要说PowerPoint，要改口说华语，无异于封他们的嘴；与此同时我们应当看到，他们并不是不会说"无线网络"，只是Wi-Fi当红，他们自然是趋新求异，追而捧之的啦！

新加坡的讲华语运动今年迈入第35个年头了，10年前，即2004年的主题是:"华语Cool。能用华语是福气,别失去!"华语Cool在哪里呢?李显龙说:"我们必须掌握母语正确的讲法和写法,但要懂得把语言通俗化。这才是真正的'Cool',真正的华语'酷'!"

　　语言并不是装在瓶子里的矿泉水,语言是浩瀚的大海,有容乃大。纯净未必富有生命力,多样包容才生气勃勃、活力充沛,才容光焕发、青春永驻。

(2014年8月)

顺口溜：民间文学的宝藏

顺口溜（doggerel）是中国民间流行的一种口头韵文，句子长短不等，纯用口语，说起来很顺口。因为押韵而且形制短小，所以易于传播，是中国老百姓喜闻乐见的一种文学样式。

顺口溜大多出自民众之口，加之在传布过程中你修我改，因此无法查考作者姓名。有的顺口溜是文人所作，但是出于某种考虑，如政治原因，故意隐去姓名，借众人之口来替他传播。因此，我们所看到的顺口溜都不具名。

八点上班九点到，一杯茶水一张报，翻翻文件到午后，吃了中饭马后炮。

读书读个皮儿，看报看个题儿，文件看大意，过后锁在抽屉里。这两段顺口溜讽刺的是某些机关干部作风慵懒，不作为，混日子。

顺口溜的题材并非局限于暴露社会负面现象，其内容涉及多个方面，例如恋爱、婚姻、家庭、饮食、保健、养生、学习、交通、企管，等等。请看：

关于恋爱、婚姻的：

和你碰碰头，两悦情相投；和你亲亲嘴，柔情满怀醉；和你抱抱腰，幸福我想要；和你勾勾手，缘定相厮守。

想你想得睡不着觉，念你念得怦怦跳；恋你恋得鬼迷心窍，爱你爱得快要死掉！

关于饮食、保健、养生的：

大蒜是个宝，常吃身体好。

一日俩苹果，毛病绕道过。

核桃山中宝，补肾又健脑。

小小黄瓜是个宝，减肥美容少不了。

夏天一碗绿豆汤，解毒去暑赛仙方。

每日三餐，调剂适当，蔬菜水果，多吃无妨；按时入睡，定时起床，起身要慢，勿急勿慌。

药补食补，莫忘心补。

以财为草，以身为宝。

烟熏火燎，不吃为好；油炸腌泡，少吃为妙。

若要百病不生，常带饥饿三分。

人有童心，一世年轻。

一日三笑，人生难老。

关于学习汉语拼音的：

单韵母，很重要，发音口形要摆好，嘴巴张大ａａａ，嘴巴圆圆ｏｏｏ，嘴巴扁扁ｅｅｅ，牙齿对齐ｉｉｉ，嘴巴突出ｕｕｕ，嘴吹口哨üüü。

一声平平左到右，二声就像上山坡，三声下坡又上坡，四声就像下山坡。

ａｏｅ，ｉｕü，标调多按此顺序；如果ｉｕ紧相连，标到后者头上去。

关于学习英语语法（be的用法）的：

我用am，你用are，is连着他、她、它；单数名词用is，复数名词全用are。变疑问，往前提，句末问号莫丢弃。变否定，更容易，be后not莫忘记。疑问否定任你变，句首大写莫迟疑。

顺口溜不仅普通话中有，方言中也有，而且十分丰富。请看：

福建话中的：

天乌乌，卜落雨。举锄头，巡水路。海龙王，要娶某。龟吹箫，鳖打鼓。火萤挑灯来照路，田鲩举旗唤辛苦，水蛙扛轿目吐吐。

广东话中的：

讲就天下无敌，做就有心无力。

一分两分，储到结婚。

外表斯文，内里open。

三个女人一个墟，三个男人昂居居。

一代亲，两代表，三代嘴苗苗，四代见面都唔叫。

马照跑，股照炒，舞照跳，鸡照叫。

上海话中的：

原来时间，老辰光；厚颜无耻，老面皮；老奸巨猾，老门槛；吹牛连天，老牛三。

搬弄是非，嚼舌头；遭受指责，吃轧头；有钱摆阔，掼派头；吹毛求疵，扳叉头。

脚底流脓，坏胚子；伏案疾书，爬格子；不务正业，浪荡子；话不兑现，放鸽子。

上面三组上海话顺口溜，每组四句。第一组四句都含"老"字，第二组四句都含"头"字，第三组四句都含"子"字。含"老""头""子"的都是上海方言词语，是对前面词语的解释。光是这样方言—普通话对译的顺口溜，就可以说上半天。

顺口溜是中国民间文学的宝藏，值得深入研究。

（2015年8月）

习大大：老虎、苍蝇一起打

中共中央总书记、国家主席、中央军委主席习近平，陕西富平人，中国的后生网民亲昵地叫他"习大大"。

这位"大大"出身于革命家庭，他的父亲习仲勋是共和国开国元勋。

习近平生在新中国，长在红旗下，自小在良好的家风熏陶下成长。不幸的是1962年9月，在中共八届十中全会上，习仲勋因所谓《刘志丹》小说问题"遭人诬陷，在"文化大革命"中又受到残酷迫害，被审查、关押、监护，前后长达16年之久。1978年4月恢复工作，在同年12月召开的十一届三中全会后得到彻底平反。

1969年，习近平16岁，就跟全国的中学生一样响应毛泽东的号召，踏上"上山下乡"之路，"到农村去，接受贫下中农的再教育"，成为陕西省延川县文安驿公社梁家河大队的插队知青（知识青年）。"知青"是个具有中国特色的词语，特指20世纪六七十年代到农村或边疆参加农业生产的城市中有一定文化知识的青年人。

习近平在农村跟广大农民一样面向黄土背朝天，与天奋斗，与地奋斗，与人奋斗，奋斗了7年才有机会返城上大学。1979年大学毕业，1982年出任河北省正定县委副书记。30年来，他由北到南，复由南到北，在十八届中央委员会第一次全体会议上当选为中共中央总书记。2012年11月15日上午11时58分习总书记率领新当选的中央政治局常委与中外媒体见面。此时，离预定的见面会时间迟了将近一个小时，习近平向与会者问好后的第一句话就是："让大家久等了！"这时，现场响起了热烈的掌声。

"让大家久等了"，这是一句极其普通、平实，表示歉意的直白，这句话出自习近平之口，体现了他对所有在场记者的尊重，使他们倍感亲切，不约而同地报以掌声，表示理解。从此以后，人们开始关注并研究习近平运用语言的艺术。

毛泽东是伟大的革命家、战略家和理论家，也是中国人民公认的语言大师。邓小平讲话实在，群众喜闻乐见，其名言就是1985年他再度当选美国《时代》周刊年度风云人物时，被摘登在该刊上的"不管黑猫白猫，捉到老鼠就是好猫"这句四川民谚。改革开放几十年，得到实惠的中国老百姓津津乐道、念念不忘的就是这个"猫论"。其实，邓小平早在1962年7月2日的一次会议上就发表过"猫论"，当时说的是"黄猫、黑猫，只要捉住老鼠就是好猫"，结果受到批评。跟以前几任国家领导人相比，讲话艺术造诣之深，除毛泽东外，笔者觉得要数习近平了。

从2012年11月14日十八大闭幕到2014年2月7日索契冬奥运开幕，习近平在国内考察、调研，出国访问，参加各类会议共80余次，他的一系列讲话足以显示他是一位驾驭语言的行家高手，其语言风格特点是"三平"——平等、平易、平实，"三和"——亲和、温和、随和。

探讨习近平讲话的语言艺术，可从多个不同角度切入，进行深入研究。笔者感受最深的是习近平讲话像是在跟人促膝谈心，使听者如沐春风，十分熨帖。他好打比方，引用俗语，使讲话生动形象，易解易记。试举例简述。

一直以来，习近平高度重视党风廉政建设和反腐败斗争，强调指出："要坚持'老虎'、'苍蝇'一起打，既坚决查处领导干部违纪违法案件，又切实解决发生在群众身边的不正之风和腐败问题。"为此，他开了一剂良方："要加强对权力运行的制约和监督，把权力关进制度的笼子里，形成不敢腐的惩戒机制、不能腐的防范机制、不易腐的保障机制。"一个"笼子"，何等生动！三个"机制"，何等有力！

俗语是具有口语性、通俗性、群众性，为老百姓喜闻乐见的简练的语句，习近平讲话时经常引用。在上文提到的记者会上，习近平说："全党必须警醒起来。打铁还需自身硬。"今年4月1日，习近平在欧洲学院发表演讲时强调，中国已经进入改革的深水区，需要解决的都是难啃的硬骨头，这个时候需要"明知山有虎，偏向虎山行"的勇气，不断把改革推向前进。"啃硬骨头"，"打铁还需自身硬"，"明知山有虎，偏向虎山行"，都是老百姓熟悉的俗语，生动形象，言简意丰。

去年4月9日下午，习近平在海南亚龙湾兰德玫瑰风情产业园考察时强调，"小康不小康，关键看老乡"。邓小平在20世纪80年代中期，一再强调让一部分人先富起来。现在，一部分人富得成了浑身上下金光闪闪的"土豪"，他们或雇了18个壮汉用箩筐挑着人民币招摇过市送彩礼，或把崭新的人民币堆成一道墙，站在墙前摆甫士（pose）。可"老乡"们呢，还没有富起来啊，所以习近平要说"小康不小康，关键看老乡"。在福建工作时他常说，要拎着乌纱帽为民干事，不要捂着乌纱帽为己做官。这都是"用大白话，谈大问题"。

"语言是思想的直接现实。"语言浸透了说话人的思想，反映了说话人的全部文化修养、气质和思想。习近平运用语言的造诣是他生活阅历丰富、文化积淀深厚的体现。

（2014年6月）

文字无国界，咬嚼处处在

1995年1月，《咬文嚼字》创刊。那时，我在新加坡《联合早报》从事文字工作；所谓文字工作，其实就是咬文嚼字。我每天的主要工作就是"咬嚼"《联合早报》，查看有无语用失误，若有，就加以评改，通过公司内部设定的机制提请编辑部同事注意。我的另一职责是帮同事解决新闻写作或处理中遇到的语言应用上的问题。身在异国，单兵作战，我是多么希望《咬文嚼字》陪伴我"咬嚼"啊！

信是有缘。1996年10月中旬，我到桂林参加会议，在会上见到了神交已久的上海师大中文系何伟渔教授，交谈中得知何教授是《咬文嚼字》的编委（现为顾问），便向他倾诉我的心愿，何教授热情地表示乐意协助。我回新加坡后不久，就收到何教授从上海寄来的几册《咬文嚼字》，真是如获至宝，全部通读一遍。11月，主编郝铭鉴因参加华东书展到新加坡，一日到我所服务的公司参观，见面时，我又向郝总表明心愿。郝先生回国后，来信聘请我担任特约编委，并按月寄赠刊物。从此，我跟《咬文嚼字》结下不解之缘。弹指间，已经22个春秋了。

1996年12月3日，我以《中国刊物致力纠正语文偏差》为题，在《联合早报》发表了一篇评论，当月11日，《参考消息》予以转载。拙文详细地介绍了《咬文嚼字》，新加坡书商获悉后，就把它引进新加坡。翌年12月28日《联合早报》报道，《咬文嚼字》1996年合订本成为新加坡三家华文书局的10大畅销书之一，排名第6。随后《联合早报》的副刊也获得授权，可以转载《咬文嚼字》上的文章。《咬文嚼字》落户新加坡后，就跨过柔佛海峡，销行马来西亚。同为特约编委的田小琳教授身在香港，她到上海探亲，特地买了单行本和合订本带回香港，送给学生和同事，向他们并通过他们推荐《咬文嚼字》。她告诉笔者，凡是读过这份刊物的香港朋友无不有相见恨晚之感。

我回忆与《咬文嚼字》结缘的往事是想说明，这只语林啄木鸟早已飞到境外和海外的华人社区了，那里天地广阔，大有作为。

2016年9月，《咬文嚼字》新辟了一个专栏《华语圈》，为内地读者提供了一个新的视窗，为域外作者提供了一个"咬嚼"的平台。《华语圈》发表的第一篇文章是郭熙教授写的《关注全球华语大有可为》。他说："《咬文嚼字》一直关注国内语言应用的方方面面，在国内人民的语文生活中产生了不小的影响。现在，特设《华语圈》专栏，把分布在世界各地的华语'咬一咬''嚼一嚼'，应该也是非常有意义甚至很有趣的事儿。"截至2018年12月，《华语圈》共刊发134篇文章，拓宽了读者的视野。在"互联网+"这个新时代，《咬文嚼字》与时俱进，正在引导读者关注全球华人的语文生活，"咬嚼"境/海外网络和纸质媒体的华文。

在2018年《咬文嚼字》第7期上，有篇短文叫《吃包子，饱肚子》，该文指出中国香港以及新加坡、马来西亚、澳大利亚有的语言用户将"包子"的"包"写成"饱"，而且这种错误出现在卖包子商店的招牌上。这个错误在内地绝无仅有，为什么在境外和海外常见呢？原因之一是少了像《咬文嚼字》这样的啄木鸟。比如香港特区，中文出版事业十分发达，主流报纸就有十余种之多，有的每天出版五六十版，甚至更多，而发行量高达数十万份。有的专栏作者在自己的一小块"自留地"上咬文嚼字，可是有的"咬嚼专家"唯我独尊，胡咬乱嚼，其咬嚼短文，方家斥之为"野谈呓语"。

去年第8期上《大马大选海报用语小议》一文既有点赞,亦有批评,读来令人莞尔。第11期上《"主理"与"主礼"不能混用》一文咬嚼了马来西亚一家全国闻名的主流报纸的标题和内文,将"主礼"误作"主理"。诸如此类,在在说明"文字无国界,咬嚼处处在",而《咬文嚼字》就是一个"咬嚼"的最佳平台。

郭熙教授说:"我们期待着面向全球华语的'咬文嚼字'。初步研究已经显示,各地华语无论是语音、词汇、语法,还是文字,都有很多题目可做;如果上升到篇章层面,更会有很多好话题。通过'咬'可以发现许多语言事实,引起我们去思考,去咀嚼,促进全球华语和谐发展。"笔者相信,《咬文嚼字》开始"咬嚼"全球华语,全球华人就会聚焦《咬文嚼字》。

(2018年1月)

当演员被叫作"戏子"的时候

2016年8月14日凌晨,演艺界的当红炸子鸡W先生在新浪微博上发布了一个离婚声明,指妻子M与其经纪人S发生婚外不正当两性关系,宣布要与妻子解除婚姻关系,同时解除S的经纪人职务。此事立刻成为媒体,尤其是新媒体竞相报道的头条新闻。接着,续闻连篇累牍地纷纷出笼,其声势盖过同期发生的其他要闻。一时之间,全国仿佛只有一个W先生。

10月18日上午,这起备受关注的离婚案在北京市朝阳区人民法院召开庭前会议,引发大批媒体和群众围观。当日,某通讯社以专电形式发出X先生撰写的文章,批评W先生"把家事当公事,拿炒作家丑来扩大社会影响","这种违逆中国传统道德,利用家丑来造影响的行为,真是毁人'三观'"。此言一出,赞弹不一,唇枪舌剑,自是又热闹了一番。

W先生的婚变闹剧成为媒体的一场狂欢、一次飨宴,点燃了舆论的热情,俘虏了受众的眼球。

在此期间,笔者在新浪网上读到中国国际政法研究院院长陈中华写的一篇博文(2016年9月14日),差点儿傻了眼。陈中华博文的题目是《推崇戏子,亡国之举》,语出惊人,震撼匹夫。笔者暗忖,当众人正在热议明星长短之时,何以陈中华以"戏子"称之?全文8 000余字,堪称马拉松博文,从标题到内文,使用"戏子"凡10次。其论点是"科学家的地位不如戏子","推崇戏子,亡国之举"。此言吓出笔者一身冷汗。

笔者从事语文工作，职业习惯使然，在读陈文时，最敏感的还是"戏子"一词。新中国成立后，"戏子"弃用，成为历史"旧词"，代之而起的是中性词"演员"，演而出名者，则尊称为"明星"。因"换了人间"而产生的词用上的这种变化，陈中华岂能不知？何况陈中华在文中也多次用了"演员"和"明星"，所以笔者相信他是故意这么措辞的，其蕴含的意思是辛辣的，其鞭挞的力度是彻骨的，用意昭然，无须多说。

权威的《现代汉语词典》对"戏子"的释义是"旧时称职业的戏曲演员（含轻视义）"，《上海话大词典》说，"戏子"指演员，贬称。说明"戏子"是上海话历史上使用过的，如今很少见闻的词语。我国有句流传甚广的俗语叫"婊子无情，戏子无义"，"戏子"与"婊子"平列，都是无情无义之人。中国台湾地区的李敖就诠释得更加明白了，他说："演艺人员古称戏子，是下三烂行业。中国人骂'婊子无情，戏子无义'，就是定论。这一行业太现实、太虚荣、太炫耀、太不择手段竞争，的确情义荡然。不料电影、电视出来，这一行业窜起来了，名利双收，演艺人员居然表率群伦了，结果带来虚浮的坏影响。年轻人不务实学，连康熙皇上都给带坏了。"（2015年5月30日李敖微博）综上所述，"戏子"这个词，在内地，实在是不能随便使用的。然而，陈中华用了，而且情绪愤激。

当演员被叫作"戏子"的时候，笔者觉得我们的媒体，尤其是网络媒体必须深刻反省，舆论导向是否出了问题，新闻报道是否有失平衡，职业道德是否正在堕落。娱乐新闻的这些统筹、企划、记者、编辑们，如果眼睛只盯着W之流结婚、生子、离异、死亡，而且一味高调，一味炫耀，一味渲染，长此以往，受众疲劳、厌烦、憎恶，你们就可能走向反面了。

当演员被叫作"戏子"的时候，笔者觉得演艺界那些稍有名气或如日中天的艺人，必须自爱，别因滥交、酗酒、吸毒或嫖娼而蹲进班房。"公众人物"理应"表率群伦"，低调为宜。然而有人偏偏爱慕虚荣，喜欢显摆，追名逐利，得陇望蜀。拍《西游记》的齐天大圣和观音菩萨，片酬每集才几十元人民币，如今拍一集《××传》，据说索价人民币85万元，有关部门下令"限薪"，打个折扣，给个优惠价，还得收50万元。难怪那些名不见经传，却醉心在演艺圈里出人头地的年轻人，焦躁不安，为博出位而不惜自导自演，炮制新闻，供媒体消费。自我作践，莫此为甚。纵能达到目的，亦已堕落为不折不扣的"戏子"矣。

当演员被叫作"戏子"的时候，笔者衷心希望"戏子"早日回归辞书的笼子，语言用户千万别乱用，别让它在我国人民的语文生活中满世界乱窜，丢人现眼。

（2016年10月）

推动"文明革命"进入现在进行时

1978年12月18日至22日,党的十一届三中全会在北京召开。自此,我国进入改革开放新时期,迄今整整40年了。神州大地纷纷庆祝,各路媒体频密报道,赞美之声不绝于耳。

正当举国高歌猛进之时,2018年10月28日10时08分51秒,重庆市江滨之城万州市的一辆22路公交车行驶至长江二桥上时,突然越过中心实线,猛烈碰撞对面正常行驶的小轿车后冲上路沿,撞断护栏,坠入江中。瞬间,两名肇事者和13名无辜的乘客葬身于67米深的大江之中。记录事故发生全过程的视频公布之后,观看者或痛斥殴打司机的祸首刘姓悍妇,或指摘未能尽职尽责的冉姓司机,或为无辜死难的乘客唏嘘不已、悲愤交加。

这起极端恶性的交通事故震惊全国,世人惊诧。泱泱大国,礼仪之邦,竟然上演如此一幕揪心的悲剧,人们不禁要反思这场悲剧发生的原因。简而言之,这是改革开放40年中所产生的形形色色的社会问题长期蓄积所造成的。

中国国家统计局2018年2月28日公布的数据显示,从1978年到2017年,两代人的时间,中国的人均收入从229美元增加到8 836美元,年总贸易量从不到200亿美元,增加到将近4.3万亿美元,经济体量则从仅占全球经济的2%增加到15%,成为居于美国之后的第二大经济体。难怪有人会自豪地说:"欧洲人400年才能经历的巨大差距,中国人40年就经历了。"

经济建设取得了骄人的成就，极大地推进了社会的物质文明，提升了人民的生活水平，但是政治文明、精神文明、社会文明、生态文明的建设未能与经济建设同步前进，法治建设与德治建设未能同步前进，以致人民的文明素养与公德之心远远地落在物质文明后面，社会弊端丛生——赌博、吸毒、制毒、藏毒、贩毒，乞丐、娼妓、土匪、帮会，买官、卖官、行贿、受贿、贪污、腐败，偷税、漏税、逃税，奢侈浪费、诓蒙诈骗、假冒伪劣，偷工减料，粗俗、低俗、庸俗、恶俗的段子广为流传，胡言、谎言、谣言、妄言充斥社交媒体，种种丑恶现象严重地侵蚀了社会的肌体，侵蚀了人们的灵魂。

40年来，我国社会旧貌变新颜，可是人心浮躁、异化，许多人几乎忘了自己是谁。本来赌博、吸毒、娼妓、帮会、买官、卖官、行贿、受贿、贪污、腐败等词语早在新中国成立之初就已退出人们的语文生活而仅仅保留在辞书之中，可是，随着早被涤荡的旧中国的污泥浊水倒灌，沉渣泛起，旧词旧语借尸还魂，纷纷复活，像幽灵似的重又徘徊在人们的语文生活之中，有的还高频使用。

著名作家贾平凹感叹道："中国的改革在深化着，社会转入了大转型期，以我的感受，我们从未感受到如此的富裕，也从未有过如此的焦虑……我们在获得了相当多东西的时候，也失去了相当多的东西。我们在兴奋地欢呼，同时在悲痛哭泣。"重庆公交车坠江事件印证了贾平凹这几句话。

针对重庆公交车坠江事件，中央一级媒体纷纷发表评论。11月2日，《人民日报》发表了署名评论《我们是否需要一场文明革命？》，作者何鼎鼎特别提到"上世纪80年代，美国学者英格尔斯的一本书在中国很流行，书名就是《人的现代化》"，接着何先生说："今天，在'仓廪实'之后，我们或许尤其需要思考'人的现代化'这一课题，以一场文明的革命，构建起与我们不断提升的物质文明相适应、与我们大国身份相匹配的精神文明。"

"文明革命"，一个新词语诞生了！推动"文明革命"进入现在进行时，让它镌刻上新时代全面深化改革的烙印吧。

（2018年11月）

缤纷的语文生活彰显汉语的魅力*

我国是汉语的故乡,域外汉语之源在中国。今天,在汉语之源,汉语汉字的应用状况怎样,这是国人和海外华人都关注并感兴趣的问题。本文撷取贴近我国人民语文生活的实例,以微观视角,扫描式地做个简要的介绍。

一

20世纪50年代以来,我国政府一直是十分重视语言文字的规范化工作的,从中央到地方都设立了语文职能部门。目前,最高的语文职能部门是国家语言文字工作委员会(简称"国家语委"),其职责是:拟定国家语言文字工作的方针、政策;编制语言文字工作的中长期规划;制定汉语和少数民族语言文字的规范和标准并组织协调监督检查;指导推广普通话工作。

2000年10月31日,第九届全国人大常委会第18次会议通过了《中华人民共和国国家通用语言文字法》,自2001年1月1日起施行。

《通用语言文字法》规定:(1)国家通用语言文字是普通话和规范汉字;(2)国家推广普通话,推行规范汉字;(3)国家机关以普通话和规范汉字为公务用语用字;(4)学校及其他教育机构以普通话和规范汉字为基本的教育教学用语用字;(5)汉语文出版物应当符合国家通用

---

* 本文所引网友观点,有些未注明出处,谨向作者表示歉意,并致谢忱。

语言文字的规范和标准;(6)广播电台、电视台以普通话为基本的播音用语;(7)广播电影电视用语用字、公共场所的设施用字、招牌广告用字、企业事业组织名称、在境内销售的商品的包装说明,都应当以国家通用语言文字为基本的用语用字;(8)信息处理和信息技术产品中使用的国家通用语言文字应当符合国家的规范和标准;(9)可以使用方言,保留或使用繁体字、异体字的几种情形。

《通用语言文字法》确立了普通话和规范汉字作为国家通用语言文字的法律地位,明确规定了国家通用语言文字的应用范围。这部法律对推动国家通用语言文字的规范化、标准化及其健康发展,使国家通用语言文字在社会生活中更好地发挥作用,促进各民族、各地区经济文化交流,起到了十分重要的作用。

我国教育部门历来特别重视在基础教育阶段向学生灌输说话、阅读和书写都必须合乎规范的理念,因此中小学生的规范观念较强。正因为学校教育从小就培养学生树立规范的观念,所以虽然我国幅员辽阔,人口众多,四方谈异,但是各族人民都基本上生活在语文标准化、规范化的氛围之中,过着和谐的语文生活。

新中国成立后,政府有关部门发布了一系列语言文字应用标准,其中《汉语拼音方案》《简化字总表》《普通话异读字审音表》《现代汉语通用字表》早为新加坡、马来西亚等国引进,并用于中小学的华文教学。《标点符号用法》和《出版物上数字用法的规定》则为私人机构如新加坡报业控股华文报集团所采用。此外,我国有关部门还就某个字的用法,例如"像"和"象"的用法、"做"和"作"的用法,进行专题研究和研讨,并公布研究和研讨的成果,供语言用户参考,使他们有所遵循。这些成果也深受海外华社欢迎。

二

20世纪90年代初，全世界开展信息高速公路工程建设，互联网开始商业化，虚拟世界应运而生。

2012年1月16日，中国互联网络信息中心（CNNIC）在北京发布了《第29次中国互联网络发展状况统计报告》。报告显示，截至2011年12月底，中国网民达到5.13亿，有将近半数网民在使用微博，比例达到48.7%；手机网民达到3.56亿户，同比增长17.5%。而国家统计局于2012年2月22日发布的2011年统计公报显示，移动电话用户达到9.86亿户。

上述数据预示，虚拟语言生活必将日益成为国人生活的重要组成部分。

虚拟语言生活与现实语言生活处于两个不同的空间，网民大量增加，虚拟语言生活的空间随之扩大，二者之间的互动与碰撞，势必更加频繁，影响亦将扩大。随着改革开放的深化，我国社会处在不断的变动之中，反映这种社会大变动的新词新语如雨后春笋，大量涌现，网上尤甚。网络热词成为新词新语的主要来源。新词新语鲜活生动，折射出人们五彩缤纷的语文生活，彰显了汉语的巨大魅力。

另一方面，由于30年来国门洞开，经济转型，全国掀起了学习英语的热潮，英语外来词语如潮涌入。有人惊呼"狼来了"——英语入侵汉语。有人抱怨语文生活乱象环生。于是近10年来，要"像保卫黄河一样保卫汉语"的呼声此起彼落，未尝停息。

人们惯常的宁静的语文生活被打破了，传统的语用观受到了前所未有的冲击。在笔者看来，我国人民的语文生活中既有难以承受之轻，亦有难以承受之重。当今，观察国人的语文生活，既须着眼于现实语文生活，亦须着眼于虚拟语文生活，而且要特别关注二者之间的互动和影响、牵制和约束。

如何正确看待、评估当前我国人民的语文生活成为一个值得探讨的有意义的课题。

（一）网络词语与社会生活词语迅速融合

自2009年以来，中国网络媒体已转向对社会公共事件的关注、调查、监督和评论。很多触犯道德底线、触犯公权践踏私权的行为都是网友第一时间在网上爆的料。网上一爆，各种传统媒体就纷纷跟进，进行后续报道。网络和传统媒体互相作用，互相借力，遂使网络词语迅速进入现实世界，并与社会生活词语相融合。作为源头活水，网络词语已经成为新词和热词的主要来源，有些已为域外华语所吸收。

新词和热词是社会发展变化的一面镜子：真善美的事物得以彰显，假丑恶的现象无所遁形。

另一方面，网言网语依然保持着夸张、幽默、睿智的特点，同时也在逐渐改变路向，网民们似已不再热衷于偶、菜鸟、大虾、55555、TNND之类为人诟病的文字游戏。"中国的互联网越来越成熟；中国的网民也越来越成熟；2009年的互联网已经成为了一个公民参与政治的平台，成为公民政治生活里传递民意的不可或缺的渠道，而且是最便捷、最有效的渠道之一。"（《中国语言生活状况报告（2009）》，第332页，商务印书馆，2010年）

有鉴于此，各级政府越来越关注网上舆情，并及时收集、跟进、研究、回应；政府官员上网或与网友对话者也越来越多。

（二）2009—2011年网络热词举隅

网络热词是指在网络媒体上出现的使用频率较高的词语，这类词语是新词语的源头。最近5年（2006—2010）产生的新词语呈现逐年增加的趋势，经层层筛选和专家审定，2006年为171条，2011年增加到500条。下面分别举些最近3年（2009—2011）的例子，让大家一窥新词语的面貌。（如果不了解新词语的含义，请上网搜索。）

2009年出现新词语396条，使用频次在前20位的有：甲型H1N1流感、躲猫猫、秒杀、钓鱼执法、蚁族、裸奔、蜗居等。他如：拼爹、动姐、李鬼药、疯驴症、软裁员、欺实马、暴走妈妈、温和腐败等，光看词形，就觉得挺新鲜的。

在网络词语中产生了一种新形式——词语群。所谓"词语群"是指以词语格式为标志的一组词语。例如：被××（被死亡、被当爸、被股东、被艾滋、被富裕），楼AA（楼薄薄、楼脆脆、楼断断、楼晃晃、楼歪歪），××执法（钓鱼执法、养鱼执法、眼神执法），××门（购房门、砒霜门、假捐门、诈捐门、同名门），××族（蚁族、咸鱼族、榴莲族、裸婚族、司马他一族），×二代（民二代、官二代、富二代、星二代、独二代）。

2011年3月7日，中国语言文字网公示了2010年的新词语，又令人眼前一亮。请看：给力、微博（围脖、脖主、脖友、织围脖）、神马（什么）、爱疯、潮丐、慢城、蒜你狠、豆你玩、姜你军、西毕生。词语群除了持续的被××、楼AA、××门、××族外，又流行开了：微××（微民、微投诉、微文化、微新闻、微情书），微博××（微博游、微博问政、微博议政、微博招聘、微博110），××控（动漫控、微博控、大叔控、玩偶控、伪娘控），××哥（犀利哥、担忧哥、妖娆哥、胜利哥、煤黑子哥），××姐（微笑姐、兽兽姐、旗袍姐、巴拉圭波神姐），××体（羊羔体、凡客体、微博体、咆哮体、QQ体）。

值得一提的是2010年冒出的"给力"。这个词5月在网上露脸，在第19届世界杯足球赛期间热传，11月10日上了《人民日报》头版头条的标题。由于《人民日报》推波助澜,给力"给力",使"给力"热上加热。后来,有网民把它译成英文gelivable(给力)和ungelivable(不给力)。于是有的网民认为这是"给力"走向国际的开端。现在,百度一下"给力",相关结果大约1亿个。在台湾地区和港澳特区,媒体也多用开了。

2012年2月21日,中国语言文字网公示了2011年的新词语。兹举20例如下:V博、BMW族、hold住、三房、女蜂、吐槽、蹭课哥、灯笼男、翡翠女(与"钻石男"相对)、僵尸车(另有僵尸公司、僵尸股)、蒜你贱(与2010年的"蒜你狠"相对)、限娱令、医跑跑、云概念、暴力慈善、飙泪公关、末代农民、灌水公司、化妆猪肉、故宫十重门。

从上面的例词中,我们看到:一是新词新语的创造者睿智不减当年,依然十分重视词语命名的眼球效应,如灯笼男、翡翠女、僵尸车、飙泪公关,人们一听就想知道是什么样的男女、车辆或公关;二是微××或微博××有63条,其魅力和影响力越来越大;三是云××("云电视"之类)有13条,说明云技术的研究、应用与推广越来越火。

2011年12月14日,国家语言资源开发与研究中心、中国传媒大学、北京语言大学、商务印书馆联合发布了"2011年度中国媒体十大新词语"和"2011年度中国媒体十大流行语"。前者真实地记录了2011年中国出现的新事物、新概念,反映了这一年中百姓在心理上和观念上所发生的悄然变化;十大流行语真实地记录了2011年内的世界万象与社会变迁,客观映照了时代发展中国际和国内社会的诸多热点。兹录于下,供各位参考。

十大新词语是:伤不起、起云剂、虎妈、政治微博、北京精神、走转改、微电影、加名税、淘宝体、云电视。

十大流行语是：中国共产党建党90周年、"十二五"开局、文化强国、食品安全、交会对接、日本大地震、欧债危机、利比亚局势、乔布斯、德班气候大会。

（三）"词媒体"改变传播方式

人们正生活在信息爆炸时代。据说，近30年来生产的信息超过了过去5 000年所生产的信息的总和。

互联网所传递的信息是大量的、零乱的、无关联的信息碎片，随着互联网的高速发展，信息碎片恰似纷纷扬扬的雪花铺天盖地袭来，令人难以招架。为使信息能快捷传递，长期储存，高效利用，作为信息载体的语言也在悄然发生变化，其结果是"词媒体"应运而生。

"词媒体"是由中文互动百科（www.hudong.com）在2010年5月7日首创推出的概念，该网站从此定位为"词媒体"网站。所谓"词媒体"是指把事件浓缩成一个词传播的一种新的媒体形态。这个关键词语精准凝练、高度浓缩、信息饱满、容易记忆、便于口传。其特点是创建方式全民化，传播方式无限化，利用方式共享化。

"词信息"代表着快传播、精阅读；"词时代"将使受众信息生活更轻松，从容应对信息泛滥。

2011年7月28日，互动百科公布了7月份互联网十大热词，条目和解读都由网民创建、精编、反复修改而成。兹举"卖萌通缉令"一例，以博一粲：

亲，被通缉的逃犯们，徐汇公安"清网行动"大优惠开始啦！亲，现在拨打24小时客服热线021-64860697或110，就可预订"包运输、包食宿、包就医"优惠套餐，在徐汇自首还可获赠夏季冰饮、清真伙食、编号制服……！亲，告别日日逃，分分慌，秒秒惊的痛苦吧，赶紧预订喔！

亲，记得粉我、转发哦！

这是2011年7月8日下午上海徐汇公安分局在微博上发出的一则通缉令，被网友称为"卖萌通缉令"（萌，可爱，源自日语，日文作萌える（MOERU）；亲，"亲爱的"的简称）。

这则通缉令采用微博形式发表，语言风格是当下流行的"淘宝体"。继上海警方之后，武汉警方以"凡客体"发布防盗宣传海报，广东警方以"见与不见体"发布追逃通告。警方此举引发争议，肯定者与质疑者都有。

（四）"汉语盘点"领跑语言生活

"汉语盘点"是由国家语言资源监测与研究中心网络媒体分中心、商务印书馆、新浪网文化读书频道联合主办的一项年度文化品牌活动，全程在网上进行。从2006年开始，至今已连续举办了五届。在类似活动中，"汉语盘点"起跑最早，延续时间最长，最具权威。

"汉语盘点"是用一个字、一个词盘点过去一年的中国与世界，分为国内字、国内词、国际字、国际词四组。以一个字、一个词盘点一年的中国与世界所发生的事，这是汉语凝练特性所提供的一种可能，它彰显了汉语汉字之美，展示了汉语汉字的表现力和生命力。

网民们用汉语汉字这把尺子"丈量社会，丈量世界，丈量世道人心"，他们在表达对国家与世界关注的同时，也深深地体会了汉语丰富的文化内涵。"汉语盘点"已经成为中国岁末年初的一件文化盛事。

"汉语盘点2011"活动于2011年11月14日启动，12月14日在商务印书馆揭晓。经200万名网民推荐、投票，"控""伤不起""债""欧债危机"分列年度国内字、国内词、国际字、国际词第一名。令人瞩目的是"伤不起"，跟媒体年度十大新词语相同，反映了网民和媒体对这个新词语的高度认同。

（五）推广普通话和保护方言和谐并存

《中华人民共和国宪法》第19条规定："国家推广全国通用的普通话。"普通话在全国通用，方言在方言区使用，普通话和方言都是语言资源，二者相互依存，相互促进，各自发挥其社会功能，和谐并存。可是，在2009年和2010年却发生了两场推普和保卫方言的大论争：一场发生在上海，一场发生在广州。

1. 上海媒体引发的方言问题

2009年2月4日，上海《新民晚报》（社区版）（数字报纸）刊登了《新英雄闯荡上海滩，不限户籍个个精英》一文。作者写道："新上海人，浦东密集度最高，办公大楼里最多。到浦东，尤其是陆家嘴，都说普通话，说上海话是没有文化的表现，有点像美国土著红种人。在浦东的饭店酒店，连拉门的服务生都是说普通话'先生先生'的，在浦西，黄河路美食街上一片上海话敲车窗：'阿哥阿哥吃饭伐？'可见新旧上海人密度差异。"

谁知一句"说上海话是没有文化的表现"竟然引起轩然大波。上海读者认为严重伤害了上海人的感情，要求该报道歉。次日，该报编辑部发表声明，承认伤害了上海读者的感情，并向读者真诚道歉。

由此人们联想到2005年初，上海在"两会"期间，就有人大代表建议"保卫"上海话。于是掀起了一股"保卫上海话"的浪潮。这次《新民晚报》事件表面上仍是一次方言和普通话之争，实质上反映了更多深层次的问题。

2. 广州的"撑粤语"事件

2010年7月5日，广州市政协提案委副主任纪可光将一份提案交给市长。其中一条是亚运会11月要在广州举行，建议在广州电视台综合频道和主要频道黄金时段的新闻播音，由粤语改为普通话，营造良好的语言环境,为办好广州亚运会创造条件。广州市某政协委员随即发出一条微博称:"今天获得消息,广州市政协将正式建议广州电视台新闻和综合频道全部或在主要时段改播普通话,母语危矣!"一句"母语危矣"就像一声霹雳,惊动网民,以致在短短数小时内便有上千条评论和数千条转载。几天后,广州当地媒体又报道广州某小学"封杀"粤语一事。一时间"保卫粤语"之声四起。某周刊执行主编发了一条微博说"没有方言的城市是可耻的",此语几成金句,转发率一时无两。最后是市委副书记苏志佳对"推普废粤"之争给出了"官方说法",辩论才画上句号。

广州的这场"粤语存亡"之争"并不仅仅是语言问题,其背后有本土文化与外来文化的冲突"。(《中国语言生活状况报告(2011)》,第6页,商务印书馆,2012年)

(六)"保卫汉语"呼声高涨

21世纪初,有人在主流媒体的网站上撰文提出"捍卫汉语"或"保卫汉语"的口号,大声疾呼"展开一场汉语保卫战"。有位语文教育专家高调呼吁"全社会要像保卫黄河一样,保卫汉语"。难道汉语真的到了存亡之秋了吗?

原来,中国自从国门大开之后,闯进来一匹狼,这匹狼就是英语。这是一匹不能赶也赶不走的"狼",而且"目前我们没有气度、勇气、胆识、能力与之共舞"。(参见Sasa:《汉语,我只有对你哭!》,人民网,2002年7月26日)

"保卫"论者的论据除将矛头指向英语"入侵"外,也批评了自己的同胞,主要是知识分子,指他们丧失警惕,逮来"英语蚂蚁",在自家的汉语长堤上打洞。(傅振国:《英语蚂蚁在汉语长堤打洞》,新浪博客,2010年2月1日)

语言是人类相互沟通的工具，也是信息文化的载体，还是一种资源。它既是每个人的财富，也是社会的共同财富。使用语言的习惯因人而异，对待语言的态度和语用观也因人而异。今日之中国正处在翻天覆地的变化之中，语言也随着社会的变化而变化。在语言的万花筒里，有人看到的是语言生命力的迸发，相反，有人认为那是经典的消解。

1.语文生活中难以承受之轻

笔者拜读过两位网友的文章，他们指出，当前有不少人非但不珍惜母语，反而有意无意地踩躏它，玩弄它，甚至破坏它。即使是大学生，包括中文系学生，也对汉语表现出了令人震惊的冷漠，致使汉语使用幼稚化、粗鄙化、芜杂化。主要表现在三个方面，也可称之为汉语发展过程中的三股逆流。第一股逆流是"喧外语之宾，夺母语之主"。表现之一是外语扭捏地踱入大小媒体，二是外语神气十足地现身各个场所，三是外语堂而皇之地抢占了汉语的位置。第二股逆流是"煽网语之风，灭汉语之火"。煽风灭火者有教授，有作家，影响很大。第三股逆流是"促发展是假，扰规范是真"。（李淑章：《当前汉语发展过程中的三股逆流》，《内蒙古日报》，2009年7月14日）

的确，自改革开放以来，语言应用中真的是乱象环生。

在商店橱窗中，把"袜子大减价"写成"妹子大减价"。在某高级礼仪学校的招生简章中，把"待人接物"写成"代人接吻"。超市里把"无公害鸡蛋"写成"无害公鸡蛋"。饭店菜单上把"爆炒野兔"写成"爆炒野鬼"。医院里，把"换肾"写成"换臀"……

上海有本小型语文刊物叫《咬文嚼字》（月刊）。创刊17年来，该刊每期都发表许多评改语用错误的短文，被誉为"语林啄木鸟"，是我国"第一本把博大精深的语文知识融会贯通到生活中每一个角落的杂志"。（《中国语言生活状况报告（2011）》，第156页）

如果说啄木鸟所啄的仅仅是小错误的话，下面请看三则闻名全国甚至全世界的语用笑话。

"撼祖国强盛，卫京都泰安"：2011年5月9日，故宫博物院斋宫诚肃殿展出的部分展品失窃，58小时后案件告破。13日，故宫博物院副院长等人到市公安局赠送两面锦旗，其一为"撼祖国强盛，卫京都泰安"，将"捍"字误作"撼"。微博上指"撼"是别字。故宫回应称，没错，用"撼"字显得厚重。雷倒国人。

向遇难者家属赔偿发"奖金"：2011年7月23日晚8时30分许，浙江省甬温线发生一起动车组列车追尾事故，40人遇难，172人受伤。27日媒体报道说，首个赔偿协议已经签订，总金额为人民币50万元，内有5万元是奖励金。因何奖励？原因是遇难者家属"在短时间内接受谈判并签订协议"。闻所未闻。

向殉职民警的父亲说"恭喜"：2011年7月29日傍晚，广州增城发生一起消防队员姚携炜为营救一名跳桥轻生的男子而殉职的事件。次日，多个部门官员登门慰问姚的家人，一名官员递上慰问金后，握着姚携炜父亲的手说："恭喜你培养出这么优秀的儿子。"面对有丧子之痛的姚父，政府官员竟用祝贺语"恭喜"。夫复何言？

诸如此类只是个案，所以笔者说是"语文生活中难以承受之轻"。

2.语文生活中难以承受之重

"难以承受之重"是指普遍的甚至是全国性的问题。令人关注的是：

（1）学生汉语能力下降

首都部分大学生汉语应用能力测试显示，不及格者占30%，得分在70分以下者占68%。《中国青年报》的一项民意调查显示，确认当前社会存在汉语应用能力危机的占80.8%，认为汉语应用能力不存在危机的占19.2%。认为造成汉语应用能力危机的原因在于"很多人重视外语学习,轻视汉语学习"的占52%。认为"现在人们喜欢解构汉语,稀奇古怪的词语层出不穷"者占43.6%。认为"影像文化占据绝对优势,文字越来越不重要"的占30.1%。(《中国语言生活状况报告(2011)》,第5页)

(2)汉字书写能力退化

2010年3月"两会"期间,有政协委员提交了《关于加强青少年汉字书写教育的提案》,多家报纸和网站的调查结果印证了国人汉字书写能力确实呈下降趋势。这些调查还引起英国《卫报》及美国《洛杉矶时报》的关注,它们的报道传到国内,又引发国人对传统文化的忧思。(《中国语言生活状况报告(2011)》,第6页)2011年6月30日,新加坡《海峡时报》也发表了一篇题为《中国汉语水平下滑》的专题报道,列举了许多令人触目惊心的数据。

《人民日报》一位主任级编辑详细分析了造成这种后果的三大原因(参见前引傅振国《英语蚂蚁在汉语长堤打洞》):

一是对外来语,不经翻译汉化,直接以英语字母形式楔入汉语。这个口子一开,犹如蚂蚁钻进长堤,泛滥蔓延,大有不可收拾的势头。这有五种情形:

1)英语缩略语(或称字母词)在汉语出版物中广泛使用。国内生产总值,用GDP入文;世界贸易组织,用WTO入文。接着是CEO、NBA、CPI、IMF等等排着队跟进,逐渐成为高频词。

2)科技新词、品牌名称、专业术语不加翻译。如IT、DVD、MP3、QQ、web2.0、twitter、iPhone、Google等。

3)人名、地名、企业名、单位名不翻译。

4)一个英语单词或一个字母成了汉语造句中的一个词素。如"经销商PK品牌商""这话我都说N遍了"。

5）中国人用英文字母取名，或者直接取英文名。如赵C、李A、张@。公共建筑物用英语名，如SOHO现代城。

最后两类情况对汉语的解体最具杀伤力，有着潜在的、令人恐怖的威胁，它已经扎根在汉语的细胞里了。

二是中国知识分子疏忽麻痹，对英语侵入汉语，缺乏应有的警惕，缺乏清醒的文化自觉。中国知识分子也不是故意要糟蹋自己的文化，而是由于"小小的疏忽"，是处在"无意识"状态。谁也没有往深处想：汉英混杂，打开了英语入侵汉语的缺口，是逮来"英语蚂蚁"在自家的汉语长堤上打洞。

三是法律不完善，执法不严格，国家对通用语言文字的社会应用缺乏及时有效的指导、规范、管理。

三

汉语正在走向世界，它的国际地位和国际认同程度从来都没有现在这样高，全球华人为此雀跃。这时却传来一阵"展开一场汉语保卫战"的强烈呼声。汉语真的惨到需要保卫的地步了吗？

有的学者表示不相信"汉语危机"这种说法，也不相信汉语的纯洁性需要捍卫；认为"保卫汉语"是一种情绪化的表述，是一个伪命题。也有网友说，"保卫汉语"不过是一场虚构的战斗，而且火药味太重，战争思维的痕迹太明显，这样容易造成二元对立，容易走向极端。

用行政命令禁绝一切外来词语，禁止广大语言用户说GDP，非说"国内生产总值"，就算贯彻执行了汉语规范化的标准了吗？就算维护了汉语的纯洁和健康了吗？就算用实际行动保卫汉语了吗？有的网友说，果真如此，那是折腾言者和作者，是在故意挑战人们的阅读能力。

事实证明，由于汉语和外语的天然糅合，产生了很多新词新语，开拓了汉语的新境界。比如"粉丝"(fans)，使用频率越来越高，广播上说，电视上说，报纸上说，网络上更是少不了它。令人眼前一亮的是，2010年商务印书馆出版的《现代汉语学习词典》已经收录了这个词条。如果不给"粉丝"活动的舞台，一见到就封杀，它能存活到今天并跨过商务版词典的高门槛而进入词典的殿堂吗？

语言，从来就是活跃的，是在不断的变化之中发展的，而且它有一种自我调节的机制，优胜劣汰。同时，我们应该看到语言的稳固性和延续性是很强的。保护汉语的最好方法是不断焕发它的生命力，焕发它的魅力。眼下，真正要拯救的不是汉语，而是我们自己。

四

我国政府历来重视语言文字事业。2010年7月29日，中共中央、国务院印发了《国家中长期教育改革和发展规划纲要（2010—2020年）》，其中有多项关于语言文字的规定，提出未来10年国家语言文字事业改革和发展的目标和任务。国家语委有19个成员单位，相关部委也都就协助支持、齐抓共管语言文字工作采取了诸多举措。(《中国语言生活状况报告（2011）》，第37—82页) 因此，我们有理由相信我国人民语文生活中难以承受之轻将会逐步消减，而难以承受之重将会逐步改善。

（2011年10月）

呵呵，特朗普

1978年出版的《现代汉语词典》（第1版），"呵呵"的释义是"形容笑声"，2016年第7版的释义跟初版一样，38年不变。2019年语文出版社出版的《现代汉语应用规范词典》，"呵呵"条下的释义是"模拟笑的声音"。"形容"与"模拟"、"笑声"与"笑的声音"，半斤八两。

自从进入网络时代后，"呵呵"在手机微信聊天中大红大紫起来，迅速成为高频热词。在网上购物，顾客跟商家对话，对方一口一个"亲"，临了就跟你"呵呵"两声。朋友之间用微信聊天，彼此"呵呵"，习以为常。早也"呵呵"，晚也"呵呵"，今天"呵呵"，明天"呵呵"，"呵呵"复"呵呵"，忽一日语言用户们发觉"呵呵"不再单纯，它并不仅仅是"形容"或"模拟"笑声了。

2019年7月31日，在我国外交部新闻发布会上，有记者发问时引述美国总统特朗普发推特（twitter）"警告"中国的消息。对此，发言人华春莹回应说："我也看到了相关报道和推特，我只想呵呵两声。"官方的英文翻译是：I have seen relevant reports and twitter. Hmm. How interesting！

无独有偶。2021年7月12日，我国外交部发言人赵立坚主持例行记者会。有记者问，彭博社日前发布新一期"全球抗疫排名"，美国排名第一，成为"全球第一抗疫大国"，中国排名第八，中方对此有何评论？赵立坚说，这个排名"既不符合事实，也不尊重科学，更不尊重生命"，"所谓的排名结果，把黑的说成白的，白的说成黑的，也许今后还能把死的说成活的。我想世界民众只能表示'呵呵'了，姑且把它当作茶余饭后的谈资吧"。

新加坡《联合早报》言论版曾发表过一篇时评，作者说特朗普是"当年的成功商人，而今的蹩脚总统"。不知道这位"蹩脚总统"身边的中国问题专家对华春莹这两声"呵呵"是怎么解读的。彭博社跟着拜登起舞，新闻良知泯没，换来赵立坚两声"呵呵"，不知彭博社听了自我感觉怎样。

特朗普及其身边的专家都是老外，我们不妨暂且把他们晾在一边，自己先考考自己：华春莹、赵立坚这两声"呵呵"是什么意思。或许大家会异口同声地回答："肯定不是笑声。"那是什么意思呢？或许10个人会有10个不同的答案。这事儿要是让特朗普们知道了，说不定他们会惊讶不已，中文够奇妙的啊！

网络语言中常在表示否定对方的话语时说两声"呵呵"，有人解读为表示嬉笑、讽刺、讥消、嘲弄、挖苦、不屑或不以为然。更有甚者，有人口吐"呵呵"时，竟然同时还在腹诽对方：怨恨、谩骂或诅咒。怪不得看到"呵呵"，有人会黯然神伤，或者憋出内伤，或者怒发冲冠，或者掀翻桌子。

2013年"呵呵"被网友评为年度最伤人的聊天词儿。

如此说来，"呵呵"已从最初单纯的"模拟笑声"逐渐嬗变为意味隽永、高深莫测的多义词。两声"呵呵"使得听话人一头雾水，难以捉摸。"呵呵"堪称"万能词"，"神奇"且带点"魔性"。

"蹩脚总统"特朗普出尔反尔，言而无信，对他的"极限施压"，华春莹报以两声"呵呵"，不晓得他拎得清拎勿清，而这样的外交语言博得中国民众的喝彩，他们听得十分痛快，真爽！

（2019年8月首发，2021年7月补充修订）

老皮，皮特斯

新西兰中文媒体在提到本国副总理兼外交部长温斯顿·皮特斯（Winston Peters）时，为称说和行文简便，称他为"老皮"。这一称谓已沿用20多年，受众早就习以为常。

岂料今年5月28日，该国英文媒体突然向中文媒体问难——文章援引"中国问题专家"安-玛丽·布莱迪（Anne-Marie Brady）的说法，认为"老皮是一种带贬损性的称谓"，是有歧视性的"不道德"（unethical）的称呼；进而上纲上线，说这个称呼是"中国影响力渗透新西兰的又一有力证据"。随声附和者则说"老皮"有"老坏蛋""老无赖""老滑头"或"老狐狸"的意思。

中文《先驱报》被指是使用"老皮"最多的媒体之一。6月4日，该报发表了《别了，老皮！》一文，驳斥问难者的"文字迫害"（https://www.cnzherald.com，2019年6月4日）。

正当公说公有理，婆说婆有理的时候，最可爱的当推"老皮"皮特斯本人了。他向外交贸易部的工作人员咨询后说："我得到的建议是，'老皮'这个称谓并不构成贬损，但中国有句古老的谚语：如果一个人坐在打开的窗边一直张着嘴，总会有一只烤鸭飞进他的嘴里。"

问难者和附和者听着，请你们"坐在打开的窗边一直张着嘴"，等着吃那飞进嘴里来的美味佳肴"烤鸭"吧！

事实上，早在20世纪90年代，新加坡华文媒体就发生过类似争论。当时苏共总书记戈尔巴乔夫（Gorbachev）几乎天天见报。他的名字一上标题，编辑就大伤脑筋：新闻标题要言简意赅，可这位大人物单单是姓就5个字了。咋办？干脆就叫他"老戈"吧。后来，大家如法炮制，将时任罗马尼亚共产党中央委员会总书记的齐奥塞斯库（Ceausescu）称为"老齐"。

"老戈""老齐"刚一见报就有读者表示不能接受：他们是老外，怎可像华人一样用"老×"称呼？况且"老×"带亲切味儿，对他们不适用。当时笔者写了篇题为《"老戈"与"老齐"》的随笔回应读者，说这种用法可以接受（新加坡《联合早报》，1990年2月9日言论版）。依据是：在称呼"老×"中，"老"不是形容词（adjective），而是前缀（prefix），用于称人、排行次序以及某些动植物名，如"老王""老三""老虎""老玉米"。称人时，"老×"并无显著的亲切义。

汉语吸收外来词的方法之一是音译，如"咖啡"（coffee）、"巴士"（bus）。单个译音字通常表音不表义，须相互组合后才产生意义。然而，如果你踏足香港，会看到茶餐厅门口的水牌上写着"本店奉送啡和茶"，"啡"与"茶"并起并坐，单独使用。不加糖和奶的咖啡，内地叫"清咖"，香港叫"斋啡"（black coffee）。"咖"或"啡"前都能附加一个实义语素，构成合成词。类似的例子还有大巴、中巴、迪吧、迪厅、的哥、的票，等等。

王希杰《汉语词汇学》将这种语言现象叫作"非词素词素化"，认为"非词素词素化之后，取得了造词资格，具有能产性"，"多音节外语音译词经常通过紧缩法词素化"。

"老皮"是三音节外语音译词"皮斯特"紧缩后成为单音节的"皮"，再加上前缀"老"构成的。"老皮"之"皮"跟"猪皮、顽皮、俏皮、馄饨皮"之"皮"在语义上挂不上钩。怎么能说"老皮"是"带贬损性的""不道德"称谓呢？怎么能说"老皮"有"老坏蛋""老滑头"之义呢？敢问新西兰那位"中国问题专家"，高论依据何在？

"老皮"事件后，新西兰中文《先驱报》决定，今后不再用"老皮"这一称谓。对其他政治人物，也将一律使用官方原名。

明明没做错，又何必作茧自缚呢？换位思考后，笔者恍然大悟：新西兰国情使然——在人屋檐下，中文媒体家家都有本难念的经啊！

（2019年7月）

"土豪"还乡啦

1927年1月4日到2月5日,毛泽东在32天里步行700多公里,实地考察了湘乡、湘潭、衡山、醴陵、长沙五县的农民运动,3月5日发表了著名的《湖南农民运动考察报告》(《毛泽东选集》第1卷,第13—46页,人民出版社,1991年),全文3万字。

在这篇报告中,毛泽东说,土豪劣绅是农民的主要攻击目标,并预言他们将跟帝国主义、军阀、贪官污吏一起被葬入坟墓。在毛泽东笔下,"土豪劣绅"共出现53次,使用频率可谓高矣。

1949年10月1日新中国成立,毛泽东的预言实现了。从此,"土豪劣绅"淡出中国人民的语文生活,仅保留在辞书之中。

《现代汉语词典》(第7版)之前各版都收录"土豪"和"劣绅"。"土豪"的释义是"旧时农村中有钱有势的地主或恶霸",举的例子是"土豪劣绅";"劣绅"的释义是"品行恶劣的绅士",举的例子也是"土豪劣绅"。解释"土豪",举例要找"劣绅";解释"劣绅",举例少不了"土豪"。两个坏蛋,形影相随,难舍难分,倒也有趣。然而谁承想今天"土豪"复活了呢?你看,它们一个个从"旧词"的坟墓里爬了出来,进入虚拟世界,成为网络流行语或媒体热词。

或问,在今日神州大地上谁是土豪、土豪是谁呢?有人说,那些富得冒油却缺乏品味、气质,偏又喜欢露富、炫耀的人是土豪。《现代汉语词典》(第7版)给"土豪"增补了一个义项:"指暴富的文化素质不高的人,也指喜欢炫富的有钱人(多含讽刺或戏谑意)。"

下面不妨举个例子,也许可让各位不但大开眼界,而且深化对上述新增义项的理解。

话说2013年11月13日,浙江省浦江县一黄姓青年定亲。是日,一帮人在当地大街上招摇过市。但见走在队伍最前面的18名壮汉个个挑着大蒸笼似的竹篮,篮内码放着簇新的人民币,计重102.12公斤,共8 888 888元,还有首饰、服装、日用品,等等。紧随"十八担"的是由10辆轿车组成的一溜车队,领头的是一辆玛莎拉蒂(Maserati),余皆清一色奔驰(Benz)。此情此景,惊得当地某网民赶紧拍照、发微博、发微信,很快地,"浦江土豪定亲,彩礼高达888万"就图文并茂地上了媒体,成为受众的热门话题。

当代土豪就是这副德性。"土豪"的特点就是虽"豪"却"土",多用于背称。

有人把比自己舍得花钱的人称为"土豪",如此,月光族岂非皆成"土豪"?恐怕不妥。物以稀为贵,要是"土豪"满街都是,稀奇个啥?

"土豪"也指舍得在网络游戏上花大钱的玩家。为求简省,亦可将"土豪"二字拼合为一个"壕"字。

由"土豪"衍生出"土豪金"。事缘iPhone5S上市后新增了香槟色版本,谁知成了"手指一族"的抢手款式,价格扶摇直上,成为许多"手指一族"的首选。于是香槟色被网友调侃为"土豪金"。

新华网发表了一篇盘点"土豪金"物件的文章,列举了跑车、钢琴、浴缸、麻将、内衣、领带、年历、面膜,甚至粽子等,"土豪金"又成为黄金制品的代名词。

现在许多建筑物一改往日灰色外观,披上一层"土豪金",金光灿灿,直插云霄。昆明长水国际机场因主色调为金黄色而被网友列入全国十大土豪金建筑之一。江苏南通海安县的一家大酒店是一座通体金黄的大厦，被称为土豪金酒店。

今日神州，阔佬、富豪、有钱佬似乎都要"被土豪"了，与金色沾边的事物则都会"被土豪金"。拥有"土豪金"物件的人即使经济拮据，自我感觉肯定不错，因为自己也"忽然土豪"了。在这样的氛围下，"土豪"和"土豪金"又怎能不成为语言热词、交谈热点呢？有消息说，tuhao还没有被正式收录进《牛津英语词典》，但是已在词典编者关注的范围内了。

在中国，政治上的"土豪"早就盖棺论定了，新潮网络词语"土豪"正当走红，但是，它的前途绝不会光明，看它的过去，就可以预测它的将来。"土豪"和"土豪金"业已经由媒体传播到新加坡，但是我认为新加坡没有它生存的土壤，它在新加坡一天也活不下去。

（2013年12月）

别让"老赖"进狮城

我坐在江南水乡某城市的BRT（bus rapid transit，快速公交）上，正面的流动电视屏幕上正在播放当地中级人民法院的"失信被执行人曝光台"，下面写着"依法将下列被执行人纳入'黑名单'，予以信用惩戒，敦促其主动履行法定义务"，接着便逐一播放被执行人的企业名称、失信金额、姓名、案号、法院的举报电话。

我暗自思忖，除非跟他们有来往，否则谁记得住他们的姓名啊？遑论举报了。这种"信用惩戒"，对"失信被执行人"，力度似嫌不足。

"失信被执行人"是法律用语，六个字，老百姓说道起来很不方便，于是送给他们一个只有两个字的雅号，叫"老赖"。"老赖"指欠人钱财却赖着拒不执行法院判决的债务人。这种人在中国城乡到处都有，并已成为社会痼疾，严重影响社会的和谐与稳定，因此必须依法惩治。

2017年3月12日，在第十二届全国人民代表大会第五次会议上，最高人民法院院长周强作了《最高人民法院工作报告》。《报告》的第二部分第十点是"推进执行改革，基本解决执行难问题取得实质进展"，该段最后两句说："河南、河北、山西、内蒙古、福建、广西、四川等地法院通过专项执行活动，形成打击'老赖'高压态势。依法惩治拒不执行裁判行为，司法拘留1.6万人，追究刑事责任2 167人，让司法裁判真正成为惩治违法失信的利剑。"

周强在报告中用"老赖"一词是于"典"有据的。2016年出版的《现代汉语词典》(第7版)"增收了近几年涌现的新词语400多条","老赖"即为其一。词典的释义是"讥称长期赖账不还的人",并标注〈口〉,指常用于口语。

谁知在13日下午广东省人大代表团第六小组的讨论会上,有位赖姓代表在发言时,批评周强的报告使用俗称"老赖",认为应当使用"严肃正式"的表达方式,并说"这也是对全世界三百多万赖氏人的尊重"。周强听到汇报后,从善如流,接受批评。3月14日,最高人民法院办公厅特地发函答复赖姓代表,信中说"对您的意见,周强院长高度重视,指导报告起草组进行了认真研究和吸纳",已将"老赖"改为"失信被执行人"。

那位广东代表在提出批评时曾说,要尊重"全世界三百多万赖氏人",这是什么意思呢?原来,赖姓在当今中国人口最多的前100个姓氏中排在第98位,占总人口的0.18%,约有250万人,加上境外和海外的赖姓宗亲,约有300万之众。华人大多知道,在姓氏之前可加"老"或"小"表示称呼,如"老李""小王","赖"姓前加"老",则为"老赖"。

以前没有"老赖"这个词儿,叫一声"老赖"没什么关系,如今"老赖"另有特殊含义,且为贬称,再叫人"老赖",如何启齿?岂不令人尴尬?这是赖代表提意见的主要原因。

作为"失信被执行人"俗称的"老赖"已随着新闻的传播在《联合早报》上出现过,而新加坡华族肯定也有赖姓,虽然新加坡华人并不使用"失信被执行人"的俗称,但是这个俗称的存在仍有可能给语言用户造成不便。走笔至此,顺便讲件趣事。

为撰写本文,笔者曾请教台湾学者,询以有无"老赖"之说,对方答复时反问我:"您的老赖是指赖清德吗?"当然不是啊!可见台湾地区并无"老赖"这个俗称,中国港澳特区也不用。如此说来,"老赖"作为"失信被执行人"的俗称是中国内地所特有的了。笔者建议新加坡华文媒体尤其是报章,将"老赖"挡在国门之外。

(2019年5月)

教我如何不想"她"

中央电视台综合频道（CCTV-1）和中文国际频道（CCTV-4）每天都播送城市广告宣传片，特色纷呈，各有千秋。江苏省常州市从2020年5月起推出宣传片，向全国和全世界展示常州的美好形象。宣传语是：

　　智造之都　宜居之城　常乐之州

　　常州　教我如何不想她

爱好歌曲的朋友或许听过或唱过《教我如何不想她》，这是一首有"时代曲之祖"美誉的经典老歌——刘半农（1891—1934）作词，赵元任（1892—1982）作曲。歌词120个字：

　　天上飘着些微云，地上吹着些微风。

　　啊！微风吹动了我头发，教我如何不想她？

　　月光恋爱着海洋，海洋恋爱着月光。

　　啊！这般蜜也似的银夜，教我如何不想她？

　　水面落花慢慢流，水底鱼儿慢慢游。

　　啊！燕子你说些什么话？教我如何不想她？

　　枯树在冷风里摇，野火在暮色中烧。

　　啊！西天还有些儿残霞，教我如何不想她？

英语中第三人称代词单数随着语境的变化而有性的区别，he、she、it分别代表阳性、阴性和中性；现在，中文分别用"他""她""它"对应。

上面歌曲的曲名中有"她",歌词每节最后一句跟曲名相同,反复四次。刘半农何以如此钟情这个"她"呢?中国现代语言学和现代音乐学先驱赵元任为何乐意为之谱曲,并且独唱,灌录唱片呢?常州又为什么用"教我如何不想她"中的"她"做代称呢?

下面讲讲"她"的故事。

"她"是一个字(character),也是一个词(word)。从字的角度来说,"她"是谁造的呢?从词的角度来说,"她"所称代的对象有哪些呢?

一、"她"是谁造的

说起造字,炎黄子孙不由得想起"文祖仓颉"。中国古代文献《世本》《淮南子》《说文解字》都记载说,仓颉是黄帝时期造字的左史官。《淮南子·本经训》说:"昔者苍(仓)颉作书,而天雨粟,鬼夜哭。"这种夸诞,"其意则在突出文字奇特功力"。科学地说,汉字并不是一人一时一地创造出来的,而是使用汉语的先民长期集体创造的,也就是学界所谓"文字始出于众人之手而仓颉有搜集整理之功"。

"她"字是谁创造的呢?有人说是刘半农。

刘半农出生在江苏江阴城内一个清贫的知识分子家庭,是中国新文化运动先驱,著名的文学家、语言学家和教育家。今年是刘半农诞生130周年。

1920年春,刘半农负笈赴欧深造,初入英国伦敦大学院,在语音实验室工作;1921年夏转入法国巴黎大学,并在法兰西学院听讲,攻读实验语音学。1925年,刘半农获得法国国家文学博士学位,成为第一个荣膺外国以国家名义授予最高学衔的中国人。同年秋天,刘半农回国,任北京大学国文系教授,讲授语音学,建立语音乐律实验室,成为中国实验语音学奠基人。

刘半农是怎么想到要造个"她"字的呢？

近代以前，汉语第三人称代词单数并没有区分性的传统，一个"他"字就搞定了，可以代替男女及一切事物。但是新文化运动后，白话文运动兴起，西学东渐，一切旧观念都可能被质疑、被取代。虽然从前"他"字可以代替人和一切事物，但是终嫌笼统，于是1823年出版的我国第一部中文英语语法书《英国文语凡例传》，为了区分he、she、it，编者别出心裁，居然把这三个代词分别标注为"他男""他女""他物"，读起来既别扭，又累赘，跟不上时代发展的脚步。

对语言问题怀有浓厚兴趣的刘半农注意到了这个问题。他主张造一个"她"字，专门用来表示第三人称女性。1917年底，刘半农在翻译英国戏剧《琴魂》时，第一次尝试用"她"对应she。因为尚未考虑成熟，所以没有撰文公开阐述自己的主张。

倒是刘半农的老友周作人（1885—1967），在1918年8月5日出版的《新青年》5卷2号上发表了一篇翻译小说《改革》，文前，他加了一段关于"中国第三人称"的说明，透露了刘半农的构想："中国第三人称代名词没有性的分别，狠觉不便。半农创造'她'字，和'他'字并用。"可是周作人自己并没有用"她"，而用"他女"。

1878年，郭赞生翻译英文语法著作《文法初阶》时，首次将she译作"伊"，做女性专用代词。周作人的兄长周树人（鲁迅，1881—1936）在他的《一件小事》（1919年11月）等作品中就用"伊"字，当时用"伊"的名家不乏其人。

1920年6月6日，刘半农写了篇《"她"字问题》，寄给上海的《时事新报》，8月9日发表在《时事新报·学灯》上。此前《学灯》已经发表过几篇辩论"她"字问题的文章，正反双方的意见都有，刘半农也都看过，所以他在文章中说："这是个很小的问题，我们不必连篇累牍的大做，只须认定了两个要点立论：一、中国文字中，要不要有一个第三位阴性代词？二、如其要的，我们能不能就用'她'字。"

刘半农申论说，在已往的中国文字中，这个"她"字无存在之必要，因为前人做文章，都在前后文用关照的功夫，使这一个字的意义不至于误会。在今后的文字中，就不敢说这个"她"字绝对无用，至少至少，总能在翻译的文字中占到一个地位。又说，这个符号形式跟"他"极像，容易辨认，而又有显然的分别，不至于误认，尽可以用得。

他举了个例子："她说，他来了，诚然很好；不过我们总得要等她。"如果只用"他"字行吗？胡适之（适）用"那个女人"代替"她"字，周树人用"伊"字，他们的办法好不好呢？刘半农说，用"那个女人"，意思是对的，不过语气的轻重，文句的巧拙，就有些区别了。周树人用"伊"，"伊"与"他"声音是分别得清楚了，却还有几处不如"她"：一、口语中用"伊"字当第三位代词的，地域很小，难求普通；二、"伊"的字形表显女性，没有"她"字明白；三、"伊"字偏近文言，用于白话中，不甚调匀。

反方说，用"她"字，口语里跟"他"字读音相同，如何区分？刘半农说，"他"字本来就有两读：一是 ta，用于口语；一是 tou，用于读书。我们不妨定"他"为 ta，定"她"为 tou，改变语音。"改变语音，诚然是件难事，但我觉得就语言中原有之音调而略加规定，还并不很难。"

反方又说，"她"字古已有之，是刘半农从千年古墓里头挖掘出来的。诚然，"她"在中国第一部以楷书为主体的字典《玉篇》（公元543年）中已经收录，说明是古"姐"字，兹也切，今读 jiě。对此，刘半农回答说："要是这个符号是从前没有的，就算我们造的；要是从前有的，现在却不甚习用,变做废字了,就算我们借的。"后来的事实证明,由于"姐"字广泛使用,"她"字就随着岁月的流逝而消失了,所以刘半农说它是个"废字"(亦称"死字")。

刘半农建议用"她"字,赋予新的读音和意义,化"废"为宝,让"死"字复活,救活了一个字。如今我们回顾这桩"公案",用今天的话来说,刘半农的主意是富有建设性的。"她"字之形虽非刘半农原创,但他对"她"字的"再造"功不可没。

1934年7月14日刘半农英年早逝。8月1日,鲁迅写了一篇悼念他的散文《忆刘半农君》,称赞刘半农"活泼,勇敢,很打了几次大仗"。而鲁迅自己在1924年2月7日创作的《祝福》中,就用"她"代替祥林嫂而不用"伊"了。

二、"她"所称代的对象

1920年9月4日,刘半农在伦敦创作了一首感情深沉、题为《情歌》的新诗,1923年9月16日发表在北京《晨报》副刊上,1926年9月收入《扬鞭集》,改名《教我如何不想她》。

刘半农跟赵元任交集有年,份属老友。1926年,赵元任为了支持刘半农推广"她"字,就为这首诗谱了曲,一时传唱大江南北。从此"她"像一只羽衣华丽、动作活泼、姿态优美、鸣声悦耳的相思鸟,翱翔于神州长空,飞入寻常百姓家。

1935年5月,当时的教育部下令将"她"正式收录进全国通行的《国语常用字汇》中,来自官方的认可终于让"她"尘埃落定。现在,普通话里的常用词有56 008个,按在日常使用中出现的次数,从高到低排列,"的"居首位,"她"在第55位,属于高频词。

2000年,美国方言学会别出心裁地举行了一次世纪之词的评选活动。获得提名的词有自由、正义、自然、OK，等等，但是只有两个词进入决赛，一个是"科学"，另一个是"她"。最后，"她"以35票对27票战胜了"科学"，成为21世纪最重要的一个词。

"她"代称什么？有人根据刘半农的身世说是他的祖母／母亲／妻子／女儿，饱含他怀念亲人的深情。1981年5月赵元任再次回中国探亲时，有人向他请教"她"之所代，赵元任说是祖国，表达的是作者想念祖国之情。

"教我如何不想她"是一个否定式反问句表达肯定的意思，语气更强烈，情感更充沛，"她"字又令人遐想联翩，真是妙不可言。

三、常州为什么用"她"称代？

常州与江阴毗邻，刘半农是在常州读的中学，赵元任是常州人。去年春季，常州通过网络向社会公开征集城市形象宣传语，应征作品7 501件，终评选定"常州 教我如何不想她"。

在众多应征作品中，拔得头筹的是常州工学院退休教授莫彭龄。莫教授是怎么想到要用"教我如何不想她"做常州市宣传语的呢？原来他早在南京师院（今南京师大）毕业留校任教的时候，就与"教我如何不想她"结缘了。这个故事，莫教授在他所撰《我与〈教我如何不想她〉的情缘》一文中有详细的说明。莫教授说，用名人创作的名歌作为常州的宣传语，形象大气，有个性，有意境，可作多种联想，令人回味无穷。（江苏新华网，2020年12月30日）

四、"她"在哪里？

"她"究竟在哪里？有说在江阴的，有说在张家港的，有说在焦溪（隶属常州市武进区）的。拙见是，语言是我们须臾不可离开的最重要的交际工具,也是每个人的资源与财富,凡是龙的传人,无论身在何处,只要心中有"她",又时刻想念"她",那么就都可以说"教我如何不想她"。因此,"她"在每个语言用户的心里。

了解了"她"的故事,当我们想"她",或者高歌一曲《教我如何不想她》的时候,就会油然想起"他"刘半农,想起"他"赵元任;常州人会油然想起自己的故乡常州。

(2021年2月)

另眼相看"必须的"

"必须"表示事实上或情理上一定要做到某种程度,是个副词。它用在动词或形容词前边,做状语,例如:大家必须按时到达集合地点、待人必须诚实可靠。有时,"必须"可以用在主语的前边,例如在讨论执行某项任务的人选时,我们可以说:"必须他去!"这句话里的"必须"用在句子头上,跟"他必须去"的意思不一样,其差别显而易见,无须赘述。

由于"必须"跟"必需"同音,二者在意思上又多少有些共同之处,因此容易混淆。例如:

(1)穿着整齐清洁是对别人的尊重和体现自身修养所必须的。

(2)如果外语不好,出国留学报读语言课程还是必须的。

(3)对房地产采取限购措施虽有副作用,但无疑是必须的。

这三个句子结构相同,基本格式是"……是必须的"。"必须"能放在"是……的"中做谓语吗?不能。这个"必须"是"必需"的误用,"必需"是"一定要有、不可或缺"的意思,是个动词,可以放在"是……的"中做谓语,所以上面三个句子只要把"必须"改成"必需"就行了。

本文要讨论的是流行语"必须的"。先看用例。2016年6月6日人民网转发了《景德镇日报》的一篇特写,标题是《见义勇为,必须的》,副标题是"记景德镇市十大法治人物赵庆兵"。赵庆兵是公交车司机,他曾帮助一位女乘客追回被两个小偷扒走的金手镯。事后这名乘客将一面"见义勇为"的锦旗送到公交公司,表示感谢。赵庆兵说:"见义勇为,必须的。"

这个"必须的"可以表达当然、应该的、那还用说、理所当然或毫无疑问等意思。在现实生活中,常见铁哥们儿或铁姐们儿在聊天时爱用"必须的"或"那是必须的"表态,意思是自己非常赞同,而且有时还带点自信或自傲的意味。在搞笑节目和电视剧中,"必须的"已成为演员或剧中人的口头禅。有样学样,在现实生活中,"必须的"也成了许多年轻人的口头禅。

"必须的"在网上网下高频使用,影响所及是有人在书面语中该用"必需的"的时候用了"必须的",成为语病,而且是高频语病。这是必须小心的。

赵庆兵说的"必须的"含义丰富并带有感情色彩,在书面上显然是不能改成"必需的"的。网言网语有时是不跟你讲什么法的,简直是"妄言妄语",但是它鲜活,它走红,它流行。奈它何?唯有另眼相看了。

(2016年7月)

"娘炮"将走进历史

"娘炮"在中国大陆正遭"炮轰",在这场"炮战"中,并无一门真炮,都是比喻。说话写文章,一打比方,话语就生动起来了,眼球效应也随之增强。

人们因性别不同而具有不同的气质与特征。男人要像个男人的样子,女人要像个女人的样子。"人模狗样"则是用于嘲讽的詈语。

性别相同,年龄不同,特征各异;性别不同,年龄相同,特征相似。比如年轻人,无论男女,亦无论国别,朝气蓬勃,好像早晨八九点钟的太阳,人类的希望寄托在他们身上。

一个大男人,要是男不男女不女,嗲声嗲气,叫"娘娘腔"。如果穿着打扮、一言一行、举手投足,乃至于心态,"全方位"地都刻意模仿女性,除受之父母的生理特征外,余皆女性化,那就是"娘炮"(sissy)。

"娘炮"之名,有人说是此"娘"身上藏着一门与生俱来之"炮"。此说未免那个,故而不论。

另一说较为普遍,即"娘炮"一词出自2007年我国台湾地区开播的一部青春偶像剧《别叫我软柿子》。女主角骂男主角"娘炮",说他生性软弱,跟娘儿们似的。可我依然不解,关"炮"何事?为此,特地请教一位台湾语言学者,承告闽南话的"泡"有东西吃起来口感松软之意,后来写成"炮"。可备一说。

2004年6月23日,我国台湾地区公布了性别平等教育的有关规定,社会上鲜有人敢轻言他人"娘炮",骂人"娘炮"属"性霸凌",有犯法之虞。

在我国大陆，据说"娘炮"一词始于2011年春晚之后，事缘节目中一位魔术师出场时，被腾讯微博网友说他太"娘炮"。从此，"娘炮"流行开来。我国某省之卫视一度被网友谑称为"娘炮培养基地"。

"娘炮"一词从2011年后逐步进入人们的视野。2018年被收录进《新词语大词典》（上海辞书出版社），释义为"〈名〉外貌及行为表现女性化的男子。含戏谑意"。

我国大陆演艺娱乐圈内也曾"娘炮"盛行，先后出现了"老四大娘炮"和"新四大娘炮"，共八门"炮"，皆指一种脂粉气、阴柔气特浓，作起秀来矫揉造作，令人反感的现象。"娘炮"的出现与走红，有人指出是"颜值消费"和"眼球经济"跑偏的结果。更为严重的是，"娘炮"成了许多青少年的偶像，这种社会病为新时代所不容，岂能不治？

在演艺娱乐界，许多投资人、制片人、监制、编剧、导演、演员，一脑子的"流量"，"流量"成了他们的命根子，因为"流量"能招财进宝，随之而来的便是白花花的银子。利之所驱，"娘炮"甚焉。

有人为"四大娘炮"辩解说，京剧界不也有"四大名旦"吗？天哪！"娘炮"与"名旦"天壤之别，岂能相提并论？京剧的"四大名旦"改变了老生唱主角一统天下的旧格局，形成了旦角挑班唱戏的新局面，开创了京剧舞台争奇斗艳、绚丽多姿的鼎盛年华。"娘炮"算什么？在舞台上，搔首弄姿，忸怩作态，撒娇卖萌，是哪门子艺术啊？

鉴于"娘炮"成为许多青少年崇拜的偶像，我国主流媒体数炮齐轰，引发国内网民热议，"娘炮"终于成为全民吐槽的对象。经此一役，笔者相信，炮将不炮，走进历史。

（2022年1月）

熊猫基地看猫熊

2008年12月23日下午,中国大陆赠送台湾地区的一对大熊猫"团团"和"圆圆"搭乘专机抵达桃园,当晚入住它们的新家——台北市立动物园新光特展馆。

据台湾中时电子报(chinatimes.com)报道,"团团"和"圆圆"抵台前9天,台湾地区领导人马英九就要求媒体将外界所沿用的大陆的说法"熊猫"正名为"猫熊"。他说"熊猫"是1940年在重庆产生的一个误称,后错用至今,"猫熊"是熊不是猫,现既来台,就不应再将错就错。

其实,熊猫一词在中国大陆、台湾地区、港澳特区及新加坡、马来西亚都是最常用的称说法。1915年编纂的《中华大字典》就收录了"熊猫"。马英九说"猫熊"是熊不是猫,此言甚是,然而,说"熊猫"是熊似的猫,不也行吗?所以笔者只得说马英九所谓"误称"缺乏理据。

2007年12月台湾地区教育部门推出的《重编国语辞典》(修订本)以"猫熊"为主条,释义说,或称为"大猫熊""大熊猫""熊猫"。商务印书馆2012年出版的《现代汉语词典》(第6版)以"大熊猫"为主条,详加解释,最后说"也叫熊猫、猫熊、大猫熊",均分列条目,释义同为"大熊猫"。在英语世界,也是cat bear(猫熊)和bear cat(熊猫)并存,统称panda。(见《大不列颠百科全书》英文版)

现今的语用事实是,大陆人民习惯说"熊猫",台湾人民习惯说

"猫熊"，笔者认为两地人民不同的语用习惯都应受到尊重。所以如果台湾游客说到成都熊猫基地去看猫熊，前言熊猫，后语猫熊，十分自然，无可厚非。

熊猫—猫熊，语素相同，语序相反，同素反序，词义相同，词用略异，不失为华语词汇中的一大特色。像"熊猫—猫熊"这样一对词儿可称之为"同素反序词"。

中国大陆和台湾地区的人民同宗同祖，使用同一种语言和文字，而且文化传统相同，但是，自从1949到2008年12月15日"三通"全面启动，两岸隔绝了将近一个甲子，从语用层面考察，已经产生了大量差异，而这种差异主要表现在词汇上，其一便是存在着大量"差异词"。

就两岸同胞语用实际而论，编纂两岸词典的难点、重点在两岸差异词上，所谓两岸差异词是指"一边独有或独用"的词语。

所谓"独有"，指反映大陆或台湾特有的事物或现象的词语。前者如春晚、沙尘暴、两弹一星，后者如出草、丰年祭、替代役男。"独有"也指两岸都有这种事物或现象，但是没有相对应的词语。例如大陆的"打黑"指打击具有黑社会性质的团伙，台湾却没有等值的词语与之对应；台湾的"败部复活"指从劣势中找到转机，使形势发生有利的变化，大陆没有等值的词语与之对应。

所谓"独用"，有五种类型。一是异名同实，如：短信（陆）—简讯（台）；二是同名异实，如：口条（用作食品的猪舌或牛舌，陆）—（口才，口头表达，台）；三是同词异用，如：充斥（大陆指充满、塞满，含贬义；台湾指充满、充溢，不带贬义色彩）、帮忙（大陆是不及物动词，在使用中通常不带宾语；台湾可做及物动词用，即带宾语）；四是活跃于台湾人民的话语中，却已淡出大陆人民语文生活的传承词，如：酬庸、底定、定谳、端赖、恩客、阁揆、公帑、偾勤、履勘、秘辛、说帖、随扈、鹰架、告诉乃论、善长仁翁等；五是为台湾地区所吸收的方言词语，可按地区分为：

闽南方言词语，如：厝、粿、亏（嘲笑，戏弄）、呷（吃）、出闸、跋杯、车头、吃桌、歹势、冻蒜、斗阵、杠龟、呛声、头家、硬颈、郁卒、阿督仔、阿里不达、歹戏拖棚、西瓜偎大边。

广东方言词语，如：驳火、唱衰、抽水、大只、抵买、埋单、包租公、霸王车、出老千、大声公、大只佬、水当当、咸猪手、大热倒灶、损手烂脚、扮猪吃老虎。

上海方言词语，如：搬风、白脱油、窝心（温暖，贴心，满意）、吃排头、吃螺丝、打回票、狗屁倒灶（狗皮倒灶/狗屎倒糟，比喻胡言乱语，行为乱七八糟）。

上面所举三类方言词语，有些也活跃在新加坡和马来西亚华语中。台湾地区的娼寮、车长、车资、乌像、大马、成人杂志等词语新马华语也用。由此可见，台海两岸的差异词有些并不局限于大陆和台湾两地，也存在于港澳地区和新加坡、马来西亚、泰国、菲律宾等国。这类词语或可称为"多区差异词"。

要判定某个词语是否为台海两岸之间或新中两国之间的差异词并不容易，须要做仔细的调查和研究工作，原因是在这个全球一体化的时代，信息借助网络流通实在是太迅捷太方便了。

2012年9月，大陆和台湾合作编纂、由李行健任大陆版主编的《两岸常用词典》在北京出版。这部词典收录两岸共同、同中有异、同实异名、同名异实和一方特有的词语共计35 000余条。词典出版后，李行健和他的团队马不停蹄地投入《两岸差异词词典》的编纂工作中。2014年7月，这部词典已由商务印书馆出版，填补了词典出版类型中的空白。

《两岸差异词词典》收录大陆和台湾人民日常生活中的差异词5 000余条。它不但是台湾海峡两岸人民,也是中国与新加坡两国人民之间沟通与交往的津梁。

(2014年10月)

抗疫隽语激励斗志

新冠病毒蔓延，肆虐全球。地球村200余户，至今仅4户零感染。

根据美国约翰斯·霍普金斯大学（Johns Hopkins University）发布的数据，截至北京时间2020年4月20日8时，全球确诊新冠肺炎2 401 379例，死亡病例165 044例；美国最多，确诊病例累计755 533例，死亡病例40 461例。

瘟疫流行，地球人无论居住在村东还是村西，村南还是村北，也无论肤色黄白黑棕，或信仰三观有所不同，都面对一个共同的头号敌人——新冠病毒，因此必须团结一致，守望相助，众志成城，共同抗敌。

大敌当前，地球人相互交往时，好言好语，相亲相爱，互相帮助，互相砥砺，益显重要。话语务须中听，切莫伤害他人。俗话说："甜言美语三冬暖，恶语伤人六月寒。"

语言是人类最重要的交际工具，也是文化的载体、战斗的武器，在防疫、抗疫、战疫中，大家用好这个工具，紧握这个武器，意义重大。

然而地球人有目共睹的是，以老大自居的美国，国务卿蓬佩奥一直把WHO（世卫组织）正式命名的COVID-19（2019年冠状病毒疾病）称为"武汉病毒"；媒体发布的图片揭示，总统特朗普刻意将自己讲稿中的"新冠病毒"字样手写改为"中国病毒"。

语言是思维的直接现实。特朗普和蓬佩奥，一个"中国"，一个"武汉"，揪住"中国武汉"不放，相互唱和，狼狈为奸，让善良的人们窥见了这两个人的思想和灵魂，何其阴暗、卑鄙、龌龊、丑恶！

"上帝啊，"特朗普乞求道，"我有755 533例确诊新冠肺炎，40 461名子民魂归天国，眼下还不知何年日月才是尽头，教我如何是好？"然而特朗普毕竟是特朗普，不失其商人本色，老奸巨猾，自恃在地球村一手遮天、横行霸道惯了，于是恶向胆边生，竟然使出诿过于人的诡计：赖人，亦即网络热词所谓"甩锅"。他把锅甩向中国。谁知舆论界识破其阴谋，送了他一顶帽子——"宇宙第一甩锅大王"。

该不是怕"甩锅大王"听不懂或不理解"甩锅"吧，有人特地研究一番，说"甩锅"并不是英语的throw the pot，地道的说法是pass the buck。特朗普的老前辈，美国第33任总统哈里·杜鲁门的办公桌上放着一个铭牌，上书"The buck stops here"（责任止于此，不要推给别人），其继任者德怀特·戴维·艾森豪威尔将这块牌子继承了下来。可是特朗普唯我独尊，我行我素，前辈的座右铭哪在他眼里，早被他抛到九霄云外去了。

美国自疫情暴发以来，特朗普不断胡乱放枪，四面树敌，可是他还嫌不够，于是为自己早期抗疫无能寻找新的替罪羊，接连两日攻击WHO，妄称WHO是个"以中国为中心"的机构，"给美国一些糟糕的指示"，同时威胁要停缴会费。振奋人心的是，4月23日中国外交部在例行记者会上宣布，中方决定在前期向WHO捐款2 000万美元的基础上，追加3 000万美元现汇捐款，用于新冠肺炎疫情防控、支持发展中国家卫生体系建设等工作。特朗普一毛不拔，胡言乱语，触犯众怒，难怪国际舆论指责特朗普将矛头指向WHO是"一种非同寻常的美国道德退位和国际破坏行为"，于是又送了他一顶帽子——"全球抗疫的最大败将"。

国际观察家们还注意到，地球村里居然有那么一小撮人无脑跟风美国，死抱住"甩锅大王""抗疫败将"的大腿不放，大肆污蔑、侮辱、攻击WHO总干事谭德塞。2月11日，WHO正式宣布将新冠肺炎命名为"COVID-19"，台湾地区当局充耳不闻，次日，仍然坚持使用"武汉肺炎"，声称"和国际接轨"。这哪里是接国际之轨呢？分明是跟特朗普、蓬佩奥之流接轨，穿一条裤子嘛。更令人不齿的是，还有几只苍蝇嗡嗡叫，辱骂谭德塞"尼哥（Negro）""黑人""黑鬼""垃圾""智障""废物"，甚至把谭德塞的"谭"写成"痰"，进行种族歧视，卑贱下作之至！

从"甩锅大王""抗疫败将"特朗普到台湾那几只逐臭之蝇，他们的话语无不充满敌意，隐藏着强烈的政治意图，散播负能量，是典型的让地球人感到六月寒的恶语。

然而现实无情。历史的车轮滚滚向前，时代的潮流浩浩荡荡。大量有灵魂、有温度，重情理、暖人心，让人感到三冬暖的甜言美语，碾碎了一切逆袭时代潮流的少数人所散播的污言秽语。

今年年初，武汉疫情暴发，日本友人援助物资源源运抵武汉，人们从捐赠物资的包装箱上看到了来自异国他乡的感人肺腑的"甜言美语"："山川异域，风月同天"；"岂曰无衣，与子同裳"；"四海皆兄弟，谁为行路人"；"相知无远近，万里尚为邻"；"辽河雪融，富山花开，同气连枝，共盼春来"；"青山一道同云雨，明月何曾是两乡"；"崎岖路，长情在（长崎县）"。

中国经典诗文章句成为日本友人捐赠隽语，其特点是得体、贴心、亲切，浓情厚谊，溢于言表，流露了一衣带水的邻邦与中国人民感同身受的真情挚爱。神州大地人人击节，个个点赞。

古语云："礼尚往来。往而不来，非礼也；来而不往，亦非礼也。"（《礼记·曲礼上》）

4月8日武汉"解封"。美国有线电视新闻网（Cable News Network, CNN）报道说："这座城市如今象征着中国的复苏。"中国"复苏"了，可是欧洲多国，尤其是美国的疫情，正趋向疯狂的边缘。截至4月10日，中国政府已经或正在向127个国家和地区以及4个国际组织提供物资援助；中国地方政府、企业和民间团体也已向100多个国家和地区以及国际组织捐赠了医疗物资。捐赠隽语再次红火起来，下面晒一晒这些隽语：

雾尽风暖。樱花将灿。（中国驻名古屋总领事馆赠领区内日本医院，引自日本著名俳句诗人小林一茶的俳句）

鲸波万里，一苇可航，出入相友，守望相助。（辽宁赠日本北海道）

满载一船明月，平铺千里秋江。（山东赠日本和歌山县，引自南宋词人张孝祥《西江月·黄陵庙》）

青山一道，同担风雨。（马云公益基金会和阿里巴巴公益基金（以下简称"公益基金会"）赠日本，化用唐代诗人王昌龄《送柴侍御》诗句）

道不远人，人无异国。南区加油！（重庆巴南赠韩国光州广域市南区）

肝胆每相照，冰壶映寒月。（山东赠韩国大邱市，引自朝鲜王朝中期诗人许筠代表作《送参军吴子鱼大兄还大朝》）

严寒松柏，长毋相忘。（中国驻韩国大使馆赠首尔市，引用朝鲜王朝时期大儒金正喜语）

山水之邻。（公益基金会赠韩国）

尼莲正东流，西树几千秋。（中国企业赠印度，引自玄奘诗《题尼莲河七言》）

山水相连，世代友好。（西藏自治区赠尼泊尔）

携手抗疫，共克时艰。（中国赠老挝）

守望相助，中柬同心。（中国华电集团赠柬埔寨）

二人同心，其利断金。（公益基金会赠泰国，引自《周易·系辞上》）

遇山一起爬，遇沟一起跨。（中国赠马来西亚，马来谚语）

独叶难成帚，齐心方得胜。（福建赠菲律宾，菲律宾谚语）

亚当子孙皆兄弟，兄弟犹如手足亲。（中国赠伊朗，引自古波斯诗人萨迪《蔷薇园》）

万里尚为邻，相扶无远近。（公益基金会赠伊朗，化用唐代诗人张九龄《送韦城李少府》诗句）

一切都是瞬息，一切将会过去。（公益基金会赠俄罗斯，引自俄国诗人普希金《假如生活欺骗了你》）

真心换真心，友谊共长存。（上海赠波兰滨海省，引自波兰18世纪爱国诗人伊格内修·克拉西茨基诗句）

山和山不相遇，人和人要相逢。（中国赠德国，德国谚语）

云海荡朝日，春色任天涯。（中国赠意大利，引自晚明文学家李日华赠意大利传教士利玛窦诗）

消失吧，黑夜！黎明时我们将获胜！（公益基金会赠意大利，引自意大利歌剧《图兰朵》中咏叹调歌词）

细理游子绪，菰米似故乡。（中国驻意大使馆发给米兰中国留学生健康包，内附赠语，改编自唐代诗人沈韬文的《游西湖》："……，菰米蘋花似故乡。不是不归归未得，好风明月一思量。"）

团结就是力量。（中国赠比利时，比国国徽上箴言）

海国一尺绮，愿赠万里春。（上海赠葡萄牙波尔图市，前一句引自唐代诗人陈陶《赠别》，后一句改写自南朝诗人陆凯"聊赠一枝春"句）

如果灵魂并不渺小，一切都是值得。（同上，引自葡萄牙作家费尔南多·佩索阿的诗句）

铁杆朋友，风雨同行。（中国赠塞尔维亚）

相知无远近，万里尚为邻。（山东省对外友协赠日本、印度、柬埔寨、巴基斯坦、阿联酋、斯里兰卡、法国、希腊、意大利、西班牙、奥地利11国友好组织）

最别致的是中国捐赠给法国的物资外包装上的图案——一枚由中国篆刻艺术家设计的红色印章。印章上刻着飞翔的凤凰和鸽子，还有相互辉映的北京天坛和巴黎铁塔。印章中央刻了两句话：一句是中文"千里同好，坚于金石"（引自三国蜀汉学者、经学大家谯周的《谯子·齐交》）；另一句是法文"Unis nous vaincrons"（"团结定能胜利"，法国大文豪雨果名言）。

中国古代经典诗文名句，外国著名文学家的箴言、警句和谚语作为抗疫捐赠隽语，情意绵绵，气度恢宏，凸显了语言的功能和力量，鼓舞着地球村每个成员相互砥砺、共克时艰，携手打赢这场战胜新冠病毒的硬仗。

（2020年6月）

英语中的汉文化使者

2014年9月9日，中国第30个教师节前夕上午，中共中央总书记、国家主席习近平到北京师范大学慰问和看望教师。在一个座谈会上，轮到来自贵州遵义市，正在北师大接受培训的小学教师刘轶发言时，她不假思索地问习近平："我可以叫您'习大大'吗？"习近平微笑着用英文回答说"yes"。

老百姓用"习大大"称呼国家最高领导人，习近平欣然接受，此事凸显出这位中国领导人是何等平易近人，又是何等具有亲和力啊！

中国人民尤其是青年口中的"习大大"进入英语，该怎么翻译呢？

2014年10月22日，《纽约时报》刊登了一篇介绍中国人怎么称呼领导人的文章。作者先用汉语拼音Xi Dada来对应"习大大"，然后解释说，其字面意思是Xi Bigbig，可以译作Uncle Xi或Daddy Xi。其实，Uncle Xi也好，Daddy Xi也好，都未译出"习大大"的原汁原味；说英语的老外，倒不如跟着中国人说Xi Dada的好。这也说明，不同民族文化上的差异往往成为翻译时难以逾越的鸿沟。

改革开放30多年来，我国综合国力日趋强大，国际影响力不断扩大，在国际事务中的话语权与日俱增。中国不仅应从中国看世界，而且应该反转角度，从世界看中国；中国走向世界，也要让世界走近中国，了解中国。最近10年来，中国在全球大力发展"孔子学院"，是走出国门，让世界了解中国的一项重大举措。

2004年11月21日，全球第一家孔子学院在韩国首尔成立，截至

2014年9月,中国国家汉办已在全球123个国家合作开办了465所孔子学院和713个孔子课堂。孔子学院和孔子课堂已经成为中外语言、文化交流的平台,并在全球范围内掀起了一股汉语热。在这样的氛围下,势必会有更多中国特有的"说法"要译成外语,尤其是英语。

世界各国的语言,尤其是大语种语言从来都是双向互动的。汉英词语互借,汉语借词进入英语,英语借词进入汉语,使汉英两种语言一天天丰富起来。据《牛津英语大词典》记载,第一个进入英语的汉语借词是silk(丝),它是经过丝绸之路,通过拉丁语和希腊语于公元888年进入英语的。如此说来,汉语借词进入英语已有千余年的历史了。

美国的辞书编纂专家噶兰·卡农(Garland Cannon)致力于英语中的汉语借词研究,他在1988年发表了Chinese Borrowings in English(《英语中的汉语借词》)一文,说英语中有汉语借词1 189个,居英语中借词第11位。中国的英语专家最近发表的研究成果显示,英语中的汉语借词有1 488个。

汉语借词进入英语,其数量在不同的历史时期均有所不同。总趋势是早期极少,中期稍多,近期猛增。改革开放后,中国社会、政治、经济、科技全面发展,汉语借词大量进入英语,例如:嗲(dia)、大妈(dama)、城管(chengguan)、愤青(fenqing)、动车(don'train/bullet train)、给力(gelivable/awesome)、麻将(mahjong)、秒杀(instant killing)、怕输(kiasu)、师傅(shifu)、土豪(tuhao)、团购(group purchase)、下海(xiahai);不折腾(buzheteng)、大字报(ta tzu-pao)、廉租房(low-rent housing)、宇航员(taikonaut)、中国梦(Chinese dream);和谐社会(harmonious society)、经济特区(special economic zone)、开放政策(open-door policy)、小康社会(xiaokang society)、一国两制(one country with two systems);菜篮子工程(vegetable basket project)、科学发展观(scientific outlook on development)、毛主席语录(little red book)、"文化大革命"("cultural revolution");宏观调控体系(macro economic control system)、一揽子改革(reform package)、中国特色社会主义(socialism with Chinese characteristics),等等。

  这些汉语借词,有些已经被《牛津英语词典》(*Oxford English Dictionary*)等词典收录,有了户口,入籍英语了;更多的仅是在中国或海外的英语媒体或口语中使用,尚未为正规词典所收录,有人谑称它们是"海漂一族"。假以时日,"海漂"们肯定会有一大批沉淀下来,成为英语词汇大家庭中的一员,就像汉语中的英语字母词一样,已有239个为权威的《现代汉语词典》所收录。

(2015年4月)

中国创客创新词，玉陶轻叩辞书门

语言是了解一个国家最好的钥匙。

要着力打造融通中外的新概念新范畴新表述，讲好中国故事，传播好中国声音。

——习近平

美国哲学家蒯因（Willard van Orman Quine，1908—2000）说："我们日常对物理事物的谈论并不是借助于解释，而是以直接的感觉的语词进行的。"（《语词和对象》，第1页，陈启伟等译，中国人民大学出版社，2005年）"人类语言的中心是词。"（王士元主编《语言与人类交际》，第184页，广西教育出版社，1987年）

语言是人类最重要的交际工具，它随着社会的产生而产生，随着社会的发展而发展。语言发展变化的鲜明标志是新词的产生和旧词的死亡。这是每个语言用户都能感觉到的。新词以其新形式表示新内容，它多半是利用固有的语素（morpheme）按照特定的构词方式创造出来的。

新词出现后，要经过一段时间的应用，为语言用户所熟悉，为全社会所接受，才能在语言的词汇中扎下根来，然后进入词典的殿堂。辞书的编纂者对收录新词是慎之又慎的。对于新词新语，他们宁可慢三拍，决不赶时髦，因为辞书中的词语必须具有稳定性。辞书不是旅馆，让你住个三天五天或十天半月就不知所终了；辞书是词语的永久的家，让它祖祖辈辈住下去。

各个历史时期都会出现一批新词，一般的规律是社会变化越快越剧烈，产生的新词就越多。中国自改革开放以来，社会生活发生了巨大的变化，反映在语言生活中，新词新义以前所未有的速度大量涌现。有一段时间，每年以上千条之数孳乳着。

生造词是任意造出来的，常常以"新词"的面貌出现，犹如混珠的鱼目。广大语言用户不承认它，不接受它，即使它硬闯进人们的语言生活，甚至有人挺它也不行，很快就从人们的视线中消失了。例如"何弃治/何弃疗"（为何放弃治疗）和"人艰不拆"（人生已经如此艰难，有些事情就不要拆穿了）之类。

语言是每个人须臾不可或缺的沟通工具。每个使用语言的人都有创造新词的权利，但是个人所创造的词如同工厂制造的商品那样，必须投放到市场上、投放到社会中，得到语言社会的认可，让社会赋予它生存的土壤，赋予它生命，赋予它"为人民服务"的机会。王希杰教授说："词是人类所有创造物中最神奇、最伟大的作品。每一个词都是人类认识的结晶，都是一种文化。"（《汉语词汇学》，第33页，商务印书馆，2017年）拙文尝试举一个典型的例子来印证以上的观点。

这个例子就是"中国玉陶"，核心词是"玉陶"。

迄今为止，我国还没有哪一部辞书收录"玉陶"，但是如果上网搜索，就可以看到一篇又一篇的介绍。百度的"基本解释"是"像玉一样润滑细腻的陶器"，"发明者中国剪报社王荣泰"。百度同时给出"玉陶"的英文 jade earthenware。

笔者自从退休以后便过着候鸟式的生活。暮春三月，江南草长，杂花生树，群莺乱飞，笔者就从香港回到家乡常州，秋末冬初，落叶飘零，北雁南飞。回乡后一打听，才知道百度所说的中国剪报社就在常州,于是就冒昧地打电话联系王荣泰先生,约定时间,登门拜访。

我与王先生素昧平生,心想老乡见老乡,有事好商量。初次拜访时,我自我介绍说曾在新加坡联合早报工作过,他马上说,那我们是同行,都是媒体人啊。此后,笔者与王先生续有交集,王先生也提供机会,让我走近玉陶、亲近玉陶,使我对他成功研制玉陶的经过有了较为深入的了解。这可说是我意外的收获。

王先生年近古稀,是中国著名的老报人,笔名西门王村。他是《中国剪报》创始人,该报创刊于1985年8月,至今已有32年历史了。2003年6月,中国剪报社又创办了综合性《特别文摘》杂志(半月刊),至今将近15年了。在网络媒体冲击纸媒的今天,王先生和他的同事们所办的一报一刊依然保持高发行量,依然深受读者欢迎,可见《中国剪报》和《特别文摘》已经深深地根植于读者之中。

报人怎么研制成功玉陶的呢?在讲述这个故事之前,先简述一下中国的制陶史。

中国是世界上最早制陶的国家,出土的最早的陶器经科学测定,距今大约1.8万年到2万年。从初期的粗砂红陶到夹砂红陶、泥质红陶、细砂灰陶或泥质灰陶,复经彩陶到黑陶,黑陶已臻中国制陶史上的顶峰时期。当时烧出的器物薄如蛋壳,光亮如漆。到唐朝,唐三彩成为当时艺术精华的代表,为中国制陶史增添了光辉的一页。宋时,瓷器制造术渐趋成熟,陶器光彩渐失。明清两代紫砂壶等陶器崛起,重展昔日风采。

紫砂壶以宜兴所制最出名。其原料为深藏于岩石层下的紫泥、绿泥或红泥,这三种壶泥,含铁量高。紫砂壶以手工打坯成型,内外均不施釉,在高氧高温下烧制而成,成品主要呈紫红色,故称。紫砂壶造型多姿多彩,色泽古朴典雅,上镌诗文书画,洋溢书卷气息。江苏宜兴紫砂茶具是举世公认的上品，为中国陶瓷艺苑中一颗璀璨的明珠。

身为报人，王荣泰的业余爱好为欣赏、把玩和设计各式茶具，以茗壶为情感寄托与交流的载体。12年前，即2005年，中国剪报社的一次会议在广西钦州举行。其间，经钦州市时任副市长傅昌波安排，王荣泰参观了六七家坭兴陶企业，了解到坭兴陶源于唐代，历经千年传承，百年凝练，形成了色彩绚丽、纹理斑斓的著名陶艺品种。但是在参观中，王荣泰发现坭兴陶茶具制成品表面采用了涂蜡打磨上光工艺，使茶具丧失透气功能，加之上光材料是否存在质量风险亦令人心存忧虑。对此，当地领导也有同感。时任中共钦州市委书记的张晓卿跟他说："坭兴陶的发展需要有文人、匠人和商人的积极参与。"因此在离开钦州时，王荣泰从一处工地捡了几块陶土带回北京，然后就专程奔赴宜兴与崔龙喜探讨"不打磨"工艺，尝试对坭兴陶配料加以改良，并用宜兴传统手工打坯成型工艺制壶。

崔龙喜为宜兴乐砂艺术馆馆长、广西工艺美术大师，出生在宜兴陶艺发祥地蜀山镇北厂村，自幼在紫砂氛围中埏埴（shānzhí）陶艺，尤受裴石民、蒋蓉等著名紫砂前辈老艺人教导，受益匪浅。他从业30余年，广学技艺，博采众长，精于淘练紫砂原泥，作品浑朴厚重，古拙大方。既受老友之托，崔大师便潜心尝试对坭兴陶配料加以改良，并用宜兴传统的工艺制壶。经反复精心研制数月，终于大功告成。

新壶是用钦州坭兴紫红泥和绿泥按比例混合烧制而成的，因此坭兴陶的玉石特质呈现得更加完美。其外观呈紫红色或栗色，色泽温润，亚光内敛；表面则细腻润滑，一如婴儿肌肤，且隐现点点金黄细砂，熠熠闪现"紫玉金砂"之光。用手轻抚，滑如珠玉。反复把玩，心旷神怡，不过数月，包浆即现，益显古朴典雅，气质不凡。而且钦州坭兴陶土深藏于十万大山山腹地层，洁净、细腻，且含铁、锌、钙、锶等十余种对人体有益的微量矿物元素，新壶以此为原料，长期啜饮用这种茶具所沏之茶，对人体有益。加之采用宜兴传统工艺制作，无须涂蜡磨光，符合环保要求，而且壶具特有的透气性能增强了茶水的储香保味功能。

创新茗壶试制成功，王荣泰兴奋莫名，便将之定名为"玉陶壶"。"玉"喻"陶"用料上乘，工艺精美，颜值爆表。自此，"玉陶"一词诞生。王荣泰可以说是一位"创客"，他研制了"玉陶壶"，从而铸造了一个新词。

中国的陶器以江苏宜兴紫砂陶、广西钦州坭兴陶、云南建水紫陶、重庆荣昌陶最为著名，合称"四大名陶"。宜兴紫砂陶有2 400多年历史，钦州坭兴陶有1 300多年历史。"玉陶"便是将宜兴和钦州两地的古陶制作技艺相互嫁接、糅合交融而创造出来的一种新颖产品。钦州坭兴陶与宜兴紫砂陶共结连理，孕育了"玉陶"；"玉陶"是中华古陶文化的延续和创新，内涵更丰富，底蕴更深厚，工艺更精湛。无怪乎百度在介绍时称"玉陶为陶中极品"。

笔者在访问宜兴玉陶制壶师傅时曾问，玉陶问世后，紫砂前景如何？回答是玉陶壶比紫砂壶更惹人喜爱。真是：长江后浪推前浪，一代新壶胜老壶。笔者又问，用紫砂壶和玉陶壶所沏之茶可有不同？回答是二者均能使茶叶醇厚芳香，茶水色香味皆蕴。不过用玉陶壶所沏之茶香味更浓，储香保味时间更长，且可除去熟汤气味。而坭兴矿泥富含多种微量矿物元素，常用玉陶茶具沏茶品茗，对人体有益。

2016年6月13日上午，中国第一家以玉陶壶艺藏品为主的民办专题博物馆——"常州荆溪玉陶艺术馆"正式开馆。艺术馆坐落老城区中部偏南地段的荆溪人家上院。四周环境幽静，古运河在馆旁北侧缓缓流过，运河彼岸便是常州文化名人街青果巷。玉陶馆与名人巷内鳞次栉比、粉墙黛瓦的旧式建筑隔河相望，一派典型的江南水乡景象，弥漫着一股浓郁的文化气息。艺术馆由王荣泰筹建，免费开放。

步入艺术馆，笔者从地下层到三楼，逐层观赏了在4 000余平方英尺空间内、陈列在橱柜中的300多款造型各异的玉陶藏品。在展厅内，首先映入眼帘的是一座座排列得整整齐齐的陈列展品的橱柜，材质全部采用缅甸曼德勒（Mandalay）降香黄檀（俗称花梨木），楣、门、槅、屉皆饰以雕花，颇为考究。站在展柜前观赏展品，花梨木散发着一股股淡淡的芳香，沁人心脾，令人久伫，不愿移步。

讲完"玉陶"的故事，最后就词论词，说说"玉陶"。

玉，质地细腻，光泽温润，用于比喻，形容洁白、美丽、润泽，如玉手、玉肌、玉臀。玉是个"称美"之词。

陶，形声字，从阝（阜）匋声，指用黏土为原料烧制成的器物，也指烧制陶器。《说文》作匋，象人弯身持杵捣泥形，对着"缶"（瓦器灶）在劳动，后来写成"陶"。"陶"有白陶、绿陶、红陶、黑陶、灰陶、彩陶、紫砂陶、坭兴陶，如今陶族词语又增加了一位新成员"玉陶"。"玉"修饰"陶"，从构词法上来分析，是个偏正式的合成词。"每一个词都是人类认识的结晶，都是一种文化。"例如"彩陶"，是新石器时代的一种陶器，普遍见于仰韶文化、大汶口文化及其他史前文化。它是新石器时代的一张名片。

作为中国古陶延续与创新标志的"玉陶"同样是人类认识的结晶，也代表着一种文化，它是改革开放中我国制陶史上的一个里程碑，一张闪光的名片。早在2009年，玉陶制品已被评选为东盟（亚细安）博览会国宾礼品，2010年又获上海世博会授权为特许商品，而30多款玉陶制品已经获得国家专利证书。"玉陶"已经投放到社会中，得到语言社会的认可，进入人们的语言生活。现在，它正轻叩辞书的大门，希望迈过门槛,进入辞书的殿堂。

光阴荏苒。"玉陶"今年12岁,自古英雄出少年。"玉陶"正意气风发地在迈向它的人生目标,同时作为友谊的使者沿着一带一路走向世界,向各国朋友"讲述好中国故事,传播好中国声音"。

(2017年10月)

爱心座挺好

巴士、地铁、轻铁上特为老幼病残孕所设的座位,中国内地多半叫"爱心座"或"爱心专座"。江之北认为这个名称"明显未能反映它的本质,应该叫作'需要专座'","或者更确切些,改名为'特需专座'"(《"爱心专座"宜改名》,《语言文字周报》第1794号,2018年7月11日)。其实,中国大陆有的城市已经使用类似"特需专座"这样的名称了。例如:

济南公交二公司一队爱之队的成员为34路公交线路上的公交特需专用座椅增添了许多棉坐垫。(《齐鲁晚报·齐鲁壹点》,2018年1月6日)

"特需专用座椅"长了些,所以作者在文内也用简称"特需座椅"。可是"座"和"椅"语素义部分重叠,如果简称"特需专座",意蕴更加丰富。

《现代汉语词典》《现代汉语规范词典》《现代汉语学习词典》通通失语,均未收录上文提到的几个座儿。2010年商务印书馆出版的《全球华语词典》收录了"老幼病残孕专座",释义是"在公共交通车辆中设置的专供老人、幼童、病人、残疾人和孕妇优先坐的座位。通常有明显的标志"。其后标注的使用地区为"大陆",而所列的异名词语有"博爱座(台湾)"和"优先座(港澳)",均单独立目,释义都是"老幼病残孕专座"。按该书凡例,这样处理,表示"老幼病残孕专座"是主条,"博爱座"和"优先座"是副条。主条引领副条,似有推荐性规范之意。问题是这个7音节主条未免有点马拉松,使用起来颇为不便。

同类事物,在周边国家或地区是怎样称说的呢?

在香港特区，巴士上用"关爱座"，轻铁、地铁、东铁、西铁上都用"优先座"；此二座儿，都对应英文的 priority seat。澳门跟香港一样，巴士上也用"关爱座"。台湾地区的公车（公共汽车）和捷运（地铁或轻轨）多半用"博爱座"。

新加坡巴士、轻铁和地铁上只有英文 reserved seating，直译是"保留座"。马来西亚的巴士和轨道公交车辆上用英文和马来文，英文是 priority seating（优先座），但是华人都习惯说从台湾地区引进的"博爱座"。

"关爱座""博爱座""优先座""保留座"我国内地都不通行，所以不妨选用"爱心座"。理由有三：一是词形简短，二是立意美好，三是使用频密。

我国自古以来就是礼仪之邦，让座是一种社会公德，何须在公交上张贴或播放提示语，吁请乘客"给身边的老幼病残孕和其他需要帮助的人让个座"呢？然而现在即使座位上刷上"爱心座"三字，"鹊巢鸠占"之事还时有发生，甚至"鹊鸠"发生争执。为此不得不在座儿名称上下功夫、做文章，于是"爱心"啦，"关爱"啦，"博爱"啦，"保留"啦，"优先"啦，一个个地产生，而且还要"正名"。江先生说："名不正，言不顺，言不顺，事不成啊！"问题是名正之后，事就成了吗？

"鹊巢鸠占"只是不合社会公序良俗，并不触犯法律法规。笔者老矣，出行全靠公交，在内地不设"老幼病残孕专座"的公交车上常有人让座，令人却之不恭。香港的巴士上，过道两旁第一排各设两张"关爱座"，从未见过"鸠占"之事。无论内地还是香港，但愿此风长盛不衰。果如是，又何须"改名""正名"呢？

（2018年8月）

到吃风楼吃风

20世纪80年代中期,我应聘到新加坡工作,初到狮城,什么都感到新奇。新加坡是个多元种族、多元语言和多元文化的国家,官方语文有马来语、华语、淡米尔语(Tamil,我国译作泰米尔语)和英语四种。英语是政府行政用语,也是各族同胞相互之间的通语。华语是华族的共同语,除此之外,还有闽南话、福州话、广州话、潮州话、客家话、海南话等六种主要方言。

这种多语现象如果是在一个幅员辽阔的大国,并不稀奇,可是在一个蕞尔城市岛国就颇具特色。人们来到有花园城市美誉的新加坡、一个多语并存的社区,可以听到马来语、淡米尔语、英语和华语及好几种南方方言,华洋镂辂,南腔北调,宛如进入一所语言大学。

新加坡开国总理李光耀和现任总理李显龙都谙熟英语、马来语、华语和闽南话,华族平民百姓会讲英语、马来语、华语和一两种方言者也大有人在。新加坡人的语言能力令人艳羡。

我从事文字工作,作为"新客",初来乍到,对新加坡人,特别是华人的语文生活特别敏感。内子生于新加坡,亲人都在新加坡,因此我经常有机会跟他们聊天。记得有一次在闲聊时,我听到他们用福建话说,有位亲戚全家到中国ziah hong去了,我知道福建话ziah就是"吃",可"风"怎么ziah呢?

在中国的普通话里,"风"不能ziah,倒是可以"喝",而且只能是"西北风","东南风"就不行。"喝西北风"比喻没有东西吃,挨饿。在某些方言,比如吴语(上海话)中,就不说"喝西北风",只说"吃西北风"。后来,我才知道,新加坡华人所说的"吃风"是借词,源自马来语Makan angin,Makan是"吃",angin是"风",原义是"散步""兜风",引申为"旅游""度假"等义,由此,又衍生出"吃风楼","吃风楼"即"度假屋"。

"度假屋"之所以叫"吃风楼",或因"度假屋"大多建于度假胜地,山明水秀,风景优美,兼且远离尘嚣,清静幽雅,是香港粤语所谓"叹世界"(享受生活)的好去处。既然"度假屋"是休闲、享乐的好去处,把它叫作"吃风楼",似亦顺理成章。

香港奉行"三语两文"政策,"三语"指普通话、广东话和英语,"两文"指英文和中文,回归后的港人在日常生活中大多仍讲粤语。粤语不说"吃",而说"食"(sik),如"食饭""食粥""食烟","喝西北风"就说成"食西北风"。

同是"西北风",可"喝",可"吃",可"食","喝""吃""食"义近,用法有什么分别呢?

"喝"指吸进液体或流质食物,"喝西北风"的"喝",用的是它的比喻义(吸入)。"喝"表示的意思在古代汉语中用"饮",甲骨文中的"饮"象人俯身吐舌捧尊就饮之形,引申可指饮料,如"一箪食,一瓢饮,在陋巷,人不堪其忧,回也不改其乐"(《论语·雍也》)。而固定短语如"饮水思源"和"饮鸩止渴"等成语中的"饮",不能换成"喝"。"饮"唐代用"喫",明代用"吃",现代通用"喝"。

"吃"指把食物咀嚼后咽下去,有时也指"喝",上海话里的"吃"能延伸表达多种意义,不但可以"吃西北风",还可以"吃上风"(碰上好运气)。

"食"做名词,表示一切可吃的东西;做动词,表示吃。"吃"在普通话中常单用，但是"食"表示"吃"在普通话中不单用，一般只出现在合成词和熟语中，如"吞食""废寝忘食"。古代汉语中"食"常单用，如"硕鼠硕鼠，无食我黍"（大老鼠呀大老鼠，别吃我种的黍。《诗经·魏风·硕鼠》)。俗语"民以食为天"也不说"民以吃为天"。

"民以食为天"出自《史记·郦食其列传》。故事说，楚汉相争时，刘邦被项羽困在成皋，他想放弃成皋，这时谋士郦食其（Lì Yìjī）劝道：我听说知天命者为王，王者以民人为天，而民人以食为天。对老百姓来说，粮食最重要。现在楚国粮食囤积在敖仓，楚军未派重兵把守。如果大王派兵去攻打，夺得楚国的粮仓，那就等于争取了楚国的人民。这样一来，大王必然能扭转战局，打败楚军。刘邦采纳了郦食其的建议，派兵攻取敖仓，扭转了战局。因此，郦食其的名言"民人以食为天"得以流传千古。

郦食其所谓"天"，是指"所依存、所依靠的事物"，比喻赖以生存的最重要的东西。"王者以民人为天"，因此打天下必须依靠老百姓，而老百姓要生存就得有得吃，如果食不果腹，甚至饿殍遍野，那是要造反的啊。

正因为"吃"对每个人来说是那么重要，所以这个"字词"（一个字同时是一个词）的含义十分丰富，使用频率高、适用范围广，在《现代汉语常用词表（草案）》收录的56 008个常用词语中，按频级升序（frequency level ascending）排列，"吃"居第184位。

在"吃官司""靠山吃山，靠水吃水""这种纸不吃墨""黑方的炮被吃掉了""他在公司里挺吃香""这工作很吃重""这事儿做起来挺吃力"等语句中，"吃"表示各种不同的意思，尤其是那些明明不能"吃"的事物跟"吃"组合，使学习者，尤其是初学华语的老外，或以英语为母语的华族学生在学习时倍感困难。

相比之下,"食"按频级升序排在第1 864位,在日常生活中的使用频率跟"吃"相去甚远。它主要表示可吃的东西,如"主食""副食""荤食""素食""肉食""面食""零食""猪食""鸡食";或表示供食用或调味用的,如"食材""食品""食物""食糖""食盐""食油";或用在成语中,如"食不甘味""食古不化""食言而肥";"食补""食疗"中的"食"表示进补或治疗的方式;"食言"指不履行诺言,失信。

在中国历史上,"民以食为天"的观念可谓源远流长,炎黄子孙无论身处何地,"以食为天"的观念无不根深蒂固。

可是光顾着吃行吗?不行,于是又衍生出"食以安为先,安以质为本,质以诚为根",意思是说,吃一定要吃得安全、吃得健康,食物安全以食物的品质为保证,而要保障食物的品质,须以食物的生产者、制造者的诚信为根本。食—安—质—诚,环环相扣,每个环节都很重要。

曾几何时,中国台湾地区民众为抵制当局进口美国"莱猪"(指含有瘦肉精莱克多巴胺的猪肉)闹得沸沸扬扬。谁知一波未平,一波又起,是否开放"核食"(指日本福岛核灾区食品)又备受争议。争议的焦点是"食安",而"食安""以诚为根"。诚实守信是根本,诚信丧失,天良泯没,丧尽天良,"食安"落空,百姓遭殃。

(2021年4月)

心系榴梿27载

榴梿（durian）原产于南洋群岛，有热带"果王"之称。

我出生在中国不出产榴梿的江南水乡，从未见过这种水果。20世纪70年代末，我移居香港，亦未曾在街头或水果店里邂逅榴梿。1984年秋，我到新加坡工作，在榴梿成熟季节，但见大街小巷街道两旁到处摆卖榴梿，当地人买了迫不及待地请小贩剖开，就在摊旁大快朵颐起来。

新加坡本岛东部有个离岛叫乌敏岛（Pulau Ubin），亲友介绍说，这个小岛是政府特地保留的，未曾开发，现在只有那儿才能观赏到新加坡当年的原始风光。一日，我怀着浓厚的兴趣，请亲戚带领，乘搭渡轮，上岛观光。但见那高高的榴梿树东一棵西一棵地站在那里，其高度约莫有20米，枝叶在海风中摇曳。跟榴梿零距离接触，我才对"果王"有了感性的认识。

如今回首往事，我对"果王"颇为不敬，因为我曾与它"抗战"了8年，大凡亲友们请吃榴梿，我都婉言谢绝。原因倒不是其貌不扬，像狼牙棒似的浑身是硬刺，而是它所散发的那股浓郁的气味儿。后来，亲友们讲了句重话，说到新加坡不尝尝durian等于白来。香港人喜欢对游客说，到香港不上太平山等于没到。兹事体大。终于有一回亲友再请吃榴梿时，我鼓足勇气尝了尝，不尝则已，一尝，从此以后，它居然成了我的"最爱"。我在新加坡客居了16年，实际上只有8年，因为有8年未尝榴梿。于今回忆起来，觉得好笑，亦颇遗憾。今天我离开新加坡整整20年了，"教我如何不想她"啊！

说到这儿，不禁联想到著名的散文家、翻译家梁实秋主编的《远东英汉大辞典》（祝寿版，1981年1月，台北远东图书公司），他把 durian 音译为"流连"，堪称颇费心思。据说外乡人到 durian 原产地吃了 durian，连家都不想回了——流连忘返啦。遗憾的是大师的"流连"未为广大语言用户所赏识，迄今唯有躺在辞书里。

1985年1月，我拜读了马来西亚《星洲日报》专栏作者彼岸先生的文章，他说："'榴梿'是本地的写法，应当统一写成标准的'榴莲'。"彼岸先生长期生活在盛产榴梿的国度，却认为当地习用的"榴梿"应以"榴莲"为标准，令人纳闷。于是我翻检了《辞海》（1979年版）、《现代汉语词典》（1980年香港商务版）、《汉英词典》（1979年北京商务版）、《英华大词典》（1984年北京商务修订第2版）和《英汉常用农业词汇》（1980年）等工具书，这几部辞书都把 durian 译为"榴莲"。这才明白彼岸先生建议采用"榴莲"是为了跟中国的标准保持一致。那么中国这个译名是否理想，能不能为新马华人接受呢？

说实在的，音译用字只取其音，不取其意，译者用字，任由选择。可是，汉字是表意文字，炎黄子孙用汉字生性喜欢望文生义，这种语用心理不容忽视。先举个别的例子。在计算机进入平常百姓家的今天，无人不憎恨"黑客"（hacker），却称赞这两个音译字选得好，好就好在它够"黑"，而且确实是个不速之"客"。"榴莲"的"莲"字大抵只能让人联想到荷塘里那亭亭玉立的莲花吧？因此，我觉得新马华人选"梿"做译音字比"莲"好。在译名用字的选择上似不必唯中国的辞书马首是瞻。就像"峇"字，新、马、印尼为常用字，中国罕用，似也无须把"峇厘"改为"巴厘"吧？笔者自从结识"果王"后，就一直认为还是"榴梿"好。

2000年笔者退休回到香港，看到连街边的水果店都摆卖榴梿了；回到内地，看到超市里几乎都卖榴梿。在标价卡片上的品名一栏，写

"莲"或"梿"的都有,而"梿"字已很普遍。这或许是进口时包装上带进来的吧,又或许是受中国的港澳台地区以及新马泰等国长期使用"榴梿"的影响所致吧。

《现代汉语词典》最初的两版都用"榴莲"立目,1996年第3版删除"榴莲"条,2005年第5版重出"榴莲"条,并以"榴梿"作为副条立目。为此,笔者怀着兴奋的心情写了篇题为《喜见"榴梿"入〈现汉〉》的书介,发表在新加坡《联合早报》,文内说"期待着'榴梿'能够'扶正'"。2012年商务印书馆推出《现代汉语词典》(第6版),"榴梿"果然"转正"成为主条,"榴莲"成了副条。编者这样处理,就使中国大陆、港澳台地区和新、马、泰、印尼等东盟国家durian的中文译名一致了。

走笔至此,还得补充一段插曲。1999年8月14日,晁继周先生出席了在新加坡报业控股礼堂举行的"词典与华文教学"座谈会,并发表了学术演讲。晁先生从第3版起一直参与《现汉》的修订或审订工作,自然十分熟悉《现汉》的修订详情。在学术报告后与听众互动时段,就有听众对"榴莲"的词形提出意见,认为应当改为"榴梿"。回国后,晁先生给《联合早报》发了一篇短文,他说:"考虑到这种植物(榴梿)的特殊重要性,我认为《现汉》下次修订中应当重新收录它(榴梿),并且按照'名从主人'的原则,既然马来西亚、新加坡等地华文均写作'榴梿',中国词典把'榴莲'改为'榴梿'也是合适的。"(参看《榴梿?榴莲?》,新加坡《联合早报》副刊,1999年9月17日)果然《现汉》(第5版)增设了副条"榴梿",再经7年考验,在《现汉》(第6版)中,"榴梿"终于以主条身份坐正词典的殿堂。

心系榴梿27载,风物长宜放眼量。

(2012年8月首发,2021年3月改写)

汉语拼音展翅飞翔

1957年11月1日,国务院全体会议第60次会议通过《汉语拼音方案》,1958年2月11日,第一届全国人民代表大会第五次会议批准并颁行。今年是《汉语拼音方案》颁布60周年。

《汉语拼音方案》颁布13年后,即1971年,新加坡共和国引进我国制定的这个方案。1974年该国教育部正式宣布以汉语拼音取代沿用已久的注音字母,逐步实施,直到1979年全面采用汉语拼音,注音字母才淡出新加坡华文传承教育的历史。

新加坡是个实施"英语+母语"的双语教育政策的国家,英语是第一语文,华语是第二语文。他们担心适龄学童刚入学就学汉语拼音会干扰英语,所以1980年规定,新加坡的小学从四年级开始教授汉语拼音,直到六年级。经过12年试验,实践证明学生同时学习英语和汉语拼音而互相干扰的情形并不严重,教育部乃于1992年规定,学校可以从实际出发,自行决定提前一年或两年,即从小二下学期或小三开始教授汉语拼音。但是试验一年后,教育部就决定从小一开始全面实施汉语拼音教学,并且先教拼音,后教识字。至此,新加坡跟我国完全接轨,华族学龄儿童入学第一年,华文科就开始教授汉语拼音。

新加坡从1971年引进汉语拼音到1993年全面实施汉语拼音教学,经历了22个春秋。22年中,新加坡教育部根据本国国情,从实际出发,通过试验,逐步调整,以至全面推开,稳步前进,慎之又慎。

事有凑巧,又过了22年,即到了2015年,新加坡小学的汉语拼音教学终于上了一个新台阶。笔者欣羡地看到新加坡出版的新编小学华文课本《欢乐伙伴》第一、二册，全面采用"分词连写"，摆脱了单字注音的窠臼。

新加坡小学华文新课本"分词连写"的方式有两种：一是在"学习口语交际和口语表达"时，"汉语拼音标在汉字之上，汉语拼音与汉字都分词连写，以利于口语的学习"；二是在"学习识字、写字和阅读"时，"汉字在汉语拼音之上，汉语拼音分词连写，以利于读写的学习"。

在基础教育的起始阶段，新加坡的汉语拼音教学采用"分词连写"的方式，注重从小就培养学童的"词意识"，这一举措不但使新加坡的华英双语教学相得益彰，而且单就华文教学而言，对培养和提高学生的"口语交际和口语表达"及"识字、写字和阅读"能力也是大有裨益的。

汉语拼音"分词连写"，在新加坡华语传承教学史上谱写了光辉的一页，成为新加坡华语传承教学史上一个里程碑，具有划时代的意义。

又是事有凑巧。也是2015年，12月15日国际标准化组织（ISO）在日内瓦正式出版了"ISO 7098：2015"的英文版。ISO通过的以汉语拼音为拼写汉语的国际标准的文献，称为"ISO 7098"；而"ISO 7098：2015"的一个亮点是把汉语拼音按词连写的规则引入国际标准，另一个是把汉字—拼音转写的自动译音方法引入国际标准。此外，它还对普通话的语音系统进行全面说明，进一步完善了普通话的音节形式总表，给汉字的声调和标点符号补充了16进制代码，扩充了罗马字母的字符集。一言以蔽之，"ISO 7098：2015"使汉语拼音迈开了走向世界的新步伐。

"ISO 7098：2015"把汉语拼音按词连写的规则引入国际标准，而新加坡的小学华文课的汉语拼音教学恰在此时实行"分词连写"，新加坡第一个遵循并执行了这个国际标准。

新加坡是个蕞尔城市岛国，汉语拼音是他们引进的，汉语拼音的故乡在中国。我国改革开放40多年了，跟国际接轨也40多年了，然而在2017年9月投入使用的全国统编的小学语文课本一仍旧贯，依旧采用单字注音。个中原因，不便猜测。

汉语拼音正词法是在《汉语拼音方案》的基础上规定词的拼写规范的基本要点，其核心是"拼写普通话基本上以词为书写单位"。没有正词法的汉语拼音只能给单个儿的汉字注音，有了正词法的汉语拼音，就可以拼写词语、句子，就可以拼写普通话了——拼音就有了生命，长了翅膀。新加坡的做法正是给华语安上词式文本的翅膀。

"分词连写"是正词法的基本规则。1988年7月我国发布了《汉语拼音正词法基本规则（草案）》，后经重新修订，由国家质量监督检验检疫总局于2012年6月29日正式发布，同年10月1日起实施。在此前后，官方发布了《中国人名汉语拼音字母拼写规则》（2011年10月31日）、《中国地名汉语拼音字母拼写规则》（汉语地名部分，1984年12月25日）和《中文书刊名称汉语拼音拼写法》（1992年2月1日），这些国家标准（GB）可以说是对正词法基本规则的细化与补充。

中国编写与出版的对外汉语教材，大多按照正词法拼写课文和词语，全书附有"生词表"，而不是"生字表"。人民币、报章杂志及产品名称等，所用的汉语拼音大多采用分词连写，这说明社会上到处都在应用正词法。小学语文教材采用单字注音，把"一会儿（yīhuìr）""一块儿（yīkuàir）"这类用三个字记录、必须整体拼写的双音节词儿，用空格分成三个音节：yī huì er 和 yī kuài er。口语中有这么说的吗？新加坡的小一华文课本下册中，笔者看到"一点儿"和"不一会儿"的拼音是 yìdiǎnr 和 bùyíhuìr。

《汉语拼音方案》主要制定人之一、我国著名的语言学家周有光（1906—2017）2000年2月18日在给教育部语言文字应用研究所冯志伟研究员的信中说:"分词要从拼音做起,还要提倡书面语口语化。如果在小学的拼音教学中,拼音一概分词书写,形成习惯,就能够事半功倍。"令人遗憾的是,周老高寿112岁,然而他所表露的"分词要从小学的拼音教学做起"的愿望,在有生之年并未在自己的祖国实现,却在异国他乡的新加坡实现了。

可告慰周先生的是,2017年6月29日,中国汉语拼写教学研究中心成立,隶属于中国语文现代化学会,它将着重对改进汉语词式文本格式进行学术研究和社会实践,推动汉语插上词式文本的翅膀走向世界,实现无障碍国际传播,让全球人民轻松学汉语。

《汉语拼音方案》是自16世纪80年代以来中外十几代人智慧的结晶,是中国语文现代化进程中的一项伟大的语文建设工程。《汉语拼音方案》"造福社会,服务世界,联结古今,融通中外",60年来,中国的专家一再撰文称《汉语拼音方案》是"最佳方案",与此同时,中外人士对《汉语拼音方案》的批评也从未停歇。

今年暮春,笔者出席在江南某地举行的纪念《汉语拼音方案》颁布60周年的学术研讨会,收到一份香港学者制定的《国语(普通话)全罗马化系统》(简称《全罗马》)。作者列举汉语拼音的十大缺点,说它"难学易忘",主要原因是"韵母设计非常差劣","另一个致命伤是它的声调标示法"。作者认为他所拟订的《全罗马》新方案"威力强大",已经是"一种依附在国语(普通话)上的拼音文字",并已获得特区政府的资助,作为"向世界各国申请专利之用"。

我所佩服的是这位香港学者的勇气,不知他"向世界各国申请专利"怎么样了,祝他成功。

60年前《汉语拼音方案》颁布之时,官方就说"在实践过程中继续求得方案的进一步完善",可见,即使"最佳方案",也不等于"完善"。今天我们的任务是要"完善"这个方案,但是,"完善"并不是推倒重来,另拟新方案取而代之。"完善"着眼于应用,着眼于拼写功能的发展。一旦真正"完善"了,就是一个好的拼写工具了。到那时,全球华人使用"一语双文",即"普通话"与"中文""拼音"的时代就来临了。

(2018年10月)

《海峡两岸》字幕语用刍议

中国中央电视台中文国际频道（CCTV-4）的《海峡两岸》是个好节目，无论身在何处，只要正好有时间，笔者都会按时收看，日久天长，获益良多。颇感美中不足的是字幕的语言文字应用在字音、字形、词用甚至句法方面偶尔出现错误，而笔者耿耿于怀的则是字幕对异名词语的处理。

一是字音。海峡两岸的共同语，即大陆普通话或台湾地区"国语"，语音基本上相同，但也存在一些差异。笔者长期收看两岸的电视节目，发现在字词的读音上大陆和台湾是我行我素，遵循的是各自所制定的标准。例如曝光、关系、企业、法国，大陆读 bàoguāng、guānxi、qǐyè、fǎguó，台湾读 pùguāng、guānxī、qìyè、fàguó，各读各的，求同存异，和谐相处。按照这个原则，央视主持人就应把"发酵"读成"发 jiào"。可是2011年4月1日在播映《三万多公文丢失 陈水扁再成被告》结束时，字幕是"也不知道接下来这样一个案件，会在蓝绿阵营之间如何发酵"，只听得主持人把"发酵"读成"发 xiào"。按台湾地区"国语"，"酵"读 xiào，又读 jiào，以 xiào 为首选，所以人们大多读"发 xiào"；按大陆普通话，"酵"只读 jiào。

二是字形。两岸汉字字形的差异主要是在繁体和简体上，央视严格按照大陆的规范字形打字幕，无疑是正确的。本文谈字形是指字幕出现别字。例如2011年1月20日，在播映《台湾政党高层大地震》时，台湾嘉宾、中国文化大学教授江岷钦说"皇帝不差è兵"，字幕是"皇帝不差恶兵","恶兵"显然是"饿兵"之误。"皇帝不差饿兵"是俗语,也说成"天子不差饿兵/朝廷不差饿兵/朝廷不使饿兵",意谓皇帝也不能让人饿着肚子去办事,差人办事得让人吃饱肚子,做事得有报酬。再如2011年3月22日,在播映《苏贞昌要和蔡英文"硬碰硬"》时,台湾嘉宾、中国文化大学教授钮则勋说"蔡英文jiā着各方面的优势……",字幕是"蔡英文夹着各方面的优势"。笔者猜测,钮教授嘴上说jiā,心目中的字可能是"挟",因为笔者曾不止一次地听到台湾朋友把"挟"读成jiā。查台湾出版的辞书,"挟"是个异读字,但是在作"依靠"或"倚仗"解时,辞书的注音是xié(参见台湾版《重编国语辞典》)。据此,笔者认为央视的字幕应打"挟"字。

三是词用。2011年2月15日在播映《民进党党员集体罢交党费》时,台湾嘉宾、时事评论员唐湘龙多次说"缴"(jiǎo),字幕却一律作"交"(jiāo);主持人大多说"交",偶尔说"缴",如"收缴党费",不管她说哪个,字幕也一律作"交"。"交""缴"二字读音不同,前者读阴平,后者读上声,为何字幕统作"交"呢?莫非编者认为统一作"交"才合乎规范,又或者他认为此二字意思和用法完全相同?大陆出版的《现代汉语词典》的释义是:交,把事物转移给有关方面;缴,交纳、交出(指履行义务或被迫)。唐湘龙说"缴",正是他用词精当之处;主持人"交""缴"不定,说明她拿不准;字幕统一用"交",尚可斟酌。

四是句法。2011年2月8日播映《深度游台湾——台南》时,主持人问台湾嘉宾、台南市观光局局长陈俊安:"来到台湾有哪些节目是必看不可的?"在华语中为了加强肯定陈述的语气,可以用双重否定的格式"非……不……"或"不……不……",负负得正,语气强烈。然而字幕上的"必看"是肯定,"不可"是否定,二者组合,构成"必……不……"式,能为广大受众接受吗?主持人要么说"哪些节目是必看的",要么说"哪些节目是非(不)看不可的"。"必看不可"网络上虽有,但日常生活中尚未普遍应用。对这样的语言现象,央视应该暂缓一步,观察观察再说。再如,2011年4月10日播映《蔡英文自夸历练胜过马英九》时,台湾嘉宾、时事评论员尹乃菁说:"在1987年,也就是蒋经国逝世之前的时候,当时蒋经国宣布要开放台湾民众到大陆探亲,两岸探亲非常重要de决策就是当时担任领导人的蒋经国交付给马英九,担任副秘书长的马英九来负责处理这个案子的。"de音字幕打的是"地"字,应该用"的",因为"决策"前是定语而不是状语(事后笔者查阅央视网,发现"地"字已改成"的")。

五是对异名词语的处理。所谓异名词语就是名异实同词语(或称异形同义词语),它是语言词汇中的变体;全球华人社区存在着许多这样的词语,海峡两岸尤甚。字幕该如何处理呢?先举个典型的例子。

2011年2月14日播映《台北动物园园长揭秘大熊猫入洞房》,这是一个十分吸引人的话题。尽管"入洞房"的是"熊猫",然而应邀上节目的台湾嘉宾、台北动物园园长叶杰生却开口"猫熊",闭口"猫熊"。叶先生自然也知道大陆叫"熊猫",不叫"猫熊",所以偶尔也会说出个"熊猫"来,可是习惯难改,挂在嘴边的依然是"猫熊"。反观主持人李红,则一口一个"熊猫"。两岸用词差异于此交集,不失为一道亮丽的风景线。值得注意的是字幕上"零交集",只见"熊猫",不见"猫熊"。"猫熊"何处去?笔者猜测是为"熊猫"所规范,被"熊猫"赶跑了。

猫熊乎?熊猫乎?是"熊"还是"猫",让动物学家去理论。笔者想说的是,从构词的角度看,猫熊—熊猫,同素反序,不亦奇妙乎?这是汉语魅力的彰显。按理说,字幕记录口语,言文须要一致,事实却是观众听到的是"猫熊",映入眼帘的却是"熊猫"。

央视如此处理,是何道理?是怕大陆观众听不懂吗?可节目是向全球华人放送的啊！是要推行规范吗？可规范得人性化，不能强行推销啊！且不说请人上节目，得尊重台湾嘉宾的用词习惯，尊重台湾同胞的用词习惯，台湾都在说"猫熊"，台湾同胞排着队往台北木栅动物园看"猫熊"啊！再说了，作为两岸词语的交流与互动，让大陆观众了解大陆与台湾用词的差异，字幕打出"猫熊"有何不可呢？他如"硬／软体""网路""×趴"等，字幕概作"硬／软件""网络""百分之×／×个百分点"。这样处理值得商榷与研究。笔者认为可采用括注的方式，即"猫熊（熊猫）""硬／软体（硬／软件）""网路（网络）""×趴（百分之×）"。这也许是当下两全其美的办法。

六是对英语缩略语的处理。节目中的台湾同胞有时用英语缩略语，如DIY、ECFA，字幕却不出中文译名，笔者认为宜括注中文。2011年2月18日在播映《国民党着手布局南部选区》时，嘉宾王鸿薇夹用英语短语long stay，字幕作"常住"，笔者认为应处理为"long stay（常住）"。2011年3月30日播映《台湾医界爆出六亿弊案》时，台湾嘉宾、中国文化大学教授钮则勋说了几次"A健保的大饼"，字幕一律以"贪"代A。"贪……大饼"语义不够显豁，笔者认为或可括注"贪污健保经费"。据说自2000年陈水扁上台后，"A钱"一语开始在台湾流行。《全球华语词典》收录此词，释义是"指以不正当手段取得钱财。A，英语abuse的首字母"。

台湾海峡两岸人民分隔了半个世纪之久，迫切需要相互沟通、了解。虽说三通已经实现，可是时日尚短。《海峡两岸》分亚洲版、欧洲版和美洲版，每日首播和重播总共七次，为两岸人民，为全球华人和台湾人民相互沟通、了解提供了一个十分重要的平台。

语言是信息和文化的载体，词语的交流与互动在人们的相互沟通与了解中起着重要的媒介作用。作为中国官方最具影响力的中央电视台，肩负着推行语言规范化的重任，但是，在《海峡两岸》这样比较特殊的节目中贯彻规范原则时，宜多些柔性，少些刚性，或者刚柔相济，切忌通过字幕单向地以大陆的用词规范为唯一标准而推向全世界。上述用括注的办法表明大陆的语用导向，不失为一种柔性规范的方法。人们的用词习惯必须受到尊重，千万不可挥舞规范大旗，一厢情愿地叫境/海外华人观众都听你的。

曾几何时，"大哥大""手提电话""移动电话""行动电话""流动电话""无线电话""随身电话""手持式电话"等满世界飞，如今呢？是"手机"独步天下了吧？靠的不是一纸规范令，而是语言的自我调节机制。"对语言来说，它的最重要的特征就是它具有自我调节的功能，它是一个具有自我调节功能的机制。具有调节功能，语言才能随着社会的发展而发展，发挥其交际工具的职能。一旦语言丧失了自己的自我调节功能，就不能随着社会的发展而发展，就无法继续充当交际工具，就面临着死亡的命运。"（王希杰：《论语言的自我调节功能》，《新时期的语言学》，第13页，中国文联出版社，2002年）

形势比人强。笔者相信，台海两岸人民接触、交流、互动必将日益频繁，两岸语用的差异必将逐步缩小，共通之处必将与日俱增，直至自然融合。

（2011年5月，举例引自《海峡两岸》
每日上午7点30分的重播节目）

离开太平山，何处觅知音

香港回归祖国20周年了，当年出生的孩子都已长成靓仔靓女。他们在"一国两制"的政治氛围中成长，在"三语两文"的语言政策下接受教育。他们能说三语——普通话、广东话和英语，能用两文——中文和英文写作。仅就汉语／中文而言，口语自然是粤语最强，普通话基本上是一口港式普通话，书面语则是写港式中文比较拿手，写标准中文水准就要差些。这种状况早就如此，并非一日造成。

香港总人口737万余，以汉族为主，约占总人口的94%，余为欧美白人，南亚印度、巴基斯坦、尼泊尔人，东南亚的菲律宾、泰国、越南、印尼人等。他们共同生活在大约1 104平方公里的土地上，居住在高耸入云的水泥森林中，平均每平方公里6 200多人。不难想象，在这样一个华洋共处、中西交汇的社会环境里，语言的接触与碰撞必然频繁，力度不小。

香港的中国人以广东籍居多，大多操香港广东话——港式粤语。粤语十分强势，至今依然一枝独秀。在香港出生、工作的印度人、巴基斯坦人，他们的粤语比外省籍的中国人都讲得流利、漂亮，外省籍的中国人移居香港，无论是过去还是现在，第一要务是学习粤语，粤语可是重要的语言资源、谋生工具。

最新的统计数据显示，香港能说粤语的人占总人口的94.6%，能说普通话的人占48.6%，人数有所增加。"会说"是个模糊概念，更重要的是"会说"不等于愿说啊！社会和家庭的基本用语仍是粤语。漫步购物中心，如果耳中飘来一声普通话，蓦然回首，那人定是售货员，是游客的钱包激发了他们讲普通话的积极性。公务员的办公用语是粤语或英语，教师的教学用语是粤语或英语，学生的校园用语是粤语或英语，影视用语是粤语或英语。

最引为笑谈的是中文科采用的教科书都是普通话范文，老师上课一口广东话。于是有人呼吁"普教中"，即用普通话教中文。教育当局倒是从善如流，接受意见，又是调查，又是研究，然后制订计划，进行试验，年复一年，全面推广，不知驴年马月。另一奇事是，小学、中学都开设普通话课程，学生进了大学，还可以选修普通话，但教学依然是零起点。还有就是香港中小学教普通话的老师和教中文科的老师，往往不是同一人，原因是中文科老师也只会说港式普通话，不达标，不能上岗。口语教学状况如此，书面语情形又如何呢？

学校的中文科教学，老师自然是要求学生写标准中文的，因为学习的范文都是标准中文。所谓"标准中文"当指规范的现代汉语书面语。无奈学生总"标准"不起来，写着写着，广东话来了，英语来了，干扰很大，写出来的文章难免"三合一"，甚至"四合一"。既然不"标准"，往往就很"港式"。学校外部影响最大的当数媒体，尤其是报刊、新闻、评论、体育、娱乐等等，"港式中文"触目皆是。

提起"港式中文"（HongKong Chinese），就令人想到杂烩，"港式中文"就是"大杂烩式的中文"。专家们的解释当然要专业得多，他们说："港式中文，是中文，但不是标准中文；属于汉语书面语，却几乎每句话、每个段落、每篇文章都可以发现粤语、英语、文言各方面的影响，却又都包容在中文的整体框架里边，从而形成了与标准中文面貌不同的汉语书面语的变体。"（石定栩、邵敬敏、朱志瑜：《港式中文与标准中文的比较》，第13页，香港教育图书公司，2014年第2版）这段话告诉我们,"港式中文"是"标准中文"的"变体",其特征是几乎"每句话、每个段落、每篇文章"都掺杂粤语、英语或文言。按此标准,我从五家不同的报纸上各选一例,都是标题。请看:

A 航空公司掠三亿不回水

B 土国今公投 民调叮当马头

C 丝打团山埃波缆呃月费

D 昔讽民众"咁大声"今频落区"呃like"

E 胡须庆生；薯粉开P 泛民同欢；3T合唱《沉默是金》

例中五个标题,香港受众大多能看懂,但是内地和海外读者可能看不明白,所以还是解释几句。

A 报道的是香港多家航空公司在通过旅行社代售机票时,每张多收机场保安费港币5元,自2002年5月至今,共多收了近3亿港币。掠,欺骗；回水,退款：都是广东话。

B 里的"叮当马头"是香港赛马用语,意思是快到终点冲刺时,跑在最前面的两匹马势均力敌,难分上下。编者用以比喻土耳其修宪全民公投,投票赞成或反对的民调不相上下。

C 里,丝打,英文sister的音译,丝打团,即姐妹团；山埃,氰化钾的俗称,英文cyanide的粤语音译；波缆,马缆之仿词,指非法的赌球、赌马所下的赌注,因下注方式环环相扣,犹如一条"缆",故称；呃,欺骗,广东话。这则新闻报道的是,有人开设赌球网站,以提供包赢贴士（tips）为诱饵,吸引年轻女性入会,跟风赌博,最终沉沦赌海。

D 是一篇评论今春香港特首选举中候选人曾庆华的文章的标题。咁,这样；落,下到；呃like,网络语言,多义,此处可理解为博得民众好感。

E 是一篇署名的专栏文章的标题。胡须,香港前财政司司长曾庆华的外号，因他蓄短髭，故称。薯粉，曾庆华的另一个外号叫薯片。事因美国有个叫品客（Pringles）的品牌马铃薯片，商标是个留着咖啡色大胡子、打着红领结的人脸，也叫"翘胡子洋芋片"，曾庆华与这个"翘胡子"相像，故称。粉，粉丝（fans），指迷恋、痴迷某个人的人。开P，举行聚会，P是party（派对）的简写。3T，指三个人，即曾庆华、曾钰成、田北俊，他们的姓粤语拼音首字母都是T，故称，而3T恰巧是香港赛马一个投注彩池的名称。下面这段新闻导语，全文夹用英文和粤方言词语：

复活节就快到啦，上班族好快进Holiday Mood，如果留港消费玩乐，Kelly推介去i SQUARE "Mueller兔子乐园"，有二十多只可爱嘅木偶兔子，钟意自拍嘅话，就尽情影到够喇！

67个字，也是粤英掺杂。

港式中文的形态大抵如此，在香港报刊上，天天可以看到。香港比北京、上海小得多，但是每天出版的主流中文报纸有十几种，一份大多几十版，厚厚的一大叠。新闻语言使用"港式中文"，社会影响很大。

石定栩等说："港式中文形成于20世纪70—80年代，并且在90年代开始趋于成熟。"（同上）王亭之说："广府文人有一种文体，称为'三及第'，此即文言、白话、方言齐用。有人以为这种文体创于香港，其实不然，四五十年代的广州报纸，于副刊即见此种文体，尤多用于小说。""对于'三及第'，争论颇多，赞之者捧到天花龙凤，诋之者则简直痛心疾首。""难为一些号称'研究'香港文学的人，只知香港，不知广州，更不知香港的讲稿佬多来自广州者也。"（《"三及第"文体》，加拿大多伦多《星岛日报》，2006年8月9日）可见，"港式中文"可上溯至20世纪中叶广府文人称之为"三及第"的文体。

"三及第"文体随着社会的发展变化而发展变化。黄仲鸣教授在

《"三及第"的新与旧》一文中说:"所谓'三及第',是指由文言、白话文、粤语混合而成的一种别具风格的文体。后来,文言成分减少,甚至'销声匿迹',代之而起的是外语,包括英语、日语等辞汇。前者,论者呼之为'旧三及第',后者呼为'新三及第'。"可见,"港式中文"不过是贴上了"香港"标记、经过包装的一种新"三及第"文体。

黄教授坦言,他本人对"旧三及第"情有独钟,而称"新三及第"是一种"混血语言","怪鸡文体"。他举了个例子:

上个月我生日,Jan讲下又多些,他说请我去吃些exotic food,原来带我去油麻地一间九流餐厅吃泰国菜,我见到那些污秽的装置已经闷了一半,餐牌上的菜写明是七元一碟,他居然可以只叫两菜一汤,想用三十元有找来解决我的生日!那些七元一碟的菜,两口就吃光,而他竟不再order,激到我火红火绿。(钱玛莉:《穿kenzo的女人续集》)

黄教授说,看到这样的文章,怎不慨叹"中文之衰落,良有以也"。(香港《文汇报》,2011年5月17日)

今日香港的港式中文跟黄教授所说的"新三及第"文体有没有本质上的不同?没有。我们所看到的是,经过几十年的发展,港式中文更加成熟了,或者说更"港式",更"杂烩"了。唯其如此,它偏离现代汉民族共同语的书面语,距离更大了,差异更大了,而向粤方言靠得更近了,其他国家或地区的炎黄子孙快要不认识它了。

社会的语言氛围如此,以汉语为母体,以粤语为基础,糅合了不少本土和外来语言成分的港式中文,其营养岂能不丰富?港人读起港式中文来就像每天上茶楼享受一盅两件一样,觉得很合胃口;写起港式中文来,还真是"我手写我口",得心应手得很哪!日久天长,在某些港人眼中,提起中文,似乎就只有港式中文了。这就是几十年来尤其是香港回归以来,港式中文能够在香港这片土地上生存、发展并日臻成熟的基本原因。细说起来，就是专家们已经发表的一篇篇的论文、已出版的一本本的专著。

读者朋友们千万别以为香港人都看得懂港式中文。香港中国语文学会主席姚德怀15年前就说过："要看懂香港式中文，可能同时须用英语来思考。"（《港式中文的是与非》，香港《中文教育》创刊号，2001年11月）官方发布的最新数据显示，自称能说英语的香港人占总人口的53.2%，那至少还有46.8%的人不会用英语思考，又如何完全看懂港式中文呢？

中华人民共和国正式对香港恢复行使主权已经20年了，我认为中文不能继续"港式"下去，香港中文的使用应当向我国国家通用语言现代汉民族共同语的书面语倾斜、靠拢，而香港政府教育部门、中小学中文科老师、中文学界的专家教授，应当携手发挥引领和指导作用。

在全球10大国际金融中心中，香港名列前茅，而在亚洲排名第一。全球经济一体化对语言文字的使用要求规范化、标准化。因此还拥抱着港式中文的人是不是已到了松开双手的时候了呢？是不是应该认清它的面貌，跟它说声拜拜了呢？须知港式中文走出香港，就不知何处是吾家了，而新加坡、马来西亚等国的华文跑遍全球汉字文化圈都可以找到知音。

（2017年6月）

香港再出发，推广普通话

苏联的主要缔造者、布尔什维克党的创始人列宁（1870—1924），在《论民族自决权》一文中说："语言是人类最重要的交际工具。"这一论断揭示了语言的社会本质和重要作用。语言不仅是每个人须臾不可或缺的沟通工具，而且是每个人的资源与武器。

人们从牙牙学语开始，就在学习语言。香港人大多从小就学会说广东话，广东话也是重要的交际工具，只是由于它是一种方言，并不是全国通用的共同语——普通话。

《中华人民共和国宪法》第19条规定："国家推广全国通用的普通话。"

《中华人民共和国国家通用语言文字法》第2条规定："国家通用语言文字是普通话和规范汉字。"

《中华人民共和国香港特别行政区基本法》第9条规定："香港特别行政区的行政机关、立法机关和司法机关，除使用中文外，还可使用英文，英文也是正式语文。"

1997年7月1日，香港回归祖国。同年10月8日，特首董建华在第一份施政报告书第84节中提出："我们的理想，是所有中学毕业生都能够书写流畅的中文和英文，并有信心用广东话、英语和普通话与人沟通。"1999年10月6日，他在第三份施政报告书第69节中将《基本法》第9条之规定概括为"两文三语"。他说："特区政府的一贯宗旨，是培养两文三语都能运用自如的人才。""两文"指的是书面语，即中文和英文;"三语"指的是口头语,即普通话、广东话和英语。"两文三语"是香港的语言政策,也是香港的语文教育政策。"培育香港人(特别是学生及就业人士)两文(中文、英文)三语(粤语、普通话及英语)的能力"是香港中文教育的目标之一。

中文是中国的语言文字,特指汉族的语言文字。普通话是现代汉民族的共同语,其书面形式就是标准中文(Standard Chinese)。中文和普通话是"一国"的标志;英文和英语是"两制"的标志。"三语"中的粤语是汉语的一种方言,书面形式之一是"港式中文"(HongKong Chinese)。

令人欣喜的是,香港回归那年,董建华的第一份施政报告书第84节就确定了具体目标:"由下学年起,我们会把普通话列入小一、中一和中四的课程;我们也会在二零零零年底前,把普通话列为香港中学会考科目。"令人失望的是,香港的莘莘学子中学毕业后,竟然大多不会讲流利的普通话,不谙汉语拼音,使用电脑和手机时,大多不会用拼音输入法。更让人大跌眼镜的是,香港的大学都开设普通话选修科,而教学居然是零起点。挂大学的牌子,用大学的资源,开设中小学已经修读过的课程,岂非咄咄怪事?原因何在?

一是在基础教育阶段,普通话和中文分家。本是一家人,却硬要分开过日子。在香港,中文科用广东话教,亦即所谓"广教中"或"粤教中"。中文课本中所选的白话范文都是标准中文,但教学语言却是方言而不是共同语。环顾周边地区,唯有香港如此。

由于中文和普通话分科教学,后果是二者不但不能互补,相辅相成,反而是中文科拆普通话科的台。比如识字教学,只能口耳相传或采用粤语拼音方案。中文每周五六节,普通话每周一两节,学生在课堂上所学的几句普通话,到中文课上,立马被广东话抵消殆尽。"本是同根生,相煎何太急?"

二是在香港,家庭用语、社会用语、教学用语、校园用语、广播用语、影视用语、办公用语、柜台用语甚至报刊用语都是广东话。特区政府在社会上不推广普通话,社会上看不到推普标语,倒是可以在商铺门口看到"我们会讲普通话"的揭示语。那些会说普通话的银行职员、商店售货员、酒店和餐饮业侍应生、旅行社导游等"就业人士",都是靠口耳相传或业余恶补习得的。

学习任何一种语言,如果缺少语言环境的浸濡(immersion),是很难习得的。而今日之香港,广东话依然一枝独秀,傲视普通话。在这种环境下,青少年怎么能学好普通话呢?

《基本法》第136条说:"香港特别行政区政府在原有教育制度的基础上,自行制定有关教育的发展和改进的政策,包括教育体制和管理、教学语言、经费分配、考试制度、学位制度和承认学历等政策。"这是《基本法》赋予特区政府自行制定教学语言政策的权力,可是上引《宪法》和《国家通用语言文字法》的有关条款,特区政府在"自行制定教学语言政策"时,是否也应该执行呢?香港作为国际大都会,无论口语还是书面语都应当规范化、标准化,香港的中国人可不能永远"语不同音"啊!

在香港,有人批评前特首梁振英在讲话中整天用"方方面面""重中之重"等"内地用语",并表示担心"内地用语成为统战工具"。批评者难道没有看到改革开放后"靓""减肥""埋单""T恤""跌眼镜""咸鱼翻生"等一大批"正宗港词"涌进"普通话词汇"吗?这又该如何解释呢?

香港人如果不健忘,应该记得,2012年7月1日上午9时,庆祝香港回归祖国15周年暨香港特别行政区第四届政府就职典礼在香港会展中心举行。本届特首的就职典礼在程序上与往届无甚区别，唯一亮点是梁振英在致辞时用普通话发言，无须翻译。他不但发音正确，而且音色淳美，不带广东腔，给笔者留下了深刻而美好的第一印象。梁振英"两文三语"都"好叻"。香港特区政府中的高官能用如此动听的普通话在这么重要的场合发言，相信梁振英是第一人。

在香港还常见到，凡是在由香港主办的国际会议上致辞时，如果会议用语是汉语，与会的政府主要官员大多讲广东话，宁可在有需要时配普通话通译员。在自己的国土上，在国际交流场合，中国人讲中国话还要翻译，这样"作秀"，未免滑稽可笑。

据媒体报道，在出入境口岸，有的港方边检职员在与内地入境旅客发生争执时，竟有勇气大声说："我听不懂普通话！"你"听不懂"，你得学啊，作为一线公务员，严格说来，应当会听会说普通话才能上岗。其实，这位边检职员不是听不懂普通话，而是故意为难自己的同胞。

2003年7月，内地居民赴港自由行开通，从当时的4个城市逐渐增加到49个，覆盖2.5亿人口。2018年访港旅客人数为6 514.8万人，其中内地访客达5 080万，日均10多万人。他们大多操普通话，这在客观上对香港社会层面的推普是极为有利的。特区政府只要充分利用这种有利条件，是能够更上一层楼，继续提升港人讲普通话的水平的。

2020年5月，全国政协十三届三次会议于21日至27日在北京召开，十三届全国政协常委兼副秘书长、民进中央副主席朱永新提交了一份《关于加强民族地区、港澳地区国家通用语言文字推广普及的提案》，提出要在全国20%未普及普通话的地区推广普通话。

香港是国际三大金融中心之一，被誉为"东方之珠"，竟然属于"全国20%未普及普通话的地区"，这是件十分令人遗憾的事。

"港区国安法"足音跫然，"反中乱港"分子的丧钟已经响起。香港

"再出发"时,决不能当全国推普的死角,必须急起直追,大力推广全国通用的普通话。往者不可谏,来者犹可追。二十三年折太多,病树前头万木春。

(2020年6月)

香港中文"再出发"的路向

2020年5月5日上午,由香港前特首董建华、梁振英担任总召集人的"香港再出发大联盟"在香港宣布成立,该组织"旨在团结香港各界人士,凝聚社会共识,坚守'一国两制',为香港寻找出路,共建稳定繁荣香港"。

喜讯传来,不免伤感。"再出发"之"再"表示将要重复某个动作。"再出发"分明是向世人坦诚:香港早在23年前就"出发"了,走了八千多天,没承想路越走越窄,越走越黑,而今好似走进了死胡同,必须猛回头,重新出发——从头另行开始。

"香港再出发",百废待兴。拙文仅就香港中文"再出发"略抒胸臆。

《中华人民共和国香港特别行政区基本法》第9条规定:"香港特别行政区的行政机关、立法机关和司法机关,除使用中文外,还可使用英文,英文也是正式语文。"

1997年10月8日,首届特首董建华在第一份施政报告书第84节中提出:"我们的理想,是所有中学毕业生都能够书写流畅的中文和英文,并有信心用广东话、英语和普通话与人沟通。"1999年10月6日,他在第三份施政报告书第69节中将《基本法》第9条之规定概括为"两文三语"。

香港回归第二年,政府就将普通话定为香港中小学的必修科,并于2000年列入中学会考科目。这本是一件大好事,但是香港的莘莘学子中学毕业后，大多不会讲流利的普通话，不谙汉语拼音，使用电脑和手机时，大多不会用拼音输入法。原因有三。

一是普通话和中文是两门课程，中文科用广东话教中文，香港叫"广教中／粤教中"。虽然中文课本中所选的白话范文都是标准中文，但是老师不用普通话教。在中国大陆、台湾、澳门特区及新加坡、马来西亚等东南亚国家的教育体制中，普通话／国语／华语都不单独设科，是在语文／国文／华文课上教的，可是香港分科教学，二者不但不能互补，反而是中文课拆了普通话课的台，比如教生字，注音工具就要用粤语那一套方案。

二是学校的教学用语、校园用语都是广东话，普通话每周仅一两节，学生在课堂上学了一丁点儿普通话别说到其他课上，就是到中文课上，立马就被广东话抵消殆尽。

三是特区政府在社会上不推广普通话，会说普通话的银行职员、酒店侍应生、酒楼服务员、商店售货员、旅行社导游员等，都是因职业需要利用业余时间，自费报读补习班习得的。在香港，家庭用语、社会用语、广播用语、影视用语、办公用语、柜台用语甚至报刊用语都是广东话，学生缺少学习和使用普通话的大环境。

正因为如此，香港的大学都开设普通话选修科，教学仍是零起点。用大学的资源开设小学的课程，讲出去都令人难以置信。外界以为香港什么都先进，如此落后之处令人不胜唏嘘。

祖国大陆和台湾地区及东南亚等国华社教育界人士，对香港中文科"广教中／粤教中"的做法，都觉得匪夷所思。2008年1月，香港三所中小学和两个语文团体联合向政府提交了《香港学校用普通话教中文建议书》，建议香港学校在10年内全面启动"普教中"（用普通话教中文），并于25年内全面落实"普教中"，即到2033年中小学都用普通话教中文。然而政府置若罔闻，反而硬性规定高中不得施行"普教中"，以免影响学生参加公开试（2012年前指中五会考和中七高考）的口试成绩。

中文教学用广东话，日常用语是广东话，加上普通话、英语等的影响，结果孕育了一种掺杂英语、日语、粤语和文言等的书面语，学界称之为"港式中文"（HongKong Chinese）。香港有位教授说，看到这样的文章，怎不慨叹"中文之衰落"，可是这类文章在香港报纸刊物上无日无之。

香港不推行简化字，中文书写用繁体字。可是特区政府教育局制定的"课程指引"里却说，"学生应掌握认读简化字的能力"。课本用繁体字，作文用繁体字，媒体用繁体字，广告用繁体字……日常生活中处处是繁体字，请问，如何培养学生"认读简化字的能力"呢？

附带说香港中文字形，也是问题多多。比如"雨"字，最后四笔不是四个点，而跟"泰"字的最后四笔一样。一位小学教师在批改学生的作业时，在"步"字下的短竖末端用红笔加了个钩。家长写信去问老师，课本上不带钩，应该以哪个为准？老师回答说，台湾是带钩的，有几部字典也带钩。笔者查了台湾出版的标准字形宋楷母稿，"步"字不带钩。香港老师所言或有所据，但以此为标准跟课本唱反调，严重误导学生。再如"秘密"之"秘"，香港以"祕"为正体，标准跟台湾一致，内地则以"秘"为正体。令人莫名其妙。

在香港，只要一提起语言规范问题，就有人振振有词地说，香港实施"一国两制"，《基本法》第136条规定："香港特别行政区政府在原有教育制度的基础上，自行制定有关教育的发展和改进的政策，包括教育体制和管理、教学语言、经费分配、考试制度、学位制度和承认学历等政策。"不错，《基本法》确实赋予特区政府自行制定教学语言政策的权力，可是特区政府千万不要忘记：

《中华人民共和国宪法》第19条规定："国家推广全国通用的普通话。"

《中华人民共和国国家通用语言文字法》第2条规定："国家通用语言文字是普通话和规范汉字。"

2013年6月5日，国务院正式公布了《通用规范汉字表》，分3级规定了8 105个汉字的标准字形。

特区政府在"自行制定"教学语言政策时，不知是否想到这些法律条文和国家标准必须贯彻执行或参照执行呢？是否想到作为国际大都会，香港的中国语文，无论口语还是书面语都应当规范化、标准化呢？"一国两制"的"两制"难道也容许香港的基础教育可以永远"语不同音，书不同文"吗？谁提"语同音书同文"就被抹红，一小撮政客将工具性的语言文字政治化。这是国际大都会香港在大数据时代应有的作为吗？

香港特区应该好好地向新加坡学习学习。新加坡将双语教育政策作为建国基石；1979年时任总理李光耀亲自发起了全国讲华语的运动，至今整整40年了，还在延续下去；新加坡引进中国的《汉语拼音方案》，并实行分词连写；新加坡采用中国的规范汉字。李光耀是新加坡国家语言整体规划的总设计师。

值此香港"再出发"之际，笔者期待特区政府把握时机，根据国家既定的语文法律法规，对香港的语言文字进行整体规划，使香港中文的教育朝着正确的方向健康发展。

（2020年5月）

新加坡华语何以自处

海外华语的故乡在中国，但在进行规范时，新加坡不能唯中国、唯《现代汉语词典》马首是瞻，应该有自己的考量。

2019年4月5日，新加坡《联合早报》和国家图书馆联合举办了一场读书报告会，由《我城我语》一书作者林恩和主讲。笔者从早报网上的新闻、图片与视频中看到，这场报告会参与者众，互动愉快，氛围热烈，盛况空前。究其原因，最主要的是讲题富有吸引力，听众参与度高，林先生跟出席者分享了自己的研究成果，并通过曾流行于新加坡的词语，为读者重构了往昔新加坡的社会风情与面貌。

词汇是社会的一面镜子。社会上出现什么新事物，立马就会在人们的语言生活中反映出来。岁月飞逝，这些词语或积淀在历史中，或仍活跃在生活中，一旦需要，翻箱倒柜或信手拈来，公诸大众，亮相当场，便可重构一幅幅历史画卷。

林先生指出，新加坡得天独厚的地理优势，使得华人移民在南洋一带的流动也以新加坡为轴心，因而各地华人使用的词语能够聚集到新加坡，为新加坡华语所吸收，大大地丰富了新加坡华语。与此同时，这些词语也从新加坡辐射到周边国家和地区，因而产生了互相碰撞、借鉴、交融的良性互动。比如乌公（hukum）、多隆（tolong）、隆帮（tumpang）、沙爹（satay）、五脚基（kaki lima）等源自马来语的新马华人用语，也为越南华人所用。这5个例子，如今都收录在2016年商务印书馆出版的《全球华语大词典》中（另见该词典新加坡版，名创教育，

2017年）。

或问，既有"罚款""帮忙""搭脚儿""烤串""骑楼底"，为什么还要用"乌公""多隆""隆帮""沙爹""五脚基"呢？规范不规范啊？笔者倒要反问一句，这样的词语需要规范吗？它们可是新加坡华语中富有浓郁地方色彩的特有词语啊！鄙意以为，此类词语，应予保留，无须规范，让新加坡华人在表达时多一个选择，多享受一点乐子。

据说还有个颇具争议的例子，就是"回教、回教堂、回教徒、回教食品、可兰经"是否需要统一规范为"伊斯兰教、清真寺、穆斯林、清真食品、古兰经"。为此，笔者得先介绍一下，中国将这些词语加以规范的原因。

1956年6月2日，中国发布了《国务院关于"伊斯兰教"名称问题的通知》。《通知》说："在我国汉民族地区，一般都把伊斯兰教称为'回教'，意思是，这个教是回民族信奉的宗教。报纸、杂志也相因成习，经常使用'回教'这个名称。这是不确切的。伊斯兰教是一种国际性的宗教，伊斯兰教这个名称也是国际间通用的名称。我国信仰伊斯兰教的除了回族以外，还有维吾尔、哈萨克、乌孜别克、塔吉克、塔塔尔、柯尔克孜、东乡、撒拉、保安等9个民族，约共1 000万人。因此，今后对于伊斯兰教一律不要使用'回教'这个名称，应该称为'伊斯兰教'。"

新加坡的国情跟中国不同，新加坡向中国倾斜，愿意采用中国所制定的标准，并无不可，关键是本国人民在感情上、习惯上能否接受。如果已经采用了"伊斯兰教、清真寺、穆斯林"等说法，也无须走回头路，不妨继续使用，因为并没有改错。大家都还记得吧，"案件""学校"的量词，新加坡曾用"宗""间"，后改为"起""所"，现在不也习惯了吗？

须补说的是"回教"。《现代汉语词典》的释义是"伊斯兰教在中国的旧称",所谓"旧称",多半指新中国成立以前的名称。"邮差""佣人""清道夫"在《现汉》中也都是"旧称",新加坡有必要改为"邮递员（投递员）""保姆""环卫工人"吗？回归后的香港和澳门特区都不改,新加坡改它则甚？要是新加坡的语言用户一致强烈要求向中国的普通话靠拢、倾斜,跟普通话趋同,那就改嘛。我想强调的是中国弃旧从新是由于制度的改变,新加坡要全面跟进,所为何来？"古兰经"《现代汉语词典》释义后括注说,"古兰"也译作"可兰",说明"可兰经"也是可用的。

走笔至此,想到durian的华文译名。《现代汉语词典》从第1版到第5版（1978—2005年）都作"榴莲"（其间还一度删除）,直至2012年第6版,"榴梿"修成正果,成为主条,"榴莲"退居副条。《全球华语大词典》,"榴梿"条已不加注使用地区了,这说明它已是全球华语的共有词了。

举这个例子是想说明：一、《现代汉语词典》以"榴梿"做主条是中国的辞书编纂者放眼全球华语,长期跟新加坡等国的华语文工作者及当地华语用户交集的结果。二、海外华语的故乡在中国,但在进行规范时,新加坡无须唯中国、唯《现代汉语词典》马首是瞻,应该有自己的考量。

《联合早报》是新加坡唯一的华文早报,它立足狮城,面向全球,在华文运用上每时每刻都会遇到这样那样的问题,而且必须立刻解决,委实不易。加之华文报肩负着提升新加坡华族应用华文能力的重任,受众的眼睛都盯着它,因而承受着巨大的社会压力。恕我直言,语言规范是国家语言总体规划内的课题,理应由国家有关部门牵头,联合全国各相关单位共同来从事这项工作。报馆不是学术研究机构,尽管自有其职责，似亦不应把担子都压在它身上。

　　新加坡华族十分关心华语文的应用，如有什么问题，都会积极投入，参与讨论，这种精神值得学习。笔者认为，新加坡华语在进行规范时，理念上应当注重科学性，讲究人性化，面向草根族，增强全社会规范意识，不断提升社会参与度，开发、利用并保护宝贵的语言资源，共同构建和谐的语文生活。在原则上，应当多边互动，求同存异，兼收并蓄，和谐包容，稳步前进。其中求同是最大公约数。此外，还要理顺几种关系：支流与主流的关系，规范与协调的关系，刚性规范与柔性规范的关系，自调节与他调节的关系，华语与方言的关系，共性与个性的关系，官方与民间的关系。所谈未必正确，敬请赐教。

（2019年4月）

强国须强语,强语助强国

2019年9月16日,没承想收到新加坡推广华语理事会的请柬,邀请我参加定于10月22日举行的讲华语运动庆典。可不是,新加坡开展推广华语运动倏忽已经40周年了。

40年前的9月7日,时任总理的李光耀主持"讲华语运动"(Speak Mandarin Campaign,SMC)开幕礼,这是一场以华人为对象,以已经实施了13年的双语教育政策为基础的长期的社会运动。

我是1984年10月应聘从香港到《南洋·星洲联合早报》工作的。在香港工作时,我曾拜读过新加坡学者卢绍昌、吴元华、冯传璜诸位先生的论著,加之与新加坡的亲友时有来往,因此对新加坡的语言状况略知一二。到狮城后,"浸濡"在新加坡人的语文生活之中,我感到犹如置身于一所语言学院,新加坡人超强的语言能力给我留下了深刻的印象。

新加坡是中国之外唯一以华语作为四种官方语文之一的独立的主权国家,也是唯一在中小学基础教育阶段实施双语教育的国家。华族学生必须学习英华两种语文。英语是新加坡各族人民的共同语,是跟全世界沟通的利器;华语是华人的共同语,是维系华人与母族文化的纽带。推行双语教育和推广华语是新加坡政府语言整体规划(Language Overall Planning)中两项最重要的举措,尤其是双语政策,它是新加坡教育制度的基石,也是建国的基石。李光耀是新加坡国家整体语言规划的总设计师。

"讲华语运动"刚启动时,政府提出的口号是"多讲华语,少说方言"。"矫枉"有时必须"过正"。从1981年元旦起,新加坡政府规定电台和电视台全面停播方言节目,连有线广播"丽的呼声"也不例外。可是华人对方言怀有恋恋不舍之情,因而对禁播方言节目十分反感。李光耀感同身受。他说:"由逻辑上看来,应有的决定是很显然的;但是在感情上,如此的选择却是痛苦的。"明知"痛苦",仍要"选择",这就是李光耀。

"讲华语运动"是新加坡政府开展的所有运动中最长寿的运动,可谓历久弥新。其特点是每个阶段有不同的目标和对象。第一个十年的目标是以华语取代方言,主要对象是蓝领;第二个十年是认识华语的历史价值,主要对象是白领;第三个十年是使讲华语成为一种时尚,以65后从小受英文教育而不大会讲华语的华人为对象。今天,17到39岁的华裔年轻人,80%能流利地讲华语了,推广华语面临的最大挑战是怎样让他们继续保持使用华语的习惯。

以前,每年10月是华语月。每逢华语月,推广华语理事会、各联络所/民众俱乐部、中华总商会、宗乡会馆、电台电视台和华文报等媒体,互相配合,推出多姿多彩的活动,全岛华社沉浸在语言的飨宴之中。1985年华语月,《联合早报》特辟"华语热线",从9月28日起,欢迎读者在每日下午2时至9时打电话询问有关华语字词句应用中的问题,管理层指定我主持"热线"。

"华语热线"启用首日,我接了145个电话,到华语月结束,共接电话2 082个。每天的"热线"打烊后,我得将当日答问内容整理成文,发表在次日的副刊《商余》上。一个月内,书面答问156个。"华语热线"满月后,接着开辟"华语信箱",解答读者来信提出的语文问题。从11月1日至翌年4月29日,"信箱"共刊出46期。同年10月4日,

"华语热线"再度推出,反应一如上年。"华语热线"为我提供了一个跟素昧平生的新加坡朋友交流的机会,我深深地感受到他们对华语华文的热爱。

我退休离开新加坡后,每天例必上早报网读《联合早报》,常在"交流站"看到读者的投书,有一个共同的主题是以现身说法证明学习华英双语的重要性。例如苏锡兴以《培养孩子 掌握双语》为题,开门见山地说:"最近在外打假期工的二女儿突然对我们说,感谢我们从小跟她说华语,现在她可以在工作上随心所欲地使用华语和英语,非常方便,同事也对她的语言能力感到惊讶。"苏先生在文末深有感触地以自己的经历印证李光耀说过的一句话:"新加坡,有学习英语的大环境,孩子能在学校学习到正确的英语;在家里,应用母语和孩子交谈,将来孩子就能掌握双语。"(新加坡《联合早报》,2019年6月24日交流站版)

"掌握双语"之所以重要,是因为语言不但是"人类最重要的交际工具",是文化的载体,而且是国家的一种资源,一种软实力。对个人来说,语言是谋生的重要本领,越高强,创造的财富越多。

新加坡已是发达国家,人均GDP(国内生产总值)达到6.4万美元,超过美日,综合国力可谓强大。但是,巡回大使许通美教授说:"许多国人缺乏第一世界人民所应具有的公民意识。""强国必须强语,强语助力强国。"要"强语"就要"掌握双语",而且不能偏废,对华族来说,不能重英轻华。这是否也应该成为新加坡人的"公民意识"呢?

(2019年10月)

新加坡华语的规范与协调

汉语是世界上使用人口最多的语言,汉语的故乡在中国。但是,在中国以外,汉语能够成为一个独立主权国家的官方语言的,只有新加坡共和国。不过,新加坡不叫汉语,而叫华语。马来语、华语、淡米尔语和英语是新加坡的四种官方语言。华语是新加坡华族的共同语,是新加坡华族身份的标志。

新加坡华语在新加坡的土壤上形成。长期以来,它很好地为新加坡华人服务,成为新加坡华人相互沟通的重要工具,也是联结新加坡华人与全世界炎黄子孙之间的纽带。新加坡华语在新加坡华人的语文生活中发展,新加坡华语的词汇跟新加坡社会同步发展,越来越丰富,越来越多姿多彩。

由于社会历史的原因,新加坡华语中产生了一部分地区性的词语,我们把它叫作地区词(或称社区词)。地区词的存在是一种普遍的语言现象,中国大陆地区、台湾地区、香港和澳门特区也有,世界其他华人社区,比如马来西亚华人社区也有。地区词打上了地区和时代的烙印,它的特点是具有浓郁的本土色彩,承载着当地族群的文化,成为族群认同的标志。

如果你听到有人在交谈中频频使用大坡、小坡、5C、怕输(惊输)、老巴刹、单选区、集选区、社理会、度岁金、拥车证(COE)、CPF、ERP、EM1、EM2、EM3、A水准、O水准等词语,就大致可以肯定他是新加坡人。还有,新加坡人习惯用烟花、锁头、大衣、乘搭、川行、必甲、罗厘、史古打、胡姬花、香口胶、脚踏车，而不习惯用烟火（焰火）、挂锁、西装、搭乘、行驶（航行）、小型货车、卡车、电动车、兰花、口香糖、自行车等词语。大坡、小坡、5C、怕输（惊输）等是新加坡特有的词语，烟花、大衣、必甲、罗厘等是异名词语。长期以来，只要新加坡的媒体上一出现名同实异或名异实同的词语，受众的脑海里就会出现"规范"的问题。

毫无疑问，新加坡华语词汇需要规范。但是我们认为，新加坡的朋友们在讨论"规范"的同时，或许还有必要考虑"协调"的问题。

我们认为，"规范"应该是在一国或一地区范围之内进行的人为地对语言使用标准的干预，它的对象是本国或本地区的共同语，对于新加坡来说，就是新加坡华语。"协调"是在国与国或地区与地区之间进行的对语言使用标准的干预，它的对象是不同国家或地区的共同语，对于新加坡来说，就是新加坡华语与中国的普通话。"规范"的目的是为了解决一国或一地区内部在用共同语沟通时所产生的问题，"协调"的目的是为了解决全球华人在用华语沟通时所产生的问题。"规范"与"协调"的出发点、运作平台与操作方法并不相同，它们所服务的对象也不一样。应当说，"规范"与"协调"反映了两种不同的语言观。

在我们看来，在对新加坡华语进行规范时，应当确定自己的原则与路向。我们认为可以考虑的原则是"趋同存异，双向互动"。"趋同存异"的意思是能跟中国普通话一致的，尽量一致，不能一致的，就各自保留；"双向互动"的意思是中新两国应该互相吸收对方的生动活泼而富有表现力的词语，以丰富自己的词汇，增强中国普通话和新加坡华语的表现力。事实上这种互动已经开始了。

新加坡华语是现代汉语标准语——普通话的区域变体，它跟现代汉语是一脉相承的。从宏观的角度看，二者没有本质上的差异；从微观的角度看,它们的差异还是存在的,甚至在某些方面还不小。由于生成的社会、历史条件不同,由于两国的国情也不相同,因此,新加坡华语跟中国普通话是不可能同步发展的,在讨论新加坡华语的"规范"与"协调"问题时,是不能唯普通话马首是瞻的。

进行词汇"协调"还涉及许多原则和方法问题,限于篇幅,不能详谈。拙文不过是表述一种观点,敬请方家指教。

(2002年12月,与郭熙合写)

同姓异拼和异姓同拼

我国官方制定的《汉语拼音方案》是1958年2月颁布施行的,至今55周年了;1973年新加坡正式采用并推行汉语拼音,用以取代注音字母,至今40周年了。光阴荏苒,当年学拼音的新加坡人如今已年过半百。

1979年9月,新加坡推行讲华语运动,汉语拼音如鱼得水,在社会上更加广泛地应用起来了。1984年10月,我初到新加坡,看到新加坡人讲华语,写简化字,用汉语拼音,感到格外亲切。

但有一事,我看在眼里,觉得十分奇怪。内子姓陈,在中国的拉丁化汉语拼音是Chen,到香港被改为Chan,到新加坡,我看到她的兄长姐妹都姓Tan。在新加坡居住的时日长起来,我对新加坡华人"一姓多拼"或"同姓异拼"现象的原因逐渐有所了解,也就见怪不怪了。

最近我读到罗健明女士撰写的题为《新加坡华人姓氏拼写法研究》的学士学位论文,先是大吃一惊,继而叹为观止!

吃惊的是把陈拼作Chen、Chan、Tan不过是根据福建话拼的3种形式,另有Chin、Teng、Tjhin 3种。如果根据潮州话、海南话、广东话、客家话和三江话拼的还有13种形式,总共19种。在拼式排行榜上居于第一位的是张姓,有49种;次为郭姓,有27种;再次为许姓,有25种;第四是谢姓,有20种;陈、蔡、曾并列第五,各有19种。

罗健明花了一年多的时间走访了新加坡185家宗乡会馆,收集到1.8万个会员的姓名;又走访了部分大学、初院和中小学,收集到1 500

个姓名。研究了这2万多个新加坡华人的姓名，作者得出了新加坡华人大约有283个姓氏的结论，然后逐一研究其方言的罗马字母拼写形式。在当今这个功利挂帅的时代，作者这种认真、科学的研究态度是值得赞扬并学习的。

无可否认，新加坡华人姓氏的罗马字母拼写形式是十分复杂、十分混乱的，然而正是这种复杂与混乱构成了新加坡人语文生活中的一道风景：本是同根生，却成两家人。

如前所述，新加坡早就引进汉语拼音了，姓氏拼写一律用汉语拼音不就统一了、规范了吗？是的。但是，政府并没有做此规定，这样的规定并不是轻易做得出的，因为新加坡华人能否接受汉语拼音的姓氏受到历史传承、认同心理、法律法规、感情因素、使用习惯等多种因素的制约。

作者还研制了一份"新加坡华人姓氏方言拼写表"，这是一份工具性资料，对查考与研究大有裨益。

罗健明的论文收编在新跃中华学术中心出版的"新跃人文丛书"之二的《新加坡华语应用研究新进展》内。在本书中，我们还可以读到研究住宅命名、熟食摊招牌、贺词、挽词等贴近社会、贴近草根一族的文章，可读性都很强。我认为新加坡需要这种研究本土语言、本土文化现象的高水准论著。

（2013年6月）

新加坡华语"没大没小"真好

新加坡致力推广华语凡40年，华语已成为新加坡华人的共同语，也是新加坡的官方语言之一。在新加坡，华语已经成为广播电视华语频道的广播用语、中小学华文科的教学用语。不谙英语的新加坡华人到政府部门办事，可选择讲华语的窗口或柜台与公务员接触，因此华语也是办公用语。

新加坡华人都会听会说华语，对不谙英语的华人来说，华语是他们须臾不可或缺的沟通工具。如果在华语前加个"大"字，说"大华语"，相信新加坡华人听了之后最本能的反应是会诧异地反问："华语还有大小吗？"

华语还有大小吗？答案是有大无小。前几年，我国语言学界提出了"大华语"的理念。"所谓'大华语'，就是以普通话／国语为基础的全世界华人的共同语。""新老华语相互接触、相互借鉴、相互吸收，逐渐形成了现在覆盖全球的'大华语'。"（李宇明：《华人智慧 华人情怀——序〈全球华语大词典〉》，商务印书馆，2016年）"在本土汉语之外，不仅要树立'大华语'的概念，还应有更大一圈的'全球华语'的理念。"（李宇明：《汉语在国际上的身份》，载《第十届海峡两岸现代汉语问题学术研讨会论文集》，第4页，2018年4月，澳门）有的专家说，"大华语"是指"以普通话为基础而在语音、词汇、语法上可以有一定弹性、有一定宽容度的汉民族共通语"。（陆俭明：《关于建立"大华语"概念的建议》，《汉语教学学刊》第1辑，北京大学出版社，2005年）

2010年商务印书馆出版的《全球华语词典》在"前言"中说："'华语'一词，早期多在海外使用，是对现代汉民族共同语的一种称说。……本词典吸纳学界的研究成果，把华语看作'以普通话为基础的全世界华人的共同语'。"笔者在拙著《时代新加坡特有词语词典》中开宗明义地说："新加坡华语是新加坡华族的共同语，它跟现代汉民族共同语——普通话只是名称不同而已，没有实质性的差别。"（前言，新加坡联邦出版社，1999年）引申开去，其他国家或地区的华语也是如此。

在华语之外生出"大华语"和"全球华语"，就李宇明教授所给出的定义来看，二者区别何在？更令人不解的是"全球华语"怎么会比"大华语""更大一圈"呢？就陆俭明教授所给出的定义来看，华语跟"大华语"有明显的差别，其差别不在于范围，而体现在语言的要素上，即"大华语"在语音、词汇、语法上可以有一定的弹性、有一定的宽容度。说白了，"大华语"就是不达标的华语，亦即中国旧时所谓"蓝青官话"（蓝青：比喻不纯粹）。说实在话，无论哪个国家或地区，教授或者学习华语，没有人不力求"达到规定的标准"，只是达标的总是少数，不达标的是大多数。如果说未达标的人讲的是"大华语"，请问达标的人讲的是什么"华语"，不会是"小华语"吧？

新加坡是个使用英语+母语的双语国家，新加坡人讲的英语大多带有地方色彩，被称为"新加坡式英语"（Singlish，新格利），张森林认为应当正视它的存在价值。笔者赞同张先生的观点，因为华语同样如此。张先生说："倘若汉语的学习与使用有所谓的'大华语概念'，英语的学习与使用也应该建立起'大英语概念'。"（张森林：《正视新加坡式英语的存在价值》，新加坡《联合早报》，2019年3月13日言论版）张先生是说"倘若"，笔者认为假如"倘若"成真，那么通晓华英双语的新加坡人就头大了。华语英语有大无小，谁讲的是"大"，谁讲的不是

"大",不是"大"的怕又不能说是"小",搞得人一头雾水。这对国际中文教育有什么好处呢?

华语是一个语种,语种按使用人口的多少可分大小,可是就某个语种本身而言并无大小之分。华语"没大没小"才好。

(2019年3月)

新加坡华语特有词语探微

新加坡华语是新加坡华族的共同语，它是现代汉语的区域变体，所以无论语音、语汇、语法，与普通话都有不同之处，正是这种差异体现了新加坡华语的特色。

本文将视角瞄准语汇中的特有词语，描述由这些词语所构成的新加坡社会的独特景象，阐述它们产生的社会条件、在人们的语文生活中的价值以及规范问题。

一、新加坡华语特有词语的界定

对"新加坡华语特有词语"，可做广义和狭义两种理解。

狭义的理解可以顾名思义，新加坡华语特有词语就是反映新加坡社会特有的事物或现象的词语。例如"组屋""5C""拥车证""度岁金""共乘德士""白兔快车""新加坡司令""华文B课程""主要翻新计划""电梯尿液侦查器"。这些词语只有新加坡才有，只通行于新加坡，是新加坡单区独用的词语。中国（包括港澳特区和台湾地区）或其他华人社区的华人初到新加坡，在同新加坡人沟通时，通常都不明白这些词语的含义。

广义的理解是除了上面所列举的单区独用词语之外，另有两类：

一类是跟中国的普通话异名同实的词语。例如东南亚国家的区域性国际组织——The Association of South-East Asian Nations（ASEAN），新加坡的华文译名是"亚细安"，马来西亚两家主要的华文报，一家用

"东协"(东南亚国家协会),一家用"东合"(东南亚国家合作机构)。请看:

(1)中国总理朱镕基、日本首相小渊惠三和韩国总统金大中,今天也受邀同亚细安首长举行"10加3"非正式峰会。(新加坡《联合早报》,1999年11月28日第4版)

(2)共有10个成员国的东合的总统(或国家主席)和总理(或首相),将在周末的一系列高峰会议上,与中国总理朱镕基、日本首相小渊惠三及韩国总统金大中会谈。(马来西亚《星洲日报》,1999年11月28日第25版)

(3)在峰会上,10个东协国家的总统与总理将在周末的系列会谈中,会见日本首相小渊惠三、中国总理朱镕基与韩国总统金大中。(马来西亚《南洋商报》,1999年11月28日第A21版)

新加坡和马来西亚都是ASEAN的成员国,两国的华文报在同一天的新闻报道中却用了三个不同的译名。这个组织,中国大陆叫"东盟"(东南亚国家联盟);台湾地区叫"东协";香港特区分两派,一派叫"东盟",另一派叫"东协"。"亚细安""东协""东合""东盟"构成一组异名同实词语。又如"普通话"(中国大陆、港澳)、"国语"(港澳台)、"华语"(新马)也是一组异名同实词语。

另一类是中国的普通话不用,但是新马两地共用,或者新马和中国的香港或台湾三地共用,或者新马与中国的港澳四地共用,或者新马和中国的港澳台五地共用的词语。例如:

垃圾虫(litterbug)——新、马和中国的港、澳、台五地共用;

得直(古汉语词)——新、马和中国的香港三地共用;

报聘(古汉语词)——新、马和中国的台湾三地共用;

巴刹——新、马两地共用。

本文所谓"新加坡华语特有词语",是按照广义的理解界定的。

由于新马两国一衣带水,唇齿相依,两国在政治、经济、文化上关系密切,交往频繁,两国的华语词语多有相同之处,因此,本文有时将新马两国并提。澳门的用词与香港多有相同之处,所以本文有时单提香港也包括澳门。

二、新加坡华语特有词语的类别

根据上述界定,新加坡华语特有词语可以分为以下八类:

1. 反映新加坡本土特有事物的词语。例如:5C、拥车证。
2. 与中国的普通话异名同实的词语。例如:乐龄、爱之病。
3. 与中国的普通话名同实异的词语。例如:财路、大字报。
4. 新马和中国港台地区通用而普通话尚未吸收的词语。例如:垃圾虫、狗仔队。
5. 新马和中国港台地区通用而普通话近年吸收的词语。例如:峰会、负增长。
6. 新加坡一直使用而普通话已消亡的词语。例如:邮差、得直。
7. 闽粤方言词语。例如:爽、大耳窿。
8. 高频的国名、地名、人名或景点、建筑物、法定机构、政党、社团的名称。例如:澳洲、乌节路、莱佛士、圣淘沙、百胜楼、建屋局、行动党、新加坡宗乡会馆联合总会。

自从互联网产生之后,网络媒体应运而生,而且日新月异。全世界华人社区的特有词语或新词新语借助网络媒体,以前所未有的速度在全球汉字文化圈内传播、流通。这种词语大交流的盛况,是任何一部工具书,甚至论文都无法及时而全面地描写和反映的。例如1997年10月,《咬文嚼字》发表了笔者的一组短文,其中有一篇叫《酷》,结尾说:

"周边国家和地区'酷'风四起,中原大地是否已经发出将刮'酷'风的天气预报?"不久,中原大地果然刮起一股强烈的"酷"风。

中国的网络事业发展得很快,境外或海外华人社区产生的新词新语经常在第一时间就为网络媒体所吸收并传播开去。2001年10月在上海举行的亚太经合组织会议期间,工商领导人举行高峰会议,20个国家和地区的领导人举行非正式高峰会议,"峰会"一词在全中国的媒体上频繁出现,使用频率之高前所未有。如果说此前仍有人觉得"峰会"一词使用起来不习惯的话,那么,此后它在普通话词汇中的地位就巩固了。其实,有眼光的语文工具书的编者早已将"峰会"收编进词典了。(郭良夫主编:《应用汉语词典》,商务印书馆,2000年)

上述第四类随时可能被普通话吸收而转入第五类。第五类只包括近年才被吸收的词语,例如"峰会""负增长";几年前就被吸收的词语,例如"公关""卡拉OK"等不包括在内。四、五两类划分的主要依据是某个词语在中国大陆的流行度,而不是以词典是否收录为据。流行度偏低或过低者归入第四类,如"同志"(指同性恋者)、"哈日";流行度较高者归入第五类,如"双赢""作(做)秀"。

三、新加坡社会的一道风景线

新加坡华语语汇中的特有词语构成了新加坡社会的一道风景线。接触新加坡,走进新加坡,认识新加坡,了解新加坡,融入新加坡,都不能无视或忽略这道风景线,或者可以说,这道风景线是个最佳的切入点。著名社会语言学家陈原说:"社会生活任何变化,哪怕是最微小的变化,都会或多或少地在语言——主要在语汇——中有所反映,因为语言是社会生活所赖以进行交际活动的最重要的交际手段。"陈原提出要透过语言中最敏感的部分——语汇,去探究社会生活的图景和变化。

（陈原：《社会语言学》，第176页，商务印书馆（香港），1984年）

那么，在这道风景线上，人们可以看到新加坡社会的哪些独特的景象呢？

（一）社会结构形态独特

新加坡政府是民选的政府，依法换届举行大选，是新加坡人民政治生活中的头等大事。在2001年11月3日举行第10届大选前，新加坡全国划分成23个选区，其中单选区9个，集选区14个，集选区又分成5人集选区9个，6人集选区5个。所有的选区原本划分成9个社区，由社区发展理事会（社理会）领导。同年11月11日，吴作栋总理宣布把9个社区发展理事会归并成5个，并委任全职的市长（mayor）来领导。这5个社理会按地区划分为东北、东南、西北、西南和中区。基层则设隶属于人民协会（人协）的居民委员会（居委会）、民众联络所（有的称民众俱乐部）、公民咨询委员会。

新加坡的国家领袖在总统、总理之下还有内阁资政之设。内阁资政是英文senior minister的意译，原译高级部长，后定名为内阁资政。内阁资政只有一位，就是李光耀，新加坡人大多尊称他为李资政。

资政是中国古代的官职，已经成为历史词了。新加坡华语赋予"资政"新的内涵，古为今用，不失为一种创造。

因政区划分和官职的设置与命名而产生的一系列特有词语——单选区、集选区、社理会、人协、联络所、公民咨询委员会、市长、资政，使外国人大体上可以看出一个国际海港城市国家社会结构形态的独特之处。走进新加坡，当听到或看到"市长"这个词的时候，你可不能把它跟中国的或多数国家的"市长"做相同的理解。新加坡的"市长"大体上相当于中国城市中的"区长"或"街道主任"，是个跟中国的普通话名同实异的词语。

（二）各族人民和谐共处

新加坡是个多元民族的国家。各族人民一律平等、彼此尊重、和睦共处是新加坡政府坚定不移的国策。新加坡的国家领导人深信，确保由多种语言、多种文化、多种宗教组成的社会团结一致，是使得自己的国家刚强勇猛、干劲十足、无往而不胜的重要条件。因此，对任何有损民族和谐、民族团结的言行，新加坡政府是决不容忍，决不等闲视之的。

2001年美国发生"9·11"恐怖袭击事件后，新加坡总理吴作栋很担心新加坡的社会凝聚力受到冲击，于是指示人民协会发动全国各区的公民咨询委员会，在所属的选区设立"族群互信圈"。

"族群互信圈"是政府在民间设立的一个新的机制，旨在鼓励各族人民多交往，增进彼此的感情和信赖。"族群互信圈"由选区里的各族人民、各种宗教与教育或商业组织的领袖组成，通过各种有助于促进相互交往与沟通的方式，进一步团结起来，共同维护并增进新加坡社会的和谐。

2002年初，新加坡政府又成立了一个"改造新加坡委员会"，下设五个小组委员会，其一便是"族群融洽小组委员会"。这个小组委员会的任务是探讨如何维持种族和谐与宗教和谐；探讨新加坡人在追求高尚俱乐部的会员证之余，是否应同其他阶层的同胞来往；探讨新加坡人在深受全球各种思潮和宗教活动的影响下，是否还能以国家的利益为重；探讨新加坡如何在保留传统民族文化和建立认同感之间取得平衡。

解读"族群互信圈"和"族群融洽小组委员会"，就不难了解新加坡政府为维护各民族的团结是不遗余力的。

（三）居民住宅美轮美奂

新加坡从自治到1965年8月9日宣布退出马来西亚独立建国以来，

人民行动党政府一直致力于住房建设。新加坡特有的词语"组屋",就是政府为人民建造的住宅。

组屋有一房式、二房式、三房式、四房式、五房式、公寓式,此外,政府还建造了中等入息公寓、乐龄公寓、执行共管公寓。申请各种类型的组屋或公寓,以家庭收入为主要条件,辅以其他条件。政府建造各类组屋都给予津贴,因此售价比地产商所建造的便宜得多。现在,将近90%的新加坡人住进了政府所建造的组屋。

1989年7月,新加坡政府推出"主要翻新计划",翻新屋龄在17年以上的组屋;1993年11月,推出"中期翻新计划",翻新屋龄已有10至17年的组屋。经过翻新的组屋,实用面积增加了,公共设施改善了,周边环境美化了,"组屋区"旧貌变新颜,接近甚至超过私人公寓。放眼新加坡的新组屋区,一座座款式与色彩不同的组屋鳞次栉比,美轮美奂,令人油然而生羡慕之情。

新加坡的地产商或私人所建造的住宅,有"共管式公寓""共管式排屋""聚落式排屋""独立式洋房""半独立式洋房""排屋",名目跟中国大陆也不一样。

全世界住宅的形式大同小异,但是名称各不相同。新加坡所谓"组屋区"相当于中国大陆的"小区"或"新村",新加坡所谓"组屋"相当于中国香港地区的"公屋"和"居屋",或中国台湾地区的"国宅(国民住宅)"。

只要看一批跟住宅或住宅建设有关的词语——组屋、组屋区、白色组屋、×房式组屋、公寓式组屋、乐龄公寓、执行共管公寓、中等入息公寓、排屋、共管式排屋、聚落式排屋、共管式公寓、独立式洋房、半独立式洋房、主要翻新计划、中期翻新计划,并进而了解它们的含义,即使没有到过新加坡,人们也不难想象新加坡人是幸福的,他们的居住条件,在亚洲是首屈一指的。

(四)道路畅通代价高昂

凡是到过新加坡的人,都称道新加坡交通顺畅,极少堵塞。如果你有兴趣进一步了解个中原因,新加坡人会告诉你,他们付出了高昂的代价。

新加坡政府认为,保持全国道路畅通是吸引外资和游客的重要条件之一。在曼谷和台北乘车,常为堵车所苦。车行途中,进退两难,浪费时间,耽误工作。新加坡政府把控制车辆增加的数量,当作保持道路畅通的重要举措之一。经过不断的实践,新加坡政府终于想出了一个限制机动车数量增加的办法,那就是实施"拥车证"制度。

"拥车证"(certificate of entitlement,COE)又称"购车证",它是购买各种类型的汽车和摩托车的凭证。凡是要买新车的人,都必须在当局规定的日期内按照所划分的组别,用投标的方式申请"拥车证",每月一次。各种车辆的"拥车证"都有一定的限额,而中标价格随市场供求关系浮动。例如1997年12月份,"拥车证"价格全面下调,有的组别中标价格比11月份减少了12 464新元。即使如此,一辆1 601—2 000cc的轿车,中标价格仍旧高达64 100新元。付了这笔钱,所得到的仅是一纸买车凭证,在别的国家或地区,用这笔钱买一辆新车都绰绰有余了。"拥车证"的有效期为10年。10年后,即使车子还是新的,也必须更新"拥车证",当然又得花钱了。在新加坡,"拥车证"或COE已经成为人们永远的话题。

另一个重要的举措是实施"公路电子收费制"(electronic road pricing,ERP)。这是一种自动化的道路收费制度,任何车辆行经规定的道路都必须缴费。因为新加坡许多交通要道都实行"公路电子收费制",所以所有车辆都必须安装"阅卡器",驾驶机动车的人还必须备一张供缴费用的"现金卡"(储存了现金的卡片)。

全世界只有新加坡实行"公路电子收费制",在机动车上安装"阅卡器"当然也只有新加坡才有。笔者认为,新加坡交通顺畅,主要靠实行"拥车证"和"公路电子收费制"。前者有效地控制机动车增加的数量,后者有效地控制公路干线上机动车的流量。新加坡人为"拥车"付出了高昂的代价,却换来了交通的顺畅。

(五)公共交通便捷舒适

个人买车的代价那么高,大多数人承受不了。因此,政府必须大力发展公共交通事业。新加坡的公共交通是十分发达的。单就巴士来说,名目之多,令人叹为观止。

公共汽车按车型分,有超级巴士、超长巴士、双节巴士(又称特超长型双节巴士)、音乐巴士和无梯级巴士。按服务方式分,有主干巴士、支线巴士、短程巴士、循环巴士、镇联巴士、机场巴士、速运巴士、半快速巴士、冷气巴士、白兔快车、午夜巴士(夜巴)、夜猫巴士。此外还有旅游巴士、学校巴士、电脑巴士、康疗巴士、电动巴士;小型的公共汽车有豪华小巴、机场邻里服务(airport proximity service,为靠近机场的居民提供的一种服务,用只有12个座位的小型巴士载客,并且只在星期五至星期日和节日晚间才行驶)。

出租车有德士(taxi)、豪华德士、马赛地豪华德士(Mercedes taxi-plus)、马赛地大型豪华德士(三排七座位宽体出租车,MaxiCab)、伦敦德士(London cab)、共乘德士(share a cab)、首选德士(premier taxi service)。新加坡河上有"水上德士"(小型的机动船)。

除公共汽车和出租车外,新加坡还有地铁和轻轨(轻轨铁路,香港简称"轻铁"),都实行自动化管理,由此又生出相关的词语,如易通卡、通联车资卡、财路车资卡、自助车资卡发售机。

从 2002 年 4 月 13 日起，新加坡全面推广利用磁感应科技的免接触智慧卡"易通卡"（EZ-Link），此卡公共汽车、地铁和轻轨通用，使用起来更加方便。"易通卡"大体上相当于香港的"八达通"（octopus），不过它目前用途没有"八达通"广泛，将来据说可集七十多种用途于一卡。

跟公共汽车服务有关的词语有鉴票机（又称"通票机"）、巴士专用道、先进巴士优先系统（advanced bus priority system）、电子乘车指南（electronic travel guide）、巴士道执法摄影系统。跟出租车服务有关的词语有德士传召终端机（taxi order terminal）、卫星传召德士系统（satellite tracking system）。跟公路交通管理与服务有关的词语有红灯左转（left turn on red, LTOR）、绿波计划（green link determining system，又称"绿波交通灯计划""绿讯交通协调系统"）、卫星扫描交通系统、高速公路监察与提示系统（俗称"公路电眼"）。

笔者认为，最值得称道的是公共汽车和出租车，名堂那么多，这种景象在别的国家或地区是看不到的。

（六）年青一代期望日高

大约 1995 年，新加坡出现了一个字母词——5C。这是个用阿拉伯数字和英文字母构成的简称。（刘涌泉：《谈谈字母词》，《字母词词典》，上海辞书出版社，2000 年；汪惠迪：《新加坡华语字母词语用简论》，新加坡《联合早报·星期刊》，2000 年 8 月 6 日、13 日论坛版；汪惠迪：《欢呼"字母词"时代的来临》，人民网，2002 年 2 月 22 日观点版；汪惠迪：《信息时代的产物——字母词》，新加坡联合早报网，2002 年 3 月 2 日言论版）

5C 一出现，立刻成为人们广泛议论的话题，因而很快就成为社会流行语。5C 指的是 career（事业）、cash（现款）、credit card（信用卡）、

car（汽车）、condominium（共管公寓中的一个单位）。

1996年7月14日，当时担任新闻及艺术部部长兼贸工部第二部长的杨荣文准将，在人民行动党（新加坡的执政党）举行的时事座谈会上发表演说，他也提出一个5C。这个5C是character（品格）、culture（文化）、courtesy（礼貌）、community（社会）、commitment（献身精神）。杨荣文认为新加坡人不能只追求物质的5C，必须把它跟精神的5C结合起来，新加坡才能成为一个"阴阳调和"的社会。部长强调，成为一个"阴阳调和"而不是"阴阳失调"的社会，是新加坡的治国目标。

虽然杨荣文准将也提出了一个5C，但是在日常生活中，新加坡人谈论5C时，所指都是物质的5C。

2002年2月，由年轻人组成的"改造新加坡委员会"又提出了一个5Cs。5Cs指的是理想的职业（careers）、共管公寓（condos）、私人俱乐部会员证（clubs）、信用卡（credit cards）和汽车（cars），有人指出这是新加坡研究社会学的人为描绘新加坡人的"新加坡梦"而硬凑出来的。

是自然产生的也好，是硬凑的也罢，笔者认为5C和5Cs本质上并没有什么区别，但是，都真实地反映了新加坡人，尤其是年青一代对未来生活的憧憬。5C和5Cs是新加坡人毕生想圆的梦。追求高素质的美好生活，在发达国家，在经济发展名列前茅的发展中国家中，是一种普遍存在的社会现象。

（七）关怀分享温暖处处

新加坡在总理李光耀和吴作栋的领导下，经过30多年的努力，终于富强起来，成为亚洲最富有的国家之一。国家累积了财富，在经济不好的年头，为了纾缓民困，政府就主动采取适当的方式帮助人民渡过难关。

2001年，全球经济不景气，美国发生"9·11"事件后，新加坡也受到不小的冲击，失业率上升，国民经济出现负增长。于是政府在同年10月16日宣布发行27亿新币的"新新加坡股票"（New Singapore Shares），分配给人民。全国有210万人获配股票，每人可得200—1 400股（每股一元）不等，最多可获配1 700股。从发行之日起的一年内，新加坡人随时可以将自己所分配到的股票的一半卖给政府套现。新加坡政府之所以规定不让人民在一年内把股票通通卖掉，是为了鼓励他们把股票保存起来，长期持有，因为政府每年至少派发3%的股息，如果年景好，派息高达13%。

新加坡政府发行"新新加坡股票"之举，是表示要同人民分享国家的财富，惠及全国人民。这种举措在亚洲是史无前例的。这是在面上。在点上，新加坡也有许多举措足以体现社会对少数弱势群体的关怀。

新加坡虽富，却不奉行福利主义。残疾人、年老体弱贫病交迫者、低收入家庭或单亲家庭等比较不幸的一群人（大体相当于中国所谓"弱势群体"），都会受到社会的关怀，得到程度不等的照顾。

"度岁金"可以说是个充满温馨的新加坡特有词语。它是指在农历岁暮发给老人的红包，内装现金三五十元或一百元不等。因此在旧历年底，老人们就四处奔走，忙着领取红包。

给老人发度岁红包，在新加坡已经成为一种传统。据说，这个传统是邵氏基金首创的，始于1948年。起初是每年在大世界和新世界游艺场分发实物，后来考虑到老人们行走不便，就改发红包。现在，发放度岁金的多半是基金会、慈善团体、宗乡会馆、行业公会、寺庙善堂等。2001年是最近这二十年中新加坡年景最差的一年，可是在2002年春节前，度岁金像往年一样照常发放。

"公益金"是一个跟关怀与分享关系最密切的特有词语。中国的普通话里也有"公益金",跟新加坡的"公益金"名同实异。新加坡的"公益金"有两个意思:一指隶属于新加坡国家福利理事会的中央筹款机关,一指由这个机关筹募的钱。

"公益金"成立于1983年,负责筹募、管理、分配公益金。它的主要筹款方式是在雇员中推行"分享计划"(social help and assistance by employees,SHARE),凡参加者,雇主可按月从他们的薪水中扣除认捐的钱,转交给"公益金"。此外,它还采用"企业捐款"(corporation donations)、"特别活动"(special events)等方式筹款。

直接为低收入家庭或单亲家庭服务的有"家庭服务中心"(family service center)。这是个为有需要的家庭提供辅导或援助性服务的义务性机构。它所提供的服务有辅导、援助、进行家庭生活教育、招募并培训义务工作者(义工)、设立玩具室图书室青少年活动中心、组织户外活动等。

"家庭服务中心"是团体或个人自愿开办的,政府资助90%的基建费和50%的日常开支。新加坡全国有30多个这样的机构。中国的普通话里没有这样的词语。

提倡关怀与分享,已经成为新加坡的国策之一。

(八)蕉风椰雨风情万种

新加坡临近赤道,地处"南洋",与印尼和马来西亚相邻。当地土著是马来人,华人都是中国南方沿海诸省的移民及其后裔。马华两大民族在长期共处与频繁交往中互相影响,马来语和华语语汇在互动中得以丰富与发展。在8部印尼语和马来语词典中,有的学者查出汉语借词511个,初步发现,其中闽南方言借词至少有456个,占全部汉语借词的89.2%。(孙远志:《印度尼西亚语发展史》,第112页,北京大学出版社，1992年）与此同时，华语语汇也吸收了不少与日常生活关系密切的马来语词语。

华语吸收马来语词语的方式以音译为主，因此新马华语中有许多音译的马来语借词。例如：峇峇（baba）、娘惹（nonya）、甘榜（kampung）、惹兰（jalan）、罗弄（lorong）、峇迪（batik）、宋谷（songkok）、纱笼（sarong）、卡峇雅（kerbaya）、叻沙（laksa）、隆冬（lontong）、乌达（otak-otak）、罗杂（rojak）、沙爹（satay）、那西罗马（nasi lemak，意译为"椰浆饭"）、浆绿（chendol）、摩摩喳喳（bubur caca）、榴梿（durian）、亚森（asam）、峇拉煎（belacan）、奎笼（kelong）、巴刹（pasar）、巴刹马兰（pasar malam）、加龙古尼（karang guni）、隆帮（tumpang）、乌公（hukum）、多隆（tolong），等等。

有些词语是按照汉语的构词法构成的。例如：山龟、山竹、山芭、浮脚屋、捞鱼生、肉骨茶、大日子、红头巾、红毛丹、华巫印、华校生、英校生、香蕉人、土生华人、七月歌台等。

有些词语是按照音意兼译的方式构成的。例如：五脚基（lima kaki）、巴冷刀（parang）等。

这些词语跟新加坡人的日常生活关系密切，反映了新加坡风土人情的方方面面。例如"捞鱼生"是新加坡华人春节期间的一种习俗。"鱼生"的主料是用白萝卜、胡萝卜、番薯、海蜇切成的丝，配料有瓜英、红姜、橘饼、佛手、糖冬瓜等将近20种，另加用新鲜的西刀鱼、三文鱼或金枪鱼切成的薄薄的鱼片，全部存放在一个大的盘子里。吃之前，大家先把主配料和鱼片一齐捞起又抖落，重复再三，并一面用粤语喊着："捞起！捞起！""捞鱼生"从正月初一开始到元宵节结束，为时半个月。在这半个月中，举家到餐馆用餐，或者宴请亲友，"捞鱼生"是一道不可或缺的菜，也是一种不可或缺的节庆习俗。

又如"七月歌台",是指为庆祝中元节而举办的露天演唱会。这种演唱会从农历七月初一开始到三十结束。在这一个月当中,新加坡全国各地,每晚都有好几台演出同时进行。舞台临时搭在露天的空旷地带,不收费,而且演员可以用闽、粤、潮、琼等方言或马来语、英语等演唱,主持人讲话时,也是华语、英语、马来语、福建话、广东话等掺杂在一起,极尽娱乐观众之能事。因此,反应十分热烈,往往人山人海。这是新加坡一年一度特有的民俗文化景观。

(九)白璧微瑕美中不足

新加坡虽以法治严厉著称,但是,在这个美丽的花园城市中,仍然可以看到一小撮人丑陋的一面。"路霸""劳改""垃圾虫""大字报""电梯尿液侦查器"等词语反映了新加坡社会的负面现象。

"路霸""劳改""大字报"跟中国的普通话名同实异。

"路霸"(road bully)是指在驾驶汽车途中因与人发生争执而出口伤人甚至动武的人。驾驶汽车时与人发生争执多半是由于车子互相抢道,或者红灯转绿时前边的车子起步较慢,后边的不耐烦起来,又或者是行人与车子争先。其实这些都是小事,只要互相礼让或容忍,是不会发生争执的。可是,有的人竟然下车谩骂甚至动武。有个"路霸"因将人打伤而被判处徒刑一年,鞭笞三下,并赔偿伤者5 000新元。中国的"路霸"常与"车匪"并提,是指在公路上拦截抢劫的匪徒,比新加坡的"路霸"凶悍、心狠手辣得多。

中国普通话里的"劳改"是"劳动改造"的简称,被强制实行劳改者是依法判处徒刑并具有劳动能力的罪犯。新加坡的"劳改"(corrective work)是对"垃圾虫"(litterbug,乱丢垃圾者)的一种惩罚。

在新加坡,乱丢垃圾本来是罚款就可以了事的,但是光罚款还是起不到足够的阻吓作用,有的"垃圾虫"似乎很阔气,不在乎罚款。因此，新加坡政府于1993年2月正式实施"劳作悔改令"（Corrective Work Order，又称"劳改法令"），1999年5月4日又通过了修订的法案，加重了惩罚。根据这个法令，凡乱丢垃圾而被执法人员逮住者，除罚款（最高为新币5 000元）外，另处以劳改3至12小时。被惩罚者通常是10人一组，穿着印有Corrective Work Order字样的橙色背心，在执法人员的监督下，到公园、居民住宅区等公共场所做清洁工作。现在，被罚进行劳改的"垃圾虫"多数是年轻人。

中国普通话里的"大字报"是20世纪50年代中期反右斗争和60年代中后期"文革"运动中使用频率很高的一个词语，"文革"中的"大字报"是"四大"武器之一，1982年，由法律规定，明令取消。台湾地区也有"大字报"一词，是指"摄影棚内排演时用来提醒台词儿的有字的大纸"。（郭良夫主编：《应用汉语词典》，商务印书馆，2000年）

新加坡的"大字报"是英语10cm by 15cm notices的意译，是一种讨债告白。如果向非法放高利贷者（大耳窿）借了钱而逾期不还，"大耳窿"就派他的手下到欠债人的住处或工作地点附近张贴行文颇为粗俗的讨债告白，故意难堪债户，逼他们从速还债。这种讨债告白其实只是一小张而已，比当年中国的"大字报"小得多，但其作用或效果颇有相似之处。有时"大耳窿"连纸都不用，直接用油漆喷在墙上或电梯内。在新加坡的居民住宅区，时常可以看到这种"奇景"。香港也见有人用"大字报"，是指私人张贴的告白，却未必是讨债，也只是一小张而已。

"电梯尿液侦查器"（urine detector）是安装在电梯中的仪器，功能是侦查在电梯里随"梯"小便的人。当有人在电梯里小便时，仪器感应到尿味后警铃大作，梯门紧闭，无法打开，不久执法人员闻讯而来，"梯"中捉鳖，并将随"梯"小便者控上法庭，一旦定罪，罚款最高为新币2 000元。新加坡竟然还有这样的事情，是外人万万想不到的。

四、特有词语造词的创意性

有些特有词语在造词时不落俗套,颇有创意。下面重点分析几个例子。

【乐龄】"乐龄"(senior citizen)指"老年"或"老人""老年人"。它以"乐"代"老",而"乐"有"快活""安乐"的意思,一个人能活到"快快活活安安乐乐的年龄",该是多么幸福啊!

人在年轻的时候喜欢扮成熟,大约是怕人家说"嘴上没毛,办事不牢"。及至进入老年,却忌讳起"老"来了。"乐龄"一词的巧妙之处便在于,在造词的时候顾及语言用户的心理感受和承受能力,避开了"老"字。从这个意义上来说,"乐龄"是个婉词。"乐龄"的出现,凸显了新加坡"造词仓颉"的创意性。

据说"乐龄"一词产生于20世纪70年代末,当时新加坡第一个老人活动中心在惹兰勿刹(Jalan Besar)茂德路(Maude Road)成立,首次采用"乐龄中心"这个名称,从此便用开了,至今已经有20多年的历史了。由"乐龄"衍生出来的词语有"乐龄村""乐龄周""乐龄大学""乐龄中心""乐龄公寓""乐龄俱乐部""乐龄关怀合作社""乐龄服务综合中心"等,而且仍在繁衍之中。

新加坡并不是不用"长者""老年""老人""老年人"等词语,但是,"乐龄"的使用频率最高。新加坡人既然创造了"乐龄",就以"乐龄"为"最爱",这是十分自然的事。

1999年是International Year of Older Persons,新加坡华英对照的双语海报上的华文翻译是"国际乐龄年",香港译作"国际长者年",台海两岸译作"国际老人年"。新加坡和中国香港都巧妙地回避了"老"字,但"长者"是通用词语,"乐龄"则是新加坡特有的词语。

【客工】香港把雇用的外国或外地劳工叫作"外劳"。"外劳"

的"外",既指外国,也指外地(主要是内地)。新加坡也用"外劳"(foreign labour),但是"客工"(guest worker)的使用频率比"外劳"高。新加坡所谓"客工"是指来自国外,从事体力劳动的工人,不包括从海外聘请的专才。

"客工"的"客",主要含义是"外来的""非本地区的",但是,"客"也指被邀请的人,跟"主"相对。因此,人们从"客"字中可以看到,新加坡人对帮助自己建设家园的外国工人的一份尊重。

【爱它死】"爱它死"是Ecstasy的音译。英语ecstasy可作狂喜、入迷、销魂、精神恍惚、兴奋若狂等解释,1986年进入美国俚语,用来指一种叫作"甲二基甲苯丙"的迷幻药(Methylene dioxymethamphetamine, MDMA)。《朗文当代英语词典》(1995)收 Ecstasy,并以大写字母开头。Ecstasy也叫"摇头丸"(新马、中国大陆、香港),"忘我""阿当""迪斯哥饼干""灵魂出窍迷幻药"(香港),"灵魂出窍"(中国大陆),"幻乐丸"(马来西亚),华文名称极不统一。新加坡采用音译,并用了"爱它死"三个字,几可望文生义。

【可亲它】"可亲它"是猫名,马来语Kucinta的音译。Kucinta原义一语双关,一是"吾爱吾猫",一是"我们都爱猫"。"可亲它"原名"新加坡拉猫"(Singapura Cat),是新加坡的"旅游大使"。

他如榴梿(durian)、胡姬(orchid)、空霸(air rage)、浸濡(immersion)、资政(senior minister)、按通(automated traffic offence management system, ATOMS)、快熟面(instant noodles)、克他命(ketamine,香港叫"K仔")、有力马(Uprima),无论音译意译,也都颇富创意。

五、特有词语产生的社会条件

"社会的需要就是语言的生命线,语言随着社会的需要而产生;随着社会需要的扩大、复杂化而改善自身、完备功能；也随着社会需要的减少、消失而逐渐死亡。""语言只存在于社会对它的使用中。"（陈松岑：《语言变异研究》，第14页，广东教育出版社，1999年）因此，新加坡特有词语产生的社会条件必须到它产生与赖以存活的社会中去探索。

（一）社会形态独特

英国人莱佛士勋爵（Sir Stamford Raffles）为了替东印度公司（East India Company）开辟新的商贸根据地，奉命率领一支船队从槟榔屿（Penang）南下，于1819年1月28日抵达新加坡海域。他在考察了附近的岛屿之后，翌日便登上新加坡本岛。自从莱佛士踏上新加坡的土地后，这只沉睡的狮子苏醒了。1824年8月2日，柔佛苏丹胡申和天猛公阿都拉曼与东印度公司派驻新加坡的官员克劳福（John Crawford）签订条约，英国人以金钱换取权力，规定苏丹和天猛公放弃对新加坡的统治权。从此，新加坡完全沦为英国的殖民地，掀开了近代史上崭新的一页。

新加坡开埠30年，即1854年，英国的博物学家窝雷斯（Alfred Russel Wallace）到新加坡考察。从1854年至1862年的8年中，窝雷斯曾多次到过新加坡，在他的眼中，新加坡是怎样一片景象呢？窝雷斯说：

对于从欧洲来的旅行家，比新嘉坡市同岛更为有趣的地方实在很少，因为这新嘉坡光怪陆离，有复杂的东方民族，有分歧的宗教同生活方式。官吏、驻防军及主要商人是英国人；而大宗的人口却是中国人……土著的马来人通常都做渔夫同船夫……又有麻剌甲的葡萄牙人做着一大宗的店员同小商人。印度西部的克林族（Klings）在此设立无数回教徒的团体；他们同许多阿剌伯人都做着小商人同小店主。马夫同洗衣工都是孟加拉人，又有一小群极可敬的帕栖商人。此外有多数爪哇人的水手同家佣,又有从西里伯巴里及其它岛屿来的商人。港口内拥挤着军舰同欧洲许多国的商船,并好几百的马来"普牢船"(Praus)同中国海船,上自几百吨的大船,下至小渔船同搭客舢版;而市上又包含着美丽的公众建筑同教堂,清真寺,佛殿,中国神庙,欧式美屋,伟大栈房,古怪的克林同中国商场,以及郊外许多长排的中国人同马来人的村舍。(《马来群岛科学考察记》,第29—30页,吕金录译,商务印书馆(台北),1966年)

窝雷斯的描述告诉我们,新加坡开埠后,很快就吸引了周边国家或地区的移民,成为一个开放性的社区。英国人、中国人、阿拉伯人、印度人、孟加拉人、帕栖人、爪哇人纷纷来到这个小岛,同原住民马来人一起经商垦殖,生息繁衍,不过30年的工夫,就呈现出一片生机勃勃、欣欣向荣的繁荣景象。到1860年,新加坡的人口已经增加到80 792人,华人占了总人口的61.9%,马来人和印度人分别占13.5%和16.05%,其他种族(包括欧洲人)占8.5%。根据记载,在莱佛士登陆的时候,新加坡大约只有30个华人。(纽博特:《马六甲海峡的英国殖民地》(1839年),转引自宋旺相《新加坡华人百年史》,第5页,新加坡中华总商会,1993年)

《联合早报》2000年9月1日报道,新加坡统计局于2000年8月31日公布的"2000年全国人口普查"的主要数据显示,在650平方公里的国土上,新加坡的总人口为4 017 733人,其中定居人口(新加坡公民和永久居民)为3 263 209人,外来人口为754 324人(不含游客和过境者),外来人口几乎占定居人口的四分之一。这个事实表明,新加坡已经成为一个国际大都会。在定居人口中,华人占76.8%(约为250万人),马来人和印度人分别占13.9%和7.9%,其他种族占1.4%。官方语言有马来语、华语、淡米尔语和英语四种。马来语是国语,英语是各族人民的共同语,也是政府的行政用语。这个事实表明,新加坡是个多元民族、多元语言、多元文化的国家,新加坡社会是个多元的结构系统。新加坡的人口密度,每平方公里将近6 000人。在新加坡,人们一方面感到生活在一个独立的国度里,另一方面又感到不过是生活在一个大城市之中。这个事实表明,在新加坡,多种语言的碰撞势必十分频繁,因而词语互动、渗透的现象势必十分普遍,不像幅员辽阔的国家那样会受到高山大野的阻隔。

新加坡社会结构的独特性是特有词语产生的最基本的社会条件。

(二)巫语、英语渗透

如上所述,新加坡是个以华族为主体的各族人民和睦共处的城市海岛国家。新加坡的华族大多是中国南方沿海诸省的移民及其后裔,他们来到这个新的地方,跟土著马来族朝夕相处,共同开发这片富饶的土地,建设自己的家园。在共同的生产活动中,互相接触,互相影响,通婚繁衍,马来语(巫语)对汉语的影响与渗透就不可避免了。

新加坡这只沉睡的雄狮,是在英国人莱佛士们的怀抱中苏醒过来的,直到1959年6月3日,英国殖民地当局才被迫同意新加坡成立自治邦,实行内部自治。1963年9月,新加坡加入马来西亚,1965年8月9日退出,独立建国。殖民者的语言——英语一开始就凌驾于马来语、汉语方言和淡米尔语之上,一个多世纪下来,它的地位至高无上,基础坚如磐石。在殖民地时代,英国人鲜有学汉语方言的,但是,华人为了出人头地,必须努力学习并掌握英语。

马来语和英语对华语长期影响的必然结果是,华语从马来语和英语中吸收了大量的词语,因此华语特有词语好些是从马来语或英语中吸收的。仔细观察今天新加坡华人的语文生活,不难发现英语对华语的影响大大超过了马来语对华语的影响。展望将来,这种情形有过之而无不及。

在新加坡,许多新事物是用英语命名,然后翻译成华语的,有些词语在语言转换的过程中明显地留下了翻译的痕迹。例如"经典汽车"译自英语classic car,单看华文译名,外国人很难想象它是一种怎样的交通工具。又如"高速公路监察与提示系统"译自英语expressway monitoring advisory system,"全国紧急事故心理应变系统"译自英语national emergency behaviour management system,前者用了11个字,后者用了12个字,称说、记忆与使用颇为不便。这种现象在新加坡华语中并不少见,而在中国的普通话词汇中是罕见的。

(三)中国制度转型

1949年10月1日,中华人民共和国成立,神州大地发生了天翻地覆的变化。

语汇是社会的一面镜子。社会的巨变很快在语言的语汇中得到反映,那便是不适应新社会、新制度需要的词语淡出人们的语文生活,进入历史。尤其是那些显示地位高低贵贱的词语,例如"邮差""听差""佣人""车夫""清道夫"等,同新制度的社会价值观格格不入,它们从人们的语文生活中消失了。"邮差"们在中国无法生存了,却依然活跃在新加坡人的语文生活中,直到如今。

中华人民共和国成立后,"邮差"已为"邮递员"(又称"投递员")取代。现在,新加坡人只有在唱卡拉OK《草原之夜》的时候才会口吐"邮递员"三个字,平时都用"邮差"。"听差"已为"服务员"或"勤杂工"取代,新加坡用"杂工""杂役""工人"或"勤务员"。"车夫"已为"司机"取代,新加坡还见用"车夫"。"佣人"(女性)已为"保姆"或"阿姨"取代,新加坡仍用"女佣"。"清道夫"为"清洁工人"取代,新加坡还见用"清道夫",不过使用频率较低,多半用"清洁工人"。

还有"报聘""得直""卤获""人妖"等文言词语,普通话也不用了。"报聘"已为"回访"取代,"得直"已为"上诉成功"取代,"卤获"已为"破获"取代。至于"人妖",须略加说明。

《汉语大词典》"人妖"有两个义项:①人事方面的反常现象;人为的灾祸。②旧指与正常人不同的怪异的人。如伪装异性或有生理变态的人。《南史·崔慧景传》就记载了一个东阳女子伪装异性的故事:"东阳女子娄逞变服诈为丈夫,粗知围棋,解文义,遍游公卿,仕至扬州议曹从事。事发,明帝驱令还东。逞始作妇人服而去,叹曰:'如此之伎,还为老妪,岂不惜哉。'此人妖也。"

改革开放前,"人妖①"在普通话中偶尔还用,"人妖②"已经从人们的语文生活中消失了。但是,改革开放后,"人妖②"复活了。虽然中国本土没有"人妖",但是,中国人民到新马泰旅游时,耳闻目睹了"人妖",于是"人妖"一词出现在口语中或媒体上。在新加坡,"人妖②"一直使用,并未经历"存在—消失—复活"这样一个语用的转变阶段。

如前所述,新加坡华语是现代汉语的区域变体,母体国家制度的转型促使语用出现分化现象,变异由此而生。

(四)圈内互动活跃

在中国大陆之外,新马与港澳台地区自成一个语用圈。新加坡特有词语中的某些词语是这个圈内的共用词语,如"同志""飙车""垃圾虫""狗仔队""太平公主"等。

新马与港澳台地区能够自成一个语用圈的根本原因是,自从中华人民共和国成立直到香港和澳门回归祖国的将近50年间,这五个国家或地区实行的都是资本主义制度,其价值取向相同而跟中国大陆迥异。五区之中任何一个社区所产生的新词新语,立刻通过媒体或影视作品等传播到其余四个地区,通常都能在当地落户,为当地语言用户所接受,成为五区共用的词语。

其次,中华人民共和国成立后,在一个相当长的历史时期内实行闭关锁国政策,普通话的推广与使用基本上局限在大陆的范围内,一般语言用户同境外和海外华人交往甚少,因而对境外和海外华人社区的语文生活缺乏了解。新马与港澳台地区却是另一个世界,社会制度相同,科技比较发达,信息交流及时,民间来往自由,因此,语言长期处于活跃的互动、互补状态,词语的交流自然频繁而广泛。

下面举例作进一步的说明。

产生于香港的"色狼"、"波霸"、"垃圾虫"、"大闸蟹"(被套牢的小股民)、"狗仔队"和"蛇"族词语(人蛇、蛇头之类),产生于台湾的"残障"、"飙车"、"菜鸟"、"打歌"、"主打"、"作秀"、"同志"(同性恋者)、"诉求"、"哈日"("哈韩")、"伊妹儿"、"新人类"("新新人类")和"族"族词语(上班族、打工族之类),产生于新加坡的"误导"和"朋党资本主义",产生于新马的"榴梿"和"降头",以及不易判断"原产地"的"酷"(cool)、"峰会"、"代沟"(generation gap)、"低迷"、"共识"(consensus)、"情结"("情意结",complex)、"瘦身"、"双赢"(win-win)、"零和"(zero sum)、"负增长"(negative growth)、"太平公主"(平胸的年轻女性)和"党"族词语(group,街头党、偷车党之类),一产生就很快成为五区共用词语,活跃在人们的语文生活中。随后,它们就可能以"港台词语"的身份陆续进入普通话词汇。其实,这些词语不仅港台地区使用,新马也用。时间一久,有的已经很难判断它们的原产地了。

目前,中国大陆的语言用户,特别是年轻的新闻工作者,语用观非常前卫,所以一看到"酷"和"伊妹儿"之类就引进,然后通过媒体传播开去。另外,中国大陆的网络事业发展得非常快,上网者又以年轻人居多,他们趋新、猎奇、赶时髦,"酷"和"伊妹儿"之类最对他们的胃口。"港台词语"一旦被网上一族看中,就很快流行开来,从网上到网下,从书面到口头,有的人连意思还没搞清楚就迫不及待地照搬照用了,比如套"哈日"而"哈"这"哈"那,"酷"语更是满天飞。

改革开放后,大量境外或海外华人社区所用的词语是通过媒体进入中国大陆,在社会上流行了一段时间之后才进入寻常百姓家的。上举"峰会""低迷""共识""代沟""双赢""诉求""误导""情结""色狼""人蛇""蛇头""菜鸟""主打""作秀""瘦身""负增长""新人类""新新人类"等词语大部分已为普通话吸收了,资格稍微老一点的已被收进语文词典了。(郭良夫主编:《应用汉语词典》,商务印书馆,2000年)

在五区共用词语中,也有一些"词途"并不顺利的,"同志""太平公主"和"波霸"就是。这三个词语虽已见诸中国大陆的媒体,甚至被收进辞书,却褒贬不一,反对的声音不小。比如"太平公主",有人认为它是个"对女性进行侮辱和挖苦的词条",是"粗俗词语",不应让它在国内社会上流行,应作为"语言垃圾"加以扫除。(庞兆麟:《辞书怎能汇集语言垃圾》,《语言文字周报》,2001年10月17日第921号)之所以如此,仍须从社会中寻找原因。中国大陆虽然改革开放了二十多年了,但是,有些人的语用观还停留在"为语言的纯洁和健康而斗争"的20世纪50年代。老实说,"平胸女人"真的比"太平公主"动听吗?未必。再说"同志",中国大陆一些报纸的社会版、娱乐版的编辑、记者喜欢用,可是也有人反对,认为"在'同志'问题上,我们应该立场坚定,态度明确,坚决把坏'同志'拒之门外"(王同伦:《莫把同志推下水》,《语文建设》,2000年第12期)。"波霸"在中国未流行的主要原因是,这一说法与西方人的审美观点有关,与中国传统审美观点不同,用"波霸",有不尊重女性之嫌。(周士琦:《由"霸"构成的新词语》,《语文建设》,2000年第12期)

新马与中国港澳台地区的共用词语有的已经成为普通话的新鲜血液,如"峰会";有的在使用中词义被扭曲,如"酷";有的正在经受取与舍的考验,如"波霸";有的还在门外徘徊,如"垃圾虫"。

(五)政治因素决定

有些异名同实词语的产生同政治因素有关。例如:"中乐"是中国香港和澳门两个特别行政区通用的,"华乐"是新加坡、马来西亚两国通用的,"民乐"是中国大陆通行的,"国乐"是中国台湾地区通行的。"中乐""华乐""民乐""国乐"是一组异名同实词语:中乐(港澳)—华乐(新马)—民乐(大陆)—国乐(台湾)。这四个词的构词方式相同,中心语素都是"乐",却分别以"中""华""民""国"四个不同的语素限定中心语素。这四个"限定语素"的选择不是任意的,新马两国选用"华"字,有其深层的含义。

在新马两国,用"华"这个语素构成的同族词除"华乐"外,尚有"华族、华裔、华人、华语、华文、华校、华教、华社、华商"等,它们回避"汉"或"中"字,而取"华"字。别说改革开放前,即使现在,这些"华"字头的词语在中国大陆的使用频率从宏观的角度来看,也是比较低的。即使在台湾地区和港澳地区,使用频率也比较低。比如香港就不用"华文"而用"中文",不用"华语"而用"国语"或"普通话";台湾用"中文"和"国语"。何以新马两国对"华"字情有独钟呢?

新加坡学者陈重瑜博士说:"'华人、华文、华语、华校'等词在东南亚地区长久又普遍的使用,并不是偶然的。这些词只表达实际的存在，而不涉及认同或倾向，因而避免或减少了没有必要的联想或猜忌。"（《"华语"——华人的共同语》，《（香港）语文建设通讯》，1986年第21期）笔者在想，既然"只表达实际的存在，而不涉及认同或倾向"，又为什么另创"华人""华文""华语""华校"呢？尽可沿用"汉人""汉语""中文""中校"啊！看来，"华"字当头绝非偶然。

卢绍昌在谈到"华语"一词产生的社会背景时说："'华语'这个词儿的创制及应用在政治上的意义是伴同独立自主运动而来的，它表示与所由来自的国家方面保持一定的距离，站稳自己的脚跟，走自己的路。"（《华语论集》，第46—47页，作者自印本，1984年）卢先生点明，创制"华语"是要跟中国"保持一定的距离"，是要"站稳自己的脚跟"，是要"走自己的路"。创制"华族、华裔、华人、华文、华校、华教、华社、华商"是否也是出于同样的考虑呢？答案是肯定的。"华乐"等一系列同族词正是在这种特定的历史条件下产生的。

就笔者所知，新加坡国情特殊，它要"站稳自己的脚跟，走自己的路"，是特定历史条件下的必然。事实证明，新加坡坚持走自己的路是正确的。1992年2月，邓小平在深圳视察时说："新加坡社会秩序算是好的，他们管得严。我们应当借鉴它们的经验，而且要比它们管得更好。"（李光耀：《李光耀回忆录——1965—2000》，第720页，新加坡联合早报，2000年）

与此同时，我们也看到，尽管新马华人习惯用"华乐"，但是他们并不排斥"中乐""民乐"和"国乐"，甚至在同一篇文章中数"乐"并奏。例如，2001年2月3日新加坡《联合早报》报道：

现年65岁的夏飞云是中国著名的指挥家，早年毕业自上海音乐学院，有丰富的指挥经验，曾任上海民族乐团、东方广播民族乐团客席指挥及香港中乐团驻团指挥，现任上海音乐学院教授，桃李满天下，是一位兼顾治学与表演的资深音乐家。

新加坡的新闻记者在报道夏飞云教授即将出任新加坡华乐团首席客卿指挥的消息时，简要地介绍了夏教授的经历，说他在上海担任过"民族乐团"的指挥，在香港担任过"中乐团"的指挥，这次专程到新加坡，是要担任"华乐团"的指挥；如果他有机会去台湾做同样的工作，担任的将是"国乐团"的指挥。

至于那些跟政治因素无关的词语，使用时的自由度或者说任意度就更大了。例如：箱运码头（新加坡）—货柜码头（中国香港、台湾）—集装箱码头（中国大陆）。本来新加坡以使用"箱运码头"为主，但是，近年"集装箱码头"的使用频率越来越高，原因之一是新加坡港务局到中国的大连、福州、广州去投资，共同建造和管理"集装箱码头"，媒体报道时都用"集装箱码头"。因此假以时日，"集装箱码头"很可能取代"箱运码头"。

受中国香港和台湾地区影响，新加坡也用"货柜码头"（《现代汉语词典》和《应用汉语词典》均收"货柜"）。因此新加坡的语言用户有三个选择：箱运码头、货柜码头和集装箱码头。"货柜码头"和"集装箱码头"使用的地区和人口都超过"箱运码头"，"货柜码头"和"集装箱码头"去掉"码头"就是"货柜"和"集装箱"（container），指的是装货的工具，而"箱运码头"去掉"码头"剩下"箱运"，指的是一种货运的方式，而不是装货的工具。因此，"箱运码头"可能会被"货柜码头"和"集装箱码头"所淘汰。

新马与港澳台地区的通用词语以及五区并存的异名同实词语的产生与存在，都可以从社会中找到原因。

（六）音义任意结合

"语言符号是由形式和内容两部分组成的。形式是物质的声音，内容则是由这些声音或声音之间的关系所表达的人类对客观事物及其关系的认识。语言符号的形式和内容之间没有必然的联系；也就是说，用什么样的声音去表达什么样的内容完全是任意的，没有道理可言的。正是语言符号音义结合的任意性，给了符号可以产生各种变异的前提。"（陈松岑：《语言变异研究》，第112页，广东教育出版社，1999年）新加坡华语与普通话中异名同实的词语就是在这个基本前提下产生的，跟政治因素、风俗民情等无关。例如：快熟面（新马）—公仔面、即食面（中国香港）—速食面、明星面（中国台湾）—方便面（中国大陆）。instant noodles，新马以及中国大陆、台湾和港澳地区在"面"这一点上看法一致，差异在于是什么样的"面"。快熟、即食、速食、方便，限定的角度各不相同。"快熟""即食""速食"着眼于食用，用"快""即"或"速"对应instant；"方便"则不但着眼于食用，还顾及保存和携带，用"方便"对应instant。比较起来，"方便面"的信息量要大些。然而这四种面，各有天地，长期共存，为不同的社区服务，而且具有较强的地方性和排他性。新加坡人不习惯用"方便面""公仔面"或"速食面"，都说"快熟面"。

新加坡的国情跟中国不同，正是语言符号音义结合的任意性，为新加坡人给词语命名（包括翻译）提供了广阔的空间，异名同实词语犹如百花齐放。新加坡华语中的准证（许可证）、德士（出租汽车）、插车（叉车/铲车）、波道（频道）、报穷（依法申请并宣告破产）、穷籍（由政府管理的破产者的档案）、对敲（对消）、U转（掉头）、晨运（晨练）、积犯（惯犯）、快熟面（方便面）、按柜金（押金）、行政费（手续费/管理费）、航空邮笺（航空邮简），等等，就是这样产生的。

（七）方言词语融入

新加坡华人大多是中国闽、粤两省的移民及其后裔，福建以闽南籍占多数，广东以潮州籍占多数。他们移居新加坡，也把家乡话带到了侨居地。因此，新加坡国家虽小，华人的方言却比较复杂，主要的有厦门话、潮州话、广州话、福州话、海南话、客家话六种。其中说福建话（新加坡人对闽南话的俗称）者，约占新加坡华族总人口的一半，以厦门、漳州、泉州三个地区为代表。

新加坡闽南话因长期受汉语其他方言、马来语、英语、峇峇话的影响，逐渐产生了有别于福建闽南话的某些特点。（周长楫、周清海：《新加坡闽南话概况》，第6页，厦门大学出版社，2000年）新加坡华语受新加坡闽南话的影响较大，新加坡特有词语中的方言词多数是从闽南话中吸收的，如：爽（痛快、舒服、开心）、显（腻烦、闷）、猫（吝啬、小气）、烧（温度高）、甜（滋味鲜美）、蛇（带状疱疹）、怕输（做什么都怕落后，由"惊输"中的语素"惊"转换为相应的语素而成）、搭客（乘客）、角头（角落）、薄饼（状似春卷，比春卷长而粗）、高丽菜（包菜）、三层肉（五花肉）、一路来（向来、一直）。从广东话中吸收的如：搞定（做好、办妥、解决，由"搞掂"中的语素"掂"转换为相应的语素而成）、搞笑（逗乐儿）、冲凉（洗澡）、花洒（喷壶、莲蓬头、喷头）、马蹄（荸荠）、大耳窿（非法放贷人）、摆乌龙（做错、弄错、误会）、跌眼镜（预测失准）、猪朋狗友（狐朋狗友）、陈腔滥调（陈词滥调）、妙想天开（异想天开）、急（逼）不及待（迫不及待）、与别不同（与众不同）。

共同语吸收方言词，为的是丰富自己的词汇，所吸收的是方言中表意新颖或表达力强的词语。例如中国的普通话从吴方言里吸收的"尴尬""噱头""瘪三""拆烂污""狗皮膏药"等表意新颖，在普通话里没有意义对等的词；新加坡华语从闽南方言中吸收的"爽""显"等表达力强，在华语里不是某个词语单独对应得了的。由于表达力强，"爽"

已为普通话所吸收，而且"走红"，成为高频词。

改革开放以来，尽管强势方言如广东话、福建话一度影响很大，干扰了普通话的学习与推广，但是，由于华东、华中、华北的经济正在迎头赶上华南，广东话、福建话的优势地位已经大不如前了。要发展，还得首先学会普通话，政府立法并继续大力推行、普及的是普通话。由于普通话占绝对优势，因此，它在吸收方言词语的同时，也在取代某些方言词语的地位。比如上海话、南昌话、武汉话里都有"脚踏车"，但"脚踏车"已为"自行车"所取代。至于其他方言名称，如单车、线车、洋车、铁马、洋车子、洋驴子、动辇车、自转车等，更在被替代之列。

可是，新加坡却出现相反的情形。"同一概念的事物，华语原有词语已不用或少用，代之以新加坡闽南话词语，成为华语的常用词语。"（周长楫、周清海：《新加坡闽南话概况》，第165—166页，厦门大学出版社，2000年）例如上举"蛇、怕输、冲凉、高丽菜、大耳窿"等直接成为华语的常用词语。最典型的例子莫过于"脚踏车"了。新加坡人在提到这种代步或运动工具时，都说"脚车"或"脚踏车"（骹踏车）。因此，在新加坡人的口语中或者媒体上，人们听到看到的都是"脚车"或"脚踏车"，"自行车"几乎绝迹。甚至有的新加坡人认为"自行车"构词不合理，因为它根本不会"自行"，必须"脚踏"才行，所以说"脚踏车"才合理。新加坡的报纸在报道中国新闻时，看到"自行车"，会括注"脚踏车"，或干脆把它改为"脚踏车"。在报道奥运会比赛项目时，"自行车比赛"也改为"脚踏车比赛"。新加坡人也不习惯说"荸荠""喷头"，因此，新加坡的华语规范部门把water chestnut定为"荸荠/马蹄"，把shower nozzle/sprinkler head定为"花洒"。（新加坡交通及新闻艺术部华语运动秘书处，1987年）这样处理，是从实际出发，尊重本国人民的语用习惯，无可厚非，然而新加坡华语和普通话的差异却因此扩大。

（八）双语教育影响

从1966年起，新加坡政府在所有学校正式推行双语（英语+各族母语）教育政策。从1987年起，传统的四大语文（英语、华语、马来语、淡米尔语）源流学校，统一使用一种教学语言即英语，而本族语文一律作为第二语文学习。英语的地位随着教育事业的发展而不断提升，成为新加坡的顶层语言，家长的第一选择。在新加坡，想成为行政人员、专业人士、社会精英或政治领袖，就必须熟练地掌握英语。周清海博士说："三十多年实行双语教育的结果，解决了新加坡的语言问题。新加坡人民都接受双语教育。但英语作为现代化、行政的语言，却不免带来文化上强烈的影响，而母语作为传递文化和传统的语言，却因为程度太低而不能胜任。新加坡华人目前所面对的是如何保留自己文化的问题。"（《语言与教育》，《新加坡社会和语言》，第52页，新加坡南洋理工大学中华语言文化中心，1996年）

在双语教育制度下，英语成为主要教学媒介语，华文是必修科。教育部规定华族学生小学升上中学，中学升上初级学院，初级学院升上大学，华文科都必须考获合格的等级，但是一旦进入大学，除中文系课程外，全部用英文。如果中学毕业不升大学而进入理工学院的话，所有课程也都用英文。因此，在新加坡的双语教育制度下，两种语言的接触时间实际上是随着学年的递升而递减的。

工院或大学毕业生踏上工作岗位后，主要使用英语，原来那点不厚实的华文底子，经过几年的荒疏之后，已经派不上用场。唯有华语还没有完全遗忘，尚可作为工作或生活中的辅助用语。有时，用华语交谈也显得力不从心，不得不求诸英语，因此，新加坡华人在用华语交谈时，语码混用或转换的情形是非常普遍的，最常见的是掺杂英语词句。其结果是字母词（lettered-word）大量产生。

新加坡华人在交谈中常用的字母词有：5C、U转（U-turn，掉头）、CC（community centre/club，民众联络所/俱乐部）、CDP（The Central Depository Pte Ltd，中央托收公司）、COE（certificates of entitlement，拥车证）、CPF（Central Provident Funds，中央公积金）、CTE（Central Expressway，中央高速公路）、DBS（Development Bank of Singapore Ltd，新加坡发展银行）、DJ（disc jockey，唱片骑师）、ECP（East Coast Parkway，东海岸公园大道）、EDB（Economic Development Board，经济发展局）、EM1（English-Chinese1，英文高级母语）、EM2（English-Chinese2，英文母语）、EM3（English-Chinese3，英文基本母语）、ERP（electronic road pricing，电子公路收费制）、GST（goods and services tax，消费税）、HDB（Housing & Development Board，建屋发展局）、ITE（Institute of Technical Education，工艺教育学院）、JB（Johor Bahru，新山）、LRT（light rapid transit，轻轨铁路）、MAS（Monetary Authority of Singapore，新加坡金融管理局）、MC（medical certificate，诊断书）、MRT（mass rapid transit，地下铁路）、NETS（network for electronic of Funds，电子转账系统）、NTUC（National Trades, Union Congress，全国职工总会）、PIE（Pan Island Express，泛岛高速公路）、SIA（Singapore Airline Ltd，新加坡航空公司）、TC（town council，市镇理事会）、TDB（Trade Development Board，贸易发展局）、URA（Urban Redevelopment Authority，市区重建局）、WTC（World Trade Centre，世界贸易中心），等等。

音译词和意译词并存，而音译词挥之不去。例如：杯葛（boycott）—抵制，固打（quota）—限额，礼申（licence）—执照，恐兵（complain）—投诉、申诉，哈啰（hello）—喂，必甲（pickup）—小卡车、小型货车、轻型货车，罗厘（lorry）—卡车，摩多西卡

(motorcycle)—电单车、摩托车，积博、积宝（jack pot）—吃角子机、吃角子老虎机，德士（taxi）—计程车、出租汽车。这些互相对应的音译词和意译词，照例完全可以使用意译词，而无须再用音译词，但是，在口语和书面语中音译词仍时有所见，纯粹是语用习惯使然。

有的是由于还没有定型的意译词，所以音译词在语用中占上风。例如：卜基（bookie）——在赛马、球赛或政治人物竞选等活动中非法接受赌注的人，史古打（scooter）——低座、有踏板的小型摩托车，固本（coupon）——用于停车、以特价购物、参加抽奖或换取赠品的凭证、券或票，滑铁卢（Waterloo）——比喻受挫、失利或失败。

无论哪一种情形，结果都是异名同实词语的数量有所增加。对不谙英语的人来说，他们不明白你说的"杯葛"是什么意思；对不能熟练使用华语的人来说，boycott（杯葛）有助于他们实现沟通的目的。

六、特有词语在语文生活中的价值

每个社区都或多或少地存在着反映该社区政治、经济、文化和人们共同心理状态的词语，这些词语主要为该社区的全体成员服务，成为他们语文生活中不可或缺的组成部分。新加坡也不例外。

作为社区的成员，对本社区的特有词语，敏感度反而较低，或许是"入芝兰之室，久闻而不知其香"吧。如果他们进入别的社区，语言敏感度就会高起来，就会觉察自己的用词习惯跟别人有不同之处。

一个长期生活在甲社区的人，一旦进入乙社区，假如有机会长期住下来，待上三年五载，就不难越来越多地发现这个社区中存在的特有词语，并通过不断解读这些词语去认识并了解这个社区。从这个意义上来说，特有词语在人们语文生活中的最大价值，便是让外来的语言用户借以了解该社区的社会形态、社会心理，以及社会的方方面面，成为外人认识并了解这个社区的窗口。新加坡华语中的特有词语，其价值也在于此。这一点，笔者在前面里已经详细描述过了。

特有词语在语文生活中的另一个价值是可以大大地丰富汉字文化圈内的语汇。特有词语一般都是单区独用的词语。但是，如上所述，由于语用互动频繁，有些词语已成为双区、三区、四区甚至五区共用的词语，而且相当一部分已经为普通话所吸收，成为现代汉语语汇的共同底层，成为普天之下炎黄子孙共用的词语。公关、代沟、共识、另类、投诉、互动、双赢、峰会、安乐死、炒鱿鱼、负增长、AA制、T恤衫、卡拉OK，等等，不都是改革开放后陆续从境外或海外进入中国大陆，为普通话语汇所吸收的吗？这些词语理所当然地成为当代汉语的重要补充部分。（汤志祥：《当代汉语词语的共时状况及其嬗变——90年代中国大陆、香港、台湾汉语词语现状研究》，第45页，复旦大学出版社，2001年）"共同底层"越宽阔，"底层基础"越厚实，全世界炎黄子孙沟通起来就越方便。这在网络世纪显得格外重要。

网络世纪语言沟通的一大特点是词语无国界，词语无时限，天涯成比邻。尽管华语语汇有个共同的底层，沟通一般不成问题，但是，如果碰到某个社区的特有词语，即单区独用词语，障碍就出现了。这就好像北京人跟广东人用普通话交谈时，一方突然口吐一个方言词，沟通马上就出现障碍。如果是个关键词语，沟通就难以顺利地进行下去。比如中国大陆、港澳特区和台湾地区的读者在新加坡的中文网络媒体上看到"新加坡的年轻一代追求5C"这句话，而新闻未予解释，那么，阅读就搁浅了。反之，居住在东南亚的华人上网阅读中国新闻，看到"双规""双开""海龟派""新贫族"等中国特有的词语而没有解释的话，阅读也会搁浅。如果新闻的作者或编辑作了解释，假以时日，大家就熟悉了。尽管这些词语尚未成为双区、三区或各区正式流通的共用词语，尚未成为当代汉语的补充部分，但是，已经了解这个词语的受众，可以把它存放在个人的词库里。从这个意义上来讲，这些单区独用词语至少已经为双区、三区、四区甚至各区的少数成员所了解。如果它是个富有生命力的高频词语，就可能被吸收，成为正式流通的共用词语。

从微观的角度来说，中国大陆和港台的单区独用或双区共用的词语进入新加坡，为新加坡华语注入新血，丰富了新加坡华语的语汇，使新加坡华语提高了表现力。例如中国大陆的"人均""同比"，香港的"波霸""狗仔队"，台湾的"诉求""人脉"传到新加坡，经媒体采用并传播开去，现在已经落户新加坡，为新加坡华语所吸收。新加坡所创造的"朋党资本主义"（crony capitalism）也为马来西亚和中国的港台等地媒体所采用。

中国已经正式加入世界贸易组织，将更加开放，可以预料，不同社区的特有词语借助媒体，尤其是网络媒体频繁交流，多向互动，已是大势所趋，它们在语文生活中的价值将日益显露出来。

七、特有词语的规范问题

新加坡华语与现代汉语虽然一脉相承，没有实质性的差异，但是，在语音、语汇和语法上，差异还是程度不等地存在的。这种差异就语汇而言，主要表现在与普通话异名同实的词语上。这些异名同实词语产生的原因归纳起来有以下几个方面：

1.因翻译外来词语而产生差异；
2.因中国国家转型而产生差异；
3.因国家认同转向而产生差异；
4.因语文政策不同而产生差异；
5.因吸收文言词语而产生差异；

6.因吸收方言词语而产生差异;

7.因吸收马来词语而产生差异。

上述七个方面前文均已讨论过,不再赘述。

这里笔者主要就异名同实的词语要不要规范、如何规范的问题谈一点看法。

笔者认为,新加坡华语特有词语是需要规范的,但是,由于新中两国的历史背景和社会状况不同,因此,新加坡华语不可能跟普通话同步发展,语汇规范就不能唯普通话马首是瞻。笔者认为,新加坡华语语汇规范的总原则是趋同存异,双向互动。

提起趋同,长期以来,有一种观点便是应当认同中国,向普通话靠拢甚至一面倒。笔者认为,这种看法是片面的,不切实际的。事实证明,趋同应当双向互动,不应该单向一面倒。至于存异,那是为了尊重历史,尊重语言事实,是从新加坡人的语用实际出发,保留新加坡华语的特色,而不是孤芳自赏,不是故意拉大与普通话的距离。其实,在全球经济一体化、信息传播网络化的时代,同一种语言的应用,相同、一致之处越多越好,存异有时是在非常不得已的情况下所采取的处理方法。

今天,在讨论华语语汇规范的时候,依然有一种倾向是需要防止的,就是单向地要求新加坡华语向普通话看齐。论者认为汉语是"源",华语是"流",中国是有13亿人口的大国,新加坡是只有区区300余万人口的小国。笔者认为,语汇规范一方面有赖于语言系统自身的调节,另一方面也要用人为的手段进行宏观或微观的干预。但是,在用人为的手段进行干预的时候,不能采用简单的少数服从多数或行政命令的方法,须作过细的分析。下面举三个例子进一步阐述笔者的观点。

第一个例子是"胡姬花"和"兰花"的讨论。1999年9月,新加坡《联合早报》展开了一场关于"胡姬花"是否应当规范为"兰花"的讨论,这是一场很有意义的讨论。在要"胡姬花"还是"兰花"的争论中,笔者看到了新加坡人的两种不同的心态。

"胡姬"是英语orchid的音译,"胡姬花"是在音译之后加了个类名,其形式跟"爱之病"(爱滋病或艾滋病)一样。有人建议把"胡姬花"规范为"兰花",理由是"在我们华人的世界里,便只有兰花,只是不知何故,我们这一南方小岛竟会选择音译其英文名而把它改名为胡姬花"。"假若我们的社会真要提倡使用世上所统一的正确的词语,我们应当把那'怪名'彻底地更换掉。"(《胡姬花就是"兰花"》,新加坡《联合早报》,1999年9月22日)这个意见一提出来就遭到反对。不同意改名的人提出的理由很多,且看林万菁的《"胡姬"是佳译应保留》(新加坡《联合早报》,1999年10月22日):

当年"胡姬"的命名由来有自,虽属戏笔,却是前辈们心血的结晶,绝非造次。如果说词汇是时代的印记,又带有"文化"的负荷(cultural load),那么,保留"胡姬"作为"orchid"的译名,是意义深长的。何况,"胡姬"富有诗意,不在话下。唐代李白《少年行》之二有句:"五陵年少金市东,银鞍白马度春风。落花踏尽游何处?笑入胡姬酒肆中。"诗中的"胡姬",指的是西域之女。已故林学大校长匠心独运,将之旧语新用,音近意幽,堪称佳译。

胡姬花一名早已为大众所接受,它是新加坡文化的一部分,建议中国编辑的花谱或词典收入"胡姬"一词,并注明是新加坡的国花。(朱添寿:《中国花谱词典应采纳"胡姬"一词》,新加坡《联合早报》,1999年10月27日)

编写词典的学者可以在解释胡姬一词时,考虑提供两个解释。第一个解释是传统意义上指西域美女,第二个解释则是一种草本植物名称,意指兰科植物。(王俊杰:《"兰"只是一种泛称,胡姬是正确科学分类,没有必要改称兰花》,新加坡《联合早报》,1999年10月29日)

这场讨论没有结论。不过,新加坡《联合早报》(1999年11月16日)编辑在总结时说,大多数读者认为"没有改名的必要"。

第二个例子是"榴莲"。1985年,有人在马来西亚的报纸上撰文建议把"榴梿"改为"榴莲"。作者说:"'榴梿'是本地的写法,应当统一写成标准的'榴莲'。"作者何以认为"榴莲"就是"标准的"写法呢?没有详细说明。

新加坡已故学者许云樵在1960年编就《南洋华语俚俗辞典》,次年8月由星洲世界书局有限公司印行。许先生在引言中说:"笔者旅南卅载,俨然南洋伯矣。"《南洋华语俚俗辞典》是他"持之以恒,日有所得,随手录存","积之经年"的成果。这部辞典收的是"榴莲"。许先生为什么采用这个词形呢?也没有说明。

中国出版的小型、中型和大型的语文工具书向以"榴莲"为词形,如《现代汉语词典》(修订本,1980年)、《常用构词词典》(1982年)、《现代汉语大词典》(2000年)、《辞海》(1979年版和1999年版)、《汉语大词典》(第四卷,1990年)、《英汉大词典》(译文出版社版,1993年)、《汉英词典》(外研社修订版,1995年)。这或许就是认"榴莲"为标准词形的依据。辞书的影响力是不可低估的。

2000年,湖北省的一家出版社出版了一部以新加坡为背景的小说《乌鸦》,嗣后,作者授权新加坡的玲子传媒出版新加坡版。这两个版本通篇都用"榴莲"。《乌鸦》的作者1995年到新加坡,1997年回国,在新加坡闯荡了两年。笔者相信在此期间,新加坡的水果摊或媒体上是不会用"榴莲"这个词形的。那么,书中为什么一律用"榴莲"呢?是中国出版社的编辑根据中国的标准改的呢,还是作者原稿就是用"榴莲"

的呢？不得而知。但是这个例子足以证明，直到今天，中国还是用"榴莲"的。

durian是热带水果之王。新马华人对这个词的华文译名用词是非常在意的，笔者在新加坡工作居住了16年，从躲着"榴梿"到爱吃"榴梿"，从未看到卖"榴梿"的小贩写"榴莲"，都写"榴梿"。台湾出版的《新世纪英汉辞典》正条用"榴梿"，括注"又称榴莲"。香港的水果店也都用"榴梿"，未见用"榴莲"。然而出生在新马，长期生活在新马的人，为什么反而认同中国的"榴莲"呢？该不是因为它是大国，人多，就跟进的吧？建议把"梿"字改为"莲"字，新马广大语言用户会同意吗？再说，"榴梿"是一种常绿乔木，高20至40米，改用草字头的"莲"字，极易令人联想起长于池沼中的多年生水生草本植物。这或许就是直到今天，新马广大语言用户对"榴莲"不感兴趣的原因。

1999年8月中旬，参与《现代汉语词典》修订工作的晁继周先生应邀到新加坡考察。在访新期间，晁先生作了一次学术演讲。会上，听众对"榴莲"一词的词形提出意见，认为应当改用"榴梿"。由于《现代汉语词典》1996年第3版已将"榴莲"删除，因此，回国后，晁先生（1999）在投寄给《联合早报》的一篇短稿中说："考虑到这种植物的特殊重要性，我认为在《现代汉语词典》下次修订中，应当重新收录它。并且按照'名从主人'的原则，既然马来西亚、新加坡等地华文均写作'榴梿'，中国词典把'榴莲'改为'榴梿'也是合适的。"（《榴梿？榴莲？》，新加坡《联合早报》副刊，1999年9月17日）

第三个例子是"回教""回教徒""回教堂"。1998年8月22日，有位中国读者接连发电子邮件给新加坡《联合早报》，强烈要求早报"尊重中国大陆的译法"，把"回教""回教徒""回教堂"改为"伊斯兰教"（Islam）、"穆斯林"（Muslin）、"清真寺"（mosque），"以正视听"。然而这个意见至今未被采纳,因为如果更改,牵涉的面太广。马来西亚也有人提出同样的建议,结果跟新加坡一样。

"胡姬"和"榴梿"虽是两个音译词,但在新马地区用得很久了,它们打上了地区的、时代的烙印,"又带有'文化'的负荷(cultural load)"。现在,有人建议加以规范,并用中国的词形作为标准,将"趋同"的原则落实在这两个词上,新加坡的语言用户在感情上是很难接受的。"回教""回教徒""回教堂"在新加坡用了100多年了,也不是说改就改得了的。

还有road hump和airbus,新加坡译为"路隆"和"空中巴士",也比中国的"减速带"(或"限速带")和"空中客车"(简称"空客")要好得多。又如AIDS,新加坡译为"爱之病",马来西亚和中国的港澳台地区都译为"爱滋病",但是,普通话规范为"艾滋病"。十多年过去了,"艾滋病"始终只在大陆使用。这些事实都足以证明,新加坡在进行华语语汇规范的时候,不能唯普通话马首是瞻。

当然,能够跟普通话一致的还是应当跟进。在这方面,新加坡是从善如流的。例如用了多年的"随身电话"和"网际网络",新加坡已经改为"手机"和"互联网"了。至于"主催""固打""杯葛"之类,笔者认为不妨改用"主办"、"配额"(或"限额")、"抵制"。"卤"(或"卤获")这样的文言词,则宜改用"破获"(或"搜获""起获")。(汪惠迪:《双向互动 兼容并存——新马华语词汇规范的路向》,新加坡《联合早报·星期刊》,2000年1月23、30日论坛版)

八、结束语

从宏观的角度来看,新加坡华语语汇同普通话似乎没有什么差异,因此,新中两国人民在用华语或普通话交谈时,沟通不成问题。但是,从微观的角度来看，差异还是存在的，新加坡特有词语的存在就显示了这种差异，而且在不同程度上给沟通造成障碍。消除障碍的方法之一是编纂一部新加坡地区词词典，并出网络版，以便全世界的华人随时查检。

从积极方面来看，人们可以通过解读新加坡特有词语来认识新加坡，了解新加坡。新加坡特有词语是新加坡人语文生活中不可或缺的一部分，它为普通话语汇输送新血，丰富普通话的语汇，也给全球华语增添了姿彩。某些新加坡特有词语在构词上体现出来的创意性，不但反映了新加坡华人的聪明才智，而且为现代汉语的构词法提供了鲜活的例证。

收集、整理、研究新加坡特有词语，从词形、语义和语用上同中国大陆、港澳特区和台湾地区进行比较，有助于促进台海两岸、港澳特区和新马人民相互之间的了解、交流与沟通，有助于促进文化的交流和商贸的往来。在网络世纪，这种了解、交流、沟通与往来显得格外迫切而重要。拙文仅是抛砖之作，敬请广大读者指正，并由衷地希望对这个课题有兴趣的朋友进行更加深入的探讨与研究。

【附记】新加坡南洋理工大学中华语言文化中心成立后，主持其事的周清海教授便拟定了一系列同新加坡本土有密切关系的科研专题。当时，笔者在新加坡报业控股华文报集团从事文字工作，周教授将自己的构想告诉笔者。随后，蒙周教授错爱，邀请笔者选题参与研究工作。

周教授将研究工作锁定在与本土有关的课题上，对此，笔者非常赞成。笔者向来不赞成，也不愿意把有限的时间、精力与资源投入那种离人们的语文生活非常遥远的研究之中。恰好笔者已经收集了一定数量的新加坡特有的词语，于是便选了这个同语汇有关的题目。

笔者结合工作，利用业余时间整理、分析手头的资料，着手编撰《时代新加坡特有词语词典》。经过一段时间的努力，拙编终于在1999年10月出版了。

虽然笔者把拙编叫作"词典"，但是，有人说"这不像一本词典"，也有人说它"不仅是一部词语词典，而且是一部社会和文化词典"（孙建强：《读词典，逛新加坡》，《世界汉语教学》，2001年第3期）。笔者也就不管人家怎么说了，反正笔者把十多年来所收集的资料整理出来并公之于众，目的是方便语言用户，特别是那些到新加坡旅游、探亲、学习、工作、经商或定居的人，帮助他们减少沟通中的障碍。

词典出版后不久，笔者就结束在新加坡的工作回香港了，但是，当年答应周教授写篇论文的任务还没有完成。对此，笔者非常歉疚。现在，文章总算写出来了，交卷了，不过是抛砖之作。犹记得笔者刚到新加坡时，曾听老新加坡说，新加坡虽是个小国，却是一所语言大学院。这个比喻非常确切，新加坡的确是人们研究汉语方言、语用学、社会语言学、应用语言学、比较语言学的好地方。因此，笔者希望有兴趣的朋友继续以新加坡地区词为课题作更深入的研究。

出了一本词典，写了一篇文章，笔者关于新加坡特有词语的研究工作也就告一段落了。周教授是一位办事很认真，很有计划，又很能体谅人的学者。如果说笔者多少取得了一点成果的话，那是跟周教授几年来的关心、鼓励、推动、协助分不开的。借此机会，谨向周教授表示衷心的感谢。

（2002年5月）

马来西亚华语规范方略

马来西亚华语是马来西亚华人社会的共同语。尽管马来西亚华语的基底和核心跟中国的普通话相同,但是,由于马来西亚华语是在马来西亚的土地上经过长期嬗变而形成的,因此具有鲜明而突出的个性。马来西亚和新加坡原本是一个国家,新加坡是在1965年独立建国的,因此新马两国华语有颇多相同之处,所面对和需要解决的问题也有相同之处。

一

语言的个性体现在语言要素的各个方面。本文在阐述马来西亚华语规范方略时,主要以词汇为视角,并侧重于应用层面。

马来西亚华语跟普通话的差异是由地理、社会、历史、政治、经济、文化等方面的原因造成的。词汇上的差异主要体现在下述六个方面:

1.本土特有词语——普通话中没有,反映本地特有的事物或现象的词语。例如:阿渣(achar)、亚森/亚参(asam)、峇峇(baba)、峇拉煎(belacan)、峇迪(batik)、大字报(大耳窿的讨债告白)、拿督(Datuk/Dato)、拿督斯里(Datuk Seri/Dato' Seri)、榴梿(durian)、独中、甘榜(kampung)、奎笼(kelong)、吉隆坡塔(KL Tower)、挂沙(kuasa)、叻沙(laksa)、五脚基(lima kaki)、隆冬(lontong)、娘惹(nonya)、乌达/窝打(otak-otak)、巴冷刀(parang)、巴刹(pasar)、布

城（Putrajaya）、沙爹（satay）、沙央（sayang）、宋谷（songkok）、丹斯里（Tan Sri）、多隆（tolong）、敦（Tu）、隆帮（tumpang）、双峰塔（Twin Tower）、令吉（Ringgit）、椰浆饭（nasi lemak）、印度煎饼（roti prata），等等。

2.同形异义词语——词形跟普通话相同，词义既同又异的词语。例如："大衣"另有西装义。"懂"除有明白或理解义外，还有知道义。"对付"另有严厉惩罚、处分或追究义。"公司"另有合作或共同义。"还"另有缴付义。"节目"另有活动或安排义。"粮食"喻指必不可少的东西。"烧"除有使东西着火等义外，还有热、滚或烫义。"甜"除有像糖蜜外，还有鲜美义。"指"另有认为义。"相信"另有很可能义，表确定语气，已经虚化。"销"另有畅销义。"辛苦"另有痛苦、困难或厉害义。

3.同形异用词语——指词形和词的概念义跟普通话相同，但附属义不同的词语。附属义主要指词的色彩：指大或指小、褒义或贬义、口语或书面语等。词的色彩关乎词的应用，不可等闲视之。分述如下：

（1）指大与指小。例如：拥有——普通话指领有或具有（大量的土地、人口、财产等），指大的色彩很明显；马来西亚可指一般事物。攻击——普通话指进攻，有指大的色彩；马来西亚可指一般的击打等行为。助手——在普通话中层级较高；马来西亚指所有协助别人进行工作的人。

（2）褒义与贬义。例如：聆听——普通话是褒义，用于晚辈对长辈，下级对上级；马来西亚无此分别。亲临——普通话是褒义，用于上级、长辈亲自到某处；马来西亚无此分别。此外，迎合、出笼、庞大、一小撮、倾巢而出、蠢蠢欲动，普通话多用于贬义；马来西亚有中性用法。

（3）口语与书面。例如：而已——普通话多用于书面语，马来西亚常用于口语。首——在普通话里书面性较强，不常用在一般量词前；马来西亚常用在一般量词前，如：首个、首次、首场、首位。

（4）废弃与沿用。例如：哀启、报聘、车夫、刍像、得直、店东、过堂、回教、回教徒、回教堂、卤获、农夫、女佣、泣谢、清道夫、入禀、书记（办理文书及缮写的工作人员）、堂费、通译、同僚、同袍、推事、仵作、邮差等，直到今天，仍为马来西亚华人社会所用，然而在中国出版的《现代汉语词典》等语文工具书中，都注明是旧称，早已废弃不用，并为新词新语所取代，从而淡出人们的语文生活。如："车夫"为司机或驾驶员所取代；"回教""回教徒""回教堂"为"伊斯兰教""穆斯林""清真寺"所取代；"农夫"为农民所取代；"女佣"为保姆所取代；"清道夫"为清洁工人或环卫工人所取代；"同袍"为战友所取代；"邮差"为邮递员或投递员所取代。

这类词语已成为马来西亚华语词汇同普通话词汇的区别性标志，也成了马来西亚华语同普通话的区别性标志之一。

4.异形同义词语——词形跟普通话不同，词义相同。例如：新马所谓"华乐"，中国大陆叫"民乐"，台湾叫"国乐"，香港和澳门叫"中乐"，四乐齐奏，可说是词语变异中最动听的乐曲，也是词语变异中的奇葩。

此外，还有德士—的士/计程车/出租车/出租汽车｜东盟—东协—东合—亚细安｜快熟面—方便面｜印度煎饼—印度飞饼/印度抛饼/印度甩饼/印度薄饼｜准证—许可证等。

新马有一系列用"华"字开头的词语，如：华族、华裔、华人、华语、华文、华校、华教、华乐、华商、华社等。新马两国人民对"华"字情有独钟，这跟国情有关。

5.异形同译词语——借自同一外语,译词形式却跟普通话不同。例如:AIDS—爱滋病(马华)—艾滋病(普通话)|Datuk—拿督(马华)—达图(普通话)|orchid—胡姬(马华)—兰花(普通话)|Ringgit—令吉(马华)—林吉特(普通话)|road hump—路墩(马华)—路拱/减速带(普通话)|scooter—史古打(马华)—电瓶车/轻便型摩托车(普通话)|Viagra—伟哥(马华)—万艾可(普通话)。

另有许多音译的人名、地名的中译形式跟普通话不同。

6.闽粤方言词语——马来西亚华人大多是中国闽粤两省移民的后裔,先辈们带到马来半岛的方言主要有厦门话、广州话、客家话、潮州话、海南话五种。马来西亚华语吸收了一些闽粤方言的词语。

(1)闽南话词语。如:薄饼(状似春卷的食品)、搭客(乘客)、财傅、茶乌、吃风、豆花水(豆浆)、高丽菜、角头、割车、炉主、肉骨茶、三层肉、山龟、生蛇、爽、显、新客、一路来等。

(2)广东话词语。如:摆乌龙、陈腔滥调、冲凉、大耳窿、跌眼镜、发烧友、搞定、搞笑(逗乐儿)、花洒(喷壶、莲蓬头、喷头)、急/逼不及待、马蹄、埋单、妙想天开、咸煎饼、猪朋狗友、饮胜、与别不同等。

上举方言词语有的已为普通话所吸收,如:冲凉、跌眼镜、发烧友、搞定、搞笑、马蹄、埋单、爽、乌龙等,《现汉》均已收录。

二

新马两国华人大多会讲华语,总体水准并不在中国一般群众之下。但是,新马华语是从中国移植到新马,并从新马的土壤中吸收养分逐渐形成的,它先天不足。一方面,缺乏汉语北方口语的培育,不能直接从中摄取养分;另一方面,又受到英语、马来语和多种中国南方方言的影响，因此新马华人所说的华语是通过不完全的学习途径习得的。（周清海：《新加坡华语变异概说》，《中国语文》，2002年第6期）这为规范化留下了较大的空间。

马来西亚华人贵有自知之明，总觉得自己所说的华语还不够标准，希望能说一口标准的华语，因而渴求规范，而且特别执着。例如有人认为"榴梿"应改为"榴莲"，"回教""回教徒""回教堂"应改为"伊斯兰教""伊斯兰教徒""清真寺"。

马来西亚大众传播媒体，例如电台和电视台的新闻播报员身体力行，应用标准华语，为广大受众起着良好的示范作用；报纸在书面语的运用上也力求标准、规范，起着良好的导向作用。马来西亚媒体把提升国人华语文的应用水平当作义不容辞的责任。可见，马来西亚华人在主观上有规范的要求，因而成为全国华语规范理事会推行规范化的得力助手。

"成熟的优秀的有影响的语言，必须在语言结构、文字系统和语言文字的社会应用等方面，建立一系列科学、管用的规范和标准。"（李宇明：《强国的语言与语言强国》，《光明日报》，2004年7月28日）那么语言究竟要不要规范、能不能规范呢？在中国，是有不同声音的。有的学者撰文公开质疑现代汉语规范化。我们不妨听听他的观点，易位思考，这将有助于我们全面地考虑问题并取得共识。

论者认为"语言"拒绝"规范化"是语言学的基本原理，"语言规范化"的提法，与语言的本质不相符合，也违背了语言学的基本原理。又说，"现代汉语规范化"只是一句高调的口号，事实上不可能实现。这个口号对社会新科技、新文化、新时尚、新观念的引进十分有害。论者还直言不讳地说，语言"化"的方向不是"规范"，恰恰相反，是"变化"，变化是绝对的。不给语言一个宽松的发展环境，这不符合

21世纪都市文化的fair play精神。说到底,语言无非是为了人类沟通,并不是制造高精尖产品,怎样方便轻松就怎样说。语言不接受"纯洁",世界上没有"纯洁"的语言。(钱乃荣:《质疑"现代汉语规范化"》,《上海文学》,2004年第4期)

"怎样方便轻松就怎样说"倒是很爽,可是千万别忘了"说"的目的和对象,因为"说"不只是个人行为,而是社会行为,这是由语言的本质属性决定的。既然语言的应用是一种社会行为,就必须遵守由社会全体成员共同约定的游戏规则,同时受这种规则的约束。当规则被破坏时,就需要维护;当规则不适用时,就需要更新;当规则不完善时,就需要修订。

的确,世界上没有绝对纯洁的语言。但是,语言规范还是必需的,只是不能以"纯洁"为最高境界或终极目标。规范之所以必需,不但因为语言文字是人类最重要的信息载体和沟通工具,而且是国家的资源,是国家软实力的重要组成部分。对个人来说,它是一份资产。谁不想最有效地使用沟通的工具呢?谁不想保护本国的资源呢?谁不想珍惜自己的资产呢?

语言的生命在于应用。语言文字在使用中有时麻烦多多,原因在于社会成员出身不同,籍贯不同,年龄不同,教育程度不同,素质高低不同,职业不同,所在地区不同,生活方式不同,生活经历不同,等等。他们就是"怎样方便轻松就怎样说"的,这才使社会的语文生活光怪陆离,多姿多彩。在语言应用中,无论是有意识的还是无意识的,每个语言的用户都会不同程度地对语言产生一定的影响:积极的、消极的,正面的、负面的,前卫的、保守的,另类的、传统的……要使语言这个工具管用、好用,就要进行规范。

自从改革开放以来,普通话词汇对马来西亚华语的影响,力度不断增加；网络语言对马来西亚华语的影响也不可小觑。在语言应用中，创新与生造，正误与优劣，如何辨别与判断，常常连语言学家也感到棘手。因此，我们可以说，今天，规范比以往任何时候更加需要，更加迫切，难度也更大。

语言可以在自我调节中摒除那些消极的、负面的现象，但同时需要人为的干预，这就是规范。规范是国家行为，这项工作主要由国家语文职能部门来做。没有标准，需要制定标准；标准过时，需要及时修订；标准不一，需要协商统一。

规范是为了让语言这个工具更加好使，它不是加诸语言或语言使用者身上的镣铐，所以语言用户应当欢迎才是。然而规范有时也令人心生厌恶、消极抵制，甚至公开反对。主要原因是有关当局或部门对语言的复杂性、多样性、草根性认识不足，在制定、宣传或推行规范的过程中缺少柔性、理性甚至科学性。今天我们讲规范要讲科学性，要讲人性化，要面向草根族，要提升社会参与度，要增强全社会的规范意识，要促进构建和谐语文生活，要利于语言资源的利用与保护。下面这七个方面就是我们的规范理念。

讲究科学性　语言文字规范和标准的制定要以科学研究为前提，要以全面、科学的调查研究为基础。中国的语文职能部门在整理异形词时，依据三个原则，其一便是理据性原则。所谓理据性就是科学性。

在进行科研和调查时，现在大多利用语言文字数据库来监测社会语言生活变化，对语言现象进行量化研究。但是，由于语言存在于社会的应用之中，规范的对象是动态的语言，因此利用数据库仍有一定的局限性。只有把书面统计与社会调查结合起来，才能得出科学的、符合实际的结论。

注重人性化　人性化就是以人为本。规范要有人情味，要营造一个温馨、和谐、宽松、舒适的语言环境。在进行规范时，语文职能部门不能当"语言法官"或"语言警察"，应当成为广大语言用户的"导游"，为他们提供最好的语言服务。千万不要使规范成为人们难以承受之"重"。

面向草根族　语言文字规范化是一项实践性很强的社会工程，规范标准的制定与实施要得到全社会的支持才能顺利进行，因此必须面向广大的草根一族。

语文规范职能部门比较习惯于向专家、学者或内行请益，容易忽略广大语言用户的意见。有的规范标准公布了第一批，就无以为继了；有的规范标准研制了八年了，还不能公之于世；有的规范标准海内外语言用户都有意见，可是迄今未见修订。出现这种情形的原因之一是这些标准在征求意见时往往只在专家、学者的小范围内兜圈子，一旦公布，广大语言用户很有意见。有关部门老是顾虑牵一发会动全身，于是维持原状。

提升社会参与度　既然语言文字规范化是一项社会工程，语文职能部门就应该通过各种途径提升社会的参与度。每一项语言文字规范标准的制定，不能只凝聚语言学界专家学者的智慧和心血，也应当让社会各阶层都有机会贡献自己的智慧。

增强社会规范意识　语文职能部门要坚持不懈地进行宣传，让社会各界都认识到规范的重要性和必要性，增强全社会的规范意识，吸引广大语言用户自觉地参加语言规范化这项工作。

促进构建和谐语文生活　健康和谐的语言生活，是和谐社会的表现，语言文字规范化应以构建和谐语言生活为目标。

利于语言资源的利用与保护　要把语言看作国家的资源、个人的资产，重视语言资源的开发和利用，重视个人资产的获得、积累和利用。

新加坡有的高等学府有意把新加坡打造成为华语作为第二语言的教研重镇和培训世界级中英翻译人才的基地。马来西亚华语的总体水准并不比新加坡逊色，也应当有所考虑和行动。

三

在进行规范时，本人认为可以遵循16字的基本原则：多边互动，求同存异，兼收并蓄，和谐包容。（汪惠迪：《双向互动 兼容并蓄——新马华语规范的路向》，新加坡《联合早报》，2000年1月23日、30日论坛版）

多边互动 马来西亚应跟周边国家或地区多交流、多讨论、多研究，缩小华语文应用中的差异。在互动过程中，应向中国倾斜，密切与新加坡的关系。例如人名地名国名、科技术语名称、方言词语、外来词语乃至某些普通词语，凡存在分歧者都可以建立并通过特定的平台或管道进行研讨，以求一致。2007年5月下旬，马来西亚全国华语规范理事会组团访问中国国家语委和由全国科学技术名词审定委员会（简称"全国名词委"）主办的《中国科技术语》编辑部，其后，又访问了新加坡华文媒介统一译名委员会。这种友好来往有助于解决在华语规范工作中遇到的问题。

多边互动不仅是国际的，更应该是国内的，例如语文职能部门应跟国内的媒体、学校、华文教材的编辑与出版部门经常保持联系，使规范标准的制定和实施能够一步到位，落到实处。

求同存异 多边互动旨在相互交流、相互了解，求同旨在寻找共同点、确认共同点。当然，求同不能强求，一时不能取得共识，大可存异，无须急于求成。强扭的瓜不甜。分歧可以放一放，随着时间的流迁，有些问题自然就会解决，这样的例子也是常见的。上述本土特有词语无须求同；同形异义词语、同形异用词语、异形同译词语或可求同；异形同义词语有的可以求同，有的无法或无须求同；闽粤方言词语可以有限度地求同。

兼收并蓄 马来西亚的华族学童自小接受三语教育，再加上方言的影响，华语词汇的变异现象必然比较突出。例如nasi lemak既有音译形式的"那昔勒马/那昔勒玛/那昔鲁妈/那昔罗吗/拿西奴马"，又有意译形式的"椰浆饭"；lima kaki既有音意兼译形式的"五脚基"，又有粤方言词"骑楼底"。笔者认为音译形式和意译形式不妨并存，等待语言机制的调节。但是，音译形式没有必要多种并存，可以择优采用并推荐一种。

和谐包容 多边互动应在和谐的氛围中进行，求同存异和兼收并蓄须以包容为前提。前边说过，构建和谐语言生活是规范化的目标。

16字基本原则的核心是求同，我们要找的是最大公约数。

四

在实施规范的时候，要理顺七种关系——主流与支流的关系、规范与协调的关系、自调节与他调节的关系、刚性与柔性的关系、共性与个性的关系、华语与方言的关系、官方与民间的关系。

主流与支流的关系 汉语、汉字的故乡在中国。马来西亚华语是流而不是源，在处理变异现象时宜尽量向主流华语倾斜或靠拢，这样才能使它的基底更加厚实，有利于源与流的融合，有利于中马两国人民的沟通与交流，有利于马来西亚华人跟其他地区华人的沟通与交流。周清海教授说："我们认为，华语的应用和发展，不决定在新加坡，而是决定在中国大陆。因此，在处理差异的对策方面，我们既强调尽量向普通话靠拢，尽量以中国的规范为标准，以保留共同的华语核心；我们也强调加强交流，让语言比较自然地融合。"（郭熙：《域内外汉语协调问题刍议》，《语言文字应用》，2002年第3期；汪惠迪、郭熙：《华语的规范与协调》，新加坡《联合早报》，2002年12月7日言论版）

但是，向主流华语倾斜或靠拢并不是唯普通话马首是瞻。不过，有人主张凡与普通话或《现代汉语词典》不合者，概以普通话或《现汉》为准。比如在马来西亚、新加坡、印尼、文莱华语中，人、物、地、路、山、水名称中多有用"峇"字者，人名地名尤甚。马来西亚出版的《马来西亚中文地名手册》（苏伟妮主编，1999年），B母共有211条，用"峇"字起头的就有43条，约占20%。笔者认为东南亚国家华人对"峇"字有一份特殊的感情，"峇"字已经成为华人族群认同的标志之一。可是有人认为"峇"字是南洋华人自己创造的"怪符号"，应当用"巴"字取代。

《现汉》1983年第2版收录"榴莲"，1996年修订第3版删除，2005年第5版恢复"榴莲"条，作为推荐词形，并收录"榴梿"作为非推荐词形。至此，本区域惯用的"榴梿"才有了立"典"之地。这是《现汉》编者倾听并采纳新马华人的意见后所作的修订。我们是期待"榴梿""扶正"呢，还是继续提倡用"榴莲"呢？

他如"巴刹"（pasar）和"胡姬"（orchid）是否要规范为普通话的"菜市"和"兰花"呢？"回教"和"可兰经"，《现汉》也都收了，马来西亚是否还要照中国改为"伊斯兰教"和"古兰经"呢？

规范与协调的关系 规范主要是语文职能部门，在本国或本地区范围内所进行的对语言文字使用标准的干预；协调则指在国与国或地区与地区之间进行的对语言文字使用标准的干预。规范多半具有指令性，协调具有协同性。协调不但有助于语言文字应用标准的统一，而且有助于构建和谐的华语世界。（周清海：《新加坡华语和普通话的差异与处理差

异的对策》,新加坡《联合早报》副刊,2006年3月21、23日)

马来西亚华人和中国人都使用汉语、汉字,但是制定应用标准,是各自主权范围内的事。如涉及双边或多边关系,可以通过协调解决。

为确保协调工作顺利进行,笔者建议各有关方面应建立或健全机制,搭建便于操作的平台,协商解决华语规范中的问题。比如马来人名、地名、物名的翻译,中、马、新三国译法不同,马来西亚希望名从主人,那就需要协商。例如马来西亚的本位货币名称Ringgit(RM),中国译成"林吉特",马新两国一直用"零吉"。1997年亚洲金融风暴后,马来西亚华语规范理事会改译为"令吉",新加坡华文媒介统一译名委员会决定跟进,但中国仍用"林吉特",跟新马两国还是不一致。如果需要统一,有关各方也可协商。还有马来西亚国家领导人的中文译名,中马两国也有许多不一致之处,马来西亚希望名从主人,也许可以与中国协商,研究一个一揽子的解决方案。

自调节与他调节的关系 王希杰教授说:"对语言来说,它的最重要的特征就是它具有自我调节的功能,它是一个具有自我调节功能的机制。具有调节功能,语言才能随着社会的发展而发展,发挥其交际工具的职能。一旦语言丧失了自己的自我调节功能,就不能随着社会的发展而发展,就无法继续充当交际工具,就面临着死亡的命运。""语言的奥妙就在于:在变化和不变化之间保持着某种相对的平衡,这种平衡是通过它自身利益的自我调节机制实现的。""语言的自我调节活动,从某种意义上说,其实是它对自己的潜在能力的利用与开发。"(《论语言的自我调节功能》,《柳州职业技术学院学报》,2002年第2期)与此同时,语言也可以在人为因素干预下进行调整。语言学界把前一种调整叫作"自调节",后一种叫作"他调节"。(施春宏:《语言调节与语言变异》,《语文建设》,1999年第4—5期)

从语用的宏观角度考量,最好把"自调节"和"他调节"结合起来,同时充分发挥"自调节"的作用。"自调节"是自然而然地使语用中的混乱现象渐趋一致,是潜移默化地达到规范的目的;"他调节"就颇有行政命令的味道,强使分歧取得一致。下面以"手机"为例,也许更能使大家看清"自调节"的力量。请看下表(邹嘉彦、游汝杰:《21世纪华语新词语词典》"前言",复旦大学出版社,2007年):

年份	常用度	北京	上海	香港	澳门	台湾	新加坡
1995—1996	最常用	移动电话	移动电话	流动电话	手提电话	行动电话	随身电话
	次常用	大哥大	大哥大	无线电话	移动电话	大哥大	手提电话
1996—1997	最常用	移动电话	大哥大	流动电话	手提电话	行动电话	随身电话
	次常用	大哥大	手机	手提电话	流动电话	大哥大	流动电话
1997—1998	最常用	移动电话	手机	手提电话	流动电话	大哥大 行动电话	随身电话
	次常用	大哥大	移动电话	无线电话	手提电话	流动电话	流动电话
1998—1999	最常用	移动电话	手机	手提电话	流动电话	行动电话	流动电话
	次常用	手机	移动电话	流动电话	手提电话	大哥大	手机
1999—2000	最常用	手机	手机	流动电话	手机	行动电话	手机
	次常用	移动电话	移动电话	手机	手提电话	手机	随身电话
2000—2001	最常用	手机	手机	流动电话	流动电话	手机	手机
	次常用	移动电话	移动电话	手机	手提电话	行动电话	流动电话
2001—2002	最常用	手机	手机	手机	手机	手机	手机
	次常用	移动电话	移动电话	流动电话	流动电话	行动电话	流动电话

上表显示,"手机"在与"无线电话、流动电话、手提电话、行动电话、随身电话、移动电话、大哥大"的竞争中逐渐胜出,终于在2002年成为京、沪、港、澳、台以及新加坡六地的通用词语。

刚性与柔性的关系 规范标准的制定和执行应当有刚性和柔性之分。例如字形和字音规范所制定的标准是刚性的,执行时带有强制性;推荐性标准就属于柔性标准,执行时具有灵活性。此外,无论是执行刚性标准还是柔性标准，都应当注意层次性。

在基础教育阶段，如中小学的华语文教学，必须严格执行规范标准；对教育学院师资培训班的学员，也必须严格执行规范标准。

国家级媒体在引导规范使用语言文字方面具有优势，并负有社会责任，它们是示范层次，因此必须严格执行国家制定或引进的规范标准。华文媒体严格奉行职业操守，宣传并执行规范标准的自觉性是比较高的，这是广大受众乐见的好现象。对于一般语言用户，即平民百姓，媒体应协助语文职能部门多宣传，多引导，自己要起表率作用。语文职能部门应当看到老百姓的语文生活是非高层次的公共语言生活，对他们须要解释，须要引导，须要宽容，更须要耐心。

共性与个性的关系 马来西亚华语跟普通话基本上相同，但也存在一些地区性差异，二者同多于异，共性大于个性。

马来西亚华语的个性是突出而鲜明的，主要体现在词汇上，在进行规范或协调时，应当保留足以彰显本土风情和姿彩的特色，诸如"峇""巴刹""胡姬""榴梿"等都应保留。又如：邮差（马），邮递员、投递员（中）｜快熟面（马），方便面（中）｜回教、回教徒、回教堂（马），伊斯兰教、穆斯林、清真寺（中）｜印度煎饼（roti prata，马），印度飞饼、印度抛饼、印度甩饼、印度薄饼（中），这些词语要一方放弃自己的习惯用法而采用对方的用法以求统一，难度很大。再如：中乐（中国香港、澳门）｜华乐（马、新、印、文）｜民乐（中国大陆）｜国乐（中国台湾），此例涉及中国、新加坡、马来西亚、印尼、文莱五国，人们除了惊奇词语变异之妙外，还能做些什么呢？能通过协调使之统一吗？我看不能。这一组异形同义词语的存在，显示了语言的精彩与奇妙，也是语言中的一道亮丽的风景。

华语与方言的关系 方言也是一种语言资源，承载着一方的乡土文化，而且是族群认同的标记。方言的存在体现了语言的多样性，因此在进行华语规范化时，应当处理好与方言的关系，不应以牺牲方言或将方言边缘化为代价。

官方与民间的关系　华语的推广和规范属于语言本体规划的范畴。一般地说，语言本体规划应该由政府来制定和落实，在落实的过程中可以同民间合作。

在马来西亚，华文教学之所以能够延续到今天，并且培养了大量华语文水准较高的人才，主要是因为还保留了61所华文独立中学（简称"独中"），而这些中学能够生存到今日，全靠董教总筹华语文的教育事宜。董教总属下的马来西亚华语规范工委会，长期以来，为促进华语规范化做了许多工作。

2004年2月12日，马来西亚华语规范理事会成立，隶属于新闻部；2006年2月由教育部接管，并且由教育部副部长挂帅。这个理事会由政府部门和私人机构的代表组成，特点是华文媒体的代表特别多。华语规范理事会自成立以来，在译名统一方面做了许多工作，其工作成果已经汇编成册，亦可上网查检。

马来西亚政府设立语文局已经50周年了，华语规范理事会期望有朝一日能转变为国家中文语文局。果真如此，则马来西亚的华语规范工作必能百尺竿头更上一层楼。

历史的经验值得注意。事实证明，官民合作是华语规范工作行之有效的方法。

在民间，媒体是应用华语和华文的大户，因此它们的作用不容忽视。媒体随时都会遇到规范与标准的问题，它们对规范化和标准化有迫切感。另一方面，使用规范的语文也是它们的社会责任。媒体常年的倡导和示范，其社会影响力是不容低估的。有鉴于此，政府应当充分发挥媒体的作用,鼓励它们站在规范的第一线。

华校不仅是应用华语和华文的大户,而且肩负着对学生进行华语文的基础教育和基本训练的重任,它们理应成为促进并贯彻规范标准的主力军。

语言是一种资源,国家应当加以保护、开发与利用;语言也是一种资产,国家和个人应当充分加以利用,使之产生经济效益。因此,笔者建议马来西亚政府能够设立一个中文语文局或在国家语文局内设立一个华文职能部门,统筹全国华语文的传播工作。

官方设立华语文职能部门之所以必要,是因为在国与国之间就华语文应用中所出现的问题进行协调时,在调动民间资源时,它可以扮演牵头的角色,在进行语言规划或宏观调控时,它可以发挥主导作用。

马来西亚华语文的应用关系到每个华人的切身需要和利益,华语文的规范工作如果能在国家语文职能部门的领导下进行,并获得广大语言用户的理解、支持和拥护,一定能够持续进行,并取得丰硕的成果。

(2010年2月)

全球华语：汉语词汇研究与辞书编纂的视野

绪 论

2010年《全球华语词典》出版，开创了我国词汇研究和辞书编纂工作以华语，即"以普通话为基础的全世界华人的共同语"为对象的新纪元，显示我国词汇研究和辞书编纂的领域已经扩展到全球华人社区，并取得了阶段性的成果。

现在，《全球华语大词典》的编纂工程已经展开。这项语文建设工程不但彰显了我国的汉语词汇研究和辞书编纂工作进一步向纵深拓展，而且彰显了从今而后，我们将以超越自身生活的圈子为视野来开展词汇研究和辞书编纂工作。

词语无国界。进入互联网时代，词语的跨国、跨地区交流比以往任何时候都快捷、方便。个性鲜明、多姿多彩的虚拟语言生活将越来越多的人吸引到网络之中，网中人在现实世界与虚拟世界之间穿梭往还，过着两种既有联系又有区别的语言生活。现实语言生活与虚拟语言生活频繁互动，不断碰撞，其结果是词语应用问题层出不穷，而且越来越复杂，急需词汇研究和辞书编纂工作者给出答案，予以指引，因而我们的工作具有更大的急迫性与挑战性。

一

由于社会政治经济制度的不同和地理文化上的差异，在汉字文化圈内，全世界各华人社区都产生了一批反映当地特有事物或现象的词语，笔者称之为"地区词"。"地区词"主要在它产生的源头国家或地区流通，活跃在当地人民的语言生活中，但是也不断地流入我国的普通话词汇。

我国在以阶级斗争为纲的漫长岁月里，广大人民跟境外的港澳同胞很少交往；跟台湾同胞处于隔绝状态，谈不上交往；跟海外华人众多的新、马、泰、印尼以及欧美等国华人交往也不多。在这种氛围下，地区词怎能有机会进入我国大陆呢？反观周边国家及地区，由于社会制度相同，经济增长快速，交通媒体发达，人民比较富裕，经贸旅游活动频繁，因而地区词的互动十分活跃，若有需要，立马吸收，使之成为当地华语词汇的新血。这种语言接触的结果使他们的语文生活变得更酷、更加多姿多彩。

在境外和海外华人社区的华语词汇中存在着单区独用，双区、三区、四区或多区共享的地区词。例如香港与澳门一海之隔，新马两国一衣带水，两地两国各有大量的双区共享词语。在改革开放前的漫长岁月中，以中国大陆为一方，以周边国家及地区为另一方，其间隔着一堵墙，横亘着一条不可逾越的鸿沟。

即使如此，由于外交、经贸或文化交往上的某种机遇，有时大陆人民可以看到一点外部世界的风景。例如香港长城电影制片有限公司摄制的《巴士奇遇结良缘》于1978年2月6日在香港首映结束后就到内地公映，一辆"巴士"驶过罗湖桥开进内地。因为封闭得太久了，有港片可看，自是盛况空前，"巴士"深入人心。在此之前，有人甚至不知道

"巴士"为何物,及至看过电影才知道原来就是"公共汽车"。令人遗憾的是电影放过了,"巴士"也就开回香港了,因为当时内地只说"公共汽车",不接受"巴士"。时至今日,别说"巴士"了,"的士"、"波士"(boss,老板)、"芝士"(cheese,奶酪)、"新奇士"(Sunkist,美国优质橙的商标)等等都来者不拒了。

二

20世纪80年代初,我国实现了工作重心的重大转变,从"以阶级斗争为纲"转变为"以经济建设为中心",国门大开,境外和海外华人社区的地区词的春天终于来到了。1997年7月1日和1999年12月20日香港和澳门先后回归祖国,2008年12月15日,台湾海峡两岸宣布"三通"时代正式来临。这就为港澳特区和台湾地区的地区词进入大陆创造了更加有利的条件。

回想境外和海外华人社区地区词涌入大陆初期,为适应交流与沟通的需要,我国大陆出版的港台词语词典如雨后春笋,可是词典的作者不加细分,统称"港台",其实二者是有区别的。更有甚者把内地固有的词语也收编在内。这些词典所选用的例句大多出自书面语,尤其是港台的文学作品,鲜有选自口语者。这说明我国的词汇研究和辞书编纂工作者对境外地区词的研究缺乏深度和精度,首先是因为他们没有机会深入港澳台地区人民的实际生活,所接触的大多是间接的静态的书面语料,而不是直接的动态的语言。

其次,由于价值观、语用观的差异,许多境外和海外的地区词进入大陆后,受到内地语言用户甚至语文专家学者的抵制和批评,也不为辞书编纂者所赏识,尤其是那些音译外来词首当其冲,常遭迎头痛击。例如秀、作秀(show),巴士(bus)、的士(taxi),批评者认为普通话已经有演、演出、表演了，何必还要秀、作秀呢？已经有公共汽车、出租汽车了，何必还要巴士、的士呢？又如近几年出现的音译词"粉丝"（fans）也颇有争议。现在，《全球华语词典》（2010年）、《现代汉语学习词典》（2010年）、《现代汉语词典》（第6版，2012年）都先后收录了"粉丝"，相信争议也可以画句号了。事实证明，我们的思维不能单一化，应该多元化；语用观不能囿于传统，应该前卫些；目光不能太短浅，应该长远些；眼界不能太狭窄，应该开阔些。

词汇是社会的一面镜子，语言的变化首先从词汇中反映出来。我们的词汇研究工作者应当以敏锐的眼光捕捉新词语，并以满腔热情对待新词语，对待外来的地区词。辞书编纂须以词汇研究为基础，把词汇研究的最新学术成果及时地吸收到词典之中。

诚然，辞书编纂工作再怎样前卫、与时俱进，辞书所收录的词语总是滞后于人们的语言生活，这是由辞书的性质决定的。但是词汇研究不应该滞后，应该提速，应该加大力度，并以全球华语为视角来观察、思考、分析、探究，否则很难适应语言用户的语用需要，也很难适应辞书编纂的需要。下面试以改革开放十多年后才出现的一个香港地区词为例来说说。

1997年8月31日，英国戴安娜王妃的座驾在巴黎摆脱记者跟踪时发生车祸，戴安娜及其男友丧生。这是震惊世界的大新闻，境外和海外媒体连篇累牍竞相报道。事发之初，西方通讯社新闻稿中所用的paparazzi怎么翻译呢？陆谷孙主编的《英汉大词典》的释义是"专门追逐名人偷拍照片的摄影者（或记者）"，这么长一个短语媒体使用起来委实不便。然而香港媒体翻译起来却得心应手，不约而同地都译为"狗仔队"。事缘香港警方早在20世纪50年代就擅长以跟踪、窃听等调查方式侦破案件，警方的便衣刑事侦缉队外号"小狗队"，小狗粤语叫狗仔。此外，粤语中有"跟尾狗"一词，比喻总是跟着别人走，自己毫无主见的人。"狗仔队"便是综合了"小狗队"和"跟尾狗"的特点另创的新词。当时我在新加坡《联合早报》工作，我们是在次日看到香港同行译为"狗仔队"的，当时我们用的是"跟踪队"，有人建议用"猎像员""猎像队"。第二天看到香港的译名后，有的同事认为"狗仔队"不雅，且不能望文生义，因此继续用"跟踪队"。后来看到台湾同行也采用"狗仔队"，才决定跟进。这样在几天之内，港澳台地区以及新马泰等国的华文媒体就不约而同统一使用"狗仔队"了。

反观内地，8年后，即2005年，《现代汉语词典》（第5版）尚未增收"狗仔队"；又过了5年，即2010年，《现代汉语学习词典》收录了"狗仔队"；又过了2年，即2012年，《现代汉语词典》（第6版）才增收了"狗仔队"。此时离戴安娜事件发生已经15年了。比《现代汉语词典》（第6版）早两年收录"狗仔队"的是《全球华语词典》，它不但释义，而且标注使用地区为"各地"，说明在全世界华语地区已经通用了。有些新词语词典收录"狗仔队"的时间比《全球华语词典》早，但释义不准确，把"狗仔"解释为"娱记"，把"狗仔队"解释为"成群结队的娱记"；《现代汉语学习词典》则把"狗仔队"解释为"娱记的俗称"。其实"狗仔队"也可能由其他专线记者组成，而"娱记"也并非都是"狗仔"。

如果说15年考验还不够，笔者再举个时间更长的例子。马来群岛出产的水果durian，《现代汉语词典》最早的版本收录的条目是"榴莲"，1996年第3版不知何故加以删除；2005年第5版重出"榴莲"条，并以"榴梿"作为副条立目；2012年第6版，"榴梿"成为主条，"榴莲"成了副条。这样处理，就使中国大陆、港澳特区、台湾地区和新、马、泰、印尼等东盟国家durian的中文译名一致了。这个过程不可谓不长，笔者认为至少可以提前7年，即在2005年第5版中就让"榴梿"做主条。然而,据说读者对《现代汉语词典》(第6版)确定以"榴梿"为主条有意见,认为应当继续用"榴莲"。

另一方面,我们看到辞书也有非常及时地收录境外和海外地区词的时候。例如2005年4月26日至5月3日,时任中国国民党主席的连战访问大陆,4月29日,胡锦涛和连战共同发布会谈新闻公报《两岸和平发展共同愿景》。5月2日,《现代汉语词典》(第5版)就要开印,编审委员会一看到公报便临时决定将原本是台湾地区通用的"愿景"连同公报中出现的"体认"一并予以收编。"愿景"最早出现在台湾人民的语文生活中,旋即流传到港澳地区和新马泰等国,成为多区共享词语。例如新加坡《联合早报》2001年7月就决定在翻译英文电讯稿时将vision改译为"愿景",不再沿用"远景"。

一个新词语无论是在国内产生还是从境外或海外流入,辞书及时收录当然好,相隔一二十年收录也不错,总比不收强得多。辞书失语是令人最为失望之事。

比如"周日",在《现代汉语常用词表(草案)》中的词频是18 607,《常用词表》收录56 008个词,"周日"的位次不算后,在百度上搜索,有1亿个结果,可是《现代汉语学习词典》(2010年)和《现代汉语词典》(2012年)均未收录。《现代汉语规范词典》(2010年第2版)在字头"周"的第6个义项中,以"周日"为例词,但是未出条列目。《全球华语词典》收录"周日",列出3个义项,并分别注明使用地区,是目前能见到的解释最详细的词典。他如"搞手""夫妻档""滑铁卢""脑力激荡"等相当常用的词语,第6版《现代汉语词典》都还没有收录。

针对辞书失语现象,有人批评说:"与其说是疏忽,不如说是逃避;与其说是谨慎,不如说是胆怯。""他们(指语文工作者)缺少研究的深度,缺少判断的胆识,缺少引领的自觉。"(仇海辉:《纪校长"用典"面面观》,《咬文嚼字》,2005年第9期)这个批评,从事辞书编纂工作的朋友听了,可能觉得十分刺耳。笔者认为我国辞书出版界的读者意识还有待强化,只有心中装着读者,失语现象才会减少。

三

今天我们超越自身生活的圈子,以全球华语作为汉语词汇研究与辞书编纂工作的视野,大环境比以往任何时候都好,可以凭借的科技手段和设备比以往任何时候都先进。因此我们完全有条件把工作做得更好。

长期以来,笔者从事文字工作,一直比较关心全球华语社区,主要是我国大陆、港澳特区、台湾地区和新马泰等东南亚国家的华语词汇研究与辞书编纂工作,但不是专业户,仅是个散兵游勇。下面谈几点建议,请大家批评指正。

(一)立足核心地区,延伸境外海外

全球华语是个大范畴,以全球华语为视野是把我们的目光和研究范围投射和延伸到境外和海外,虽然范围扩大了,但是核心和基础是在我国大陆地区。因此,我们必须立足核心地区,打下扎实的基础。就辞书编纂与出版来说,我们有年过半百的规范型品牌语文母典《现代汉语词典》,也有新型的规范型语文词典《现代汉语规范词典》。前几年出版了几部外向型学习词典,近年又出版了内向型学习词典,如以"牛津高阶"为楷模的《现代汉语学习词典》。在向境外和海外延伸方面,我国出版了面向全球华语社区,帮助不同华语社区华人消除隔阂、加强交流与沟通的描写型《全球华语词典》,而《全球华语大词典》正在编纂之中。2012年8月13日,台湾海峡两岸合编的《两岸常用词典》台湾版在台北正式发布;相隔20天,即9月4日大陆版也正式出版。这部词典在消除两岸同胞隔阂，增进两岸同胞了解，深化两岸同胞交流方面将发挥重要作用。

自2006年以来，国家语委每年向社会公布《中国语言生活状况报告》（以下称"绿皮书"）（国家语言资源监测与研究中心编，商务印书馆，2007—2011年）。绿皮书引导社会语言生活和谐发展，为构建和谐社会作出了贡献。绿皮书所提供的语言生活的各种调查报告和实态数据，从宏观到微观，对词汇研究和辞书编纂工作者都极具参考价值。绿皮书也关注境外和海外华人的语文生活，例如在2011年出版的绿皮书的"数据篇"附篇中就有《海外汉语教材用字用词调查》《东南亚小学华文教材课文用字调查》和《东南亚华文媒体字母词（示例）》；"港澳台篇"则早就有了。这证明我们已经放眼全球华语，把研究的领域向外扩展延伸了，今后须要加强力度，向纵深发展。

（二）点面务须兼顾，平衡向前推进

海外华人总数将近5 000万人。全世界150多个国家有华人，最少的国家仅2人，最多的国家超过700万。华人人数最多的5个国家依次是印尼（7 261 984）、泰国（7 254 261）、马来西亚（6 114 900）、美国（2 909 636）、新加坡（2 505 400），4个是东盟成员国。华人占全国总人口比例最高的国家是新加坡，高达76.2%，是个以华族为主的国家。在亚洲，除日本外，东盟10国是华人最多的国家。

无论是亚洲还是欧美，凡是华人较多的国家，大多有华人聚居的社区。一般说来，只有历史悠久、人数较多的华人社区，才会产生地区词或出现词汇变异现象。改革开放后在某些国家形成的华人社区，成员以新移民居多，他们创办的华文媒体都采用普通话和规范汉字，成为推广我国通用语言文字的动力，词汇变异现象并不明显。

值得注意的是东南亚地区的新马泰三国。新马两国历史上曾经是一个国家,1965年8月9日新加坡独立建国,新马才分家。由于两地仅是一水之隔,且有长堤和大桥相连,因此在政治上、经济上和文化上的交往十分频繁,两地华人的语文生活有颇多共同之处。泰南和北马毗连,泰国跟新马两国陆路和空中交通便捷,三地华人互动频繁。语用的实际情况显示,新马泰三国华人社区是地区词较多和词汇变异现象比较突出的国家,我们应将研究的重点放在这三个国家,旁及他国,而且我们需要进行调查,看看在那些华人人口较多的国家,如日本、印度、美国、加拿大、俄罗斯、英国、法国、意大利、荷兰、秘鲁、巴拿马、澳大利亚等国除了传统的华人社区外,是否出现了新的华人社区。对东盟的菲律宾、缅甸、越南等国我们的研究工作比较薄弱,要加强研究的力度。我们的研究工作必须点面兼顾,平衡向前推进。

(三)发挥自身优势,进行跨国合作

我国是汉语、汉字的故乡,汉语词汇研究和辞书编纂积淀深厚,学术资源丰富,研究设备日臻完善,研究方法不断创新。但是,有些国家及地区由于种种原因,他们的基础研究仍有不足之处。比如新加坡经济实力雄厚,除了本国的高等学校培养语文专才外,还不断从海外引进从事华文教学与研究的专家、学者。但是,尽管当地学者呼吁有年,可是至今未能出版一部由本国学者编纂的华语词典、内向型华语学习词典或华英双语学习词典,他们使用的华语单语和华英双语词典大多从我国引进。新加坡学者吴英成博士以新加坡40位经验丰富的小学华文教师为对象,用问卷方式调查他们使用词典的现况。结果显示,目前我国大陆、台湾等地出版的华语单语词典与汉英/英汉双语词典皆无法满足以华语作为第二语言学习者的需求。(《华语词典应用与编纂的落差》,《语言教学与研究》,2002年第3期)笔者认为,如果新加坡需要一部以华语作为第二语言学习者为对象的优质的华语单语或华英双语词典,应当自力更生，自行编纂，或由他们牵头通过国际合作编纂，期待别国专门为他们编纂只适合他们使用的词典是不切实际的。这个原则也适用于其他有同样需要的国家或地区。

在新马两国华语地区词的研究方面，也有值得我们反思之处。尽管新马两国的社会形态相似，两国华语有许多共同的特征，但是在进行词汇对比研究时，我们不能把它们当作一个整体，应当深入地研究两国的国情，研究他们的语言环境的差异及其对词汇变异的影响。语言事实证明，不论是形态的丰富性还是变异的多样性，不论是从汉语历史演变还是从汉语地域变异的角度来观察、分析、探究，马来西亚华语词汇跟新加坡有许多不同之处。（邱克威：《马来西亚与新加坡华语词汇差异及其环境因素》，《中国社会语言学》，2011年第2期）

《全球华语词典》问世后，新马两国可能是海外发行量最大的国家，而引起强烈反响的是马来西亚，意见集中在词典所收录的马来西亚的地区词数量太少。笔者认为原因之一是马来西亚本国对地区词的研究还没有深入展开，可资参考的资料较少。当然，主要原因还在于词典编者对马来西亚地区词的研究缺乏广度和深度。这说明我们在进行跨国合作时应当把事先的研究工作做得更加广泛些、深入些、细致些、扎实些。说实在的，在东盟10国中，除新加坡、马来西亚、泰国外，我们同印尼、越南、菲律宾、缅甸、柬埔寨、老挝、文莱诸国合作的空间还是很大的。我们同欧美以及大洋洲等地华人较多的国家的华人社区同样具有很大的合作空间。只有发挥我们自身的优势，努力加强跨国、跨地区的调研与合作，我们的词汇研究和辞书编纂工作才能取得辉煌的成果，才能适应与满足国际中文教育的需要。

（2012年10月）

全球华人语文生活中的一件大事

2000年10月5日,笔者在新加坡《联合早报》撰文,吁请新加坡高等学府牵头,联合全球主要华人社区的语文专家,携手编纂一部《全球华语通用词典》(《网络世纪需要一部全球华语通用词典》)。南洋理工大学教授周清海先生则四处奔走,在中国大陆、台湾地区和港澳特区举行的国际学术研讨会上不断倡议,希望各地专家互相合作,共同完成这项跨国跨地区的语文建设工程。

2002年11月26—29日,第二届肯特岗国际汉语语言学圆桌会议在新加坡举行。在一次宴会上,周教授继续提出倡议,赴宴的中国教育部语言文字信息管理司(简称"语信司")司长李宇明教授当场应诺。回国后,李宇明教授牵线搭桥,找到被誉为"工具书王国"的商务印书馆,终于促成编纂词典之事。

商务印书馆闻风而动,开始筹划《全球华语词典》的编纂工作。2004年,新马编写组在新加坡率先成立,试编工作随即展开。2005年3月,词典的编纂计划在中国国家语言文字工作委员会(国家语委)正式立项,李宇明教授出任主编,接着在暨南大学召开首次编委会会议,商讨并落实编纂事宜。会后,港澳编写组、台湾编写组、大陆编写组相继成立,于是编纂工作全面展开。与此同时,编委会安排专人与北美、西欧、大洋洲等地区的学者联系,搜集当地的华语资料。参加编纂工作的有中国大陆、台湾地区、港澳特区及新马泰等国的专家学者30余人,他们花了5年心血,终于完成了这项工作。

2010年5月17日下午3时30分,《全球华语词典》出版座谈会在北京人民大会堂浙江厅举行。座谈会由中国教育部部长袁贵仁主持。词典的两位荣誉顾问,第八、第九届全国政协主席李瑞环和新加坡内阁资政李光耀出席会议并发表讲话。出席座谈会的还有第十届全国人大常委会副委员长许嘉璐,中宣部、中联部、外交部、教育部、新闻出版总署、国务院侨办、全国侨联、华文教育基金会、中国出版集团、商务印书馆等有关部门的负责人,新加坡总理公署和新加坡驻华大使馆的官员等。

《全球华语词典》收录了全球各主要华人社区的特有词语和名异实同或名同实异的异名词语共计约1万条,释义、举例并逐一注明使用地区。可以说,这是一部个性鲜明的国际性的新型语文词典,填补了我国辞书出版的空白。

回顾历史,新马华人的先辈由于各种原因,从中国南方沿海诸省漂洋过海,移居南洋。他们所到之处也是汉语和中华文化落地生根、开枝散叶之地。是他们使汉语在异国他乡得以传播,是他们使中华文化在海外发扬光大。

中华人民共和国成立后,特别是改革开放以来,汉语和中华文化的国际传播从来没有像今天这样迅速、普遍、深入。孔子学院雨后春笋般地在五大洲一个个地创建起来,学习汉语的华人和外国朋友也从来没有像今天这样与日俱增。目前,除中国(包括台湾地区和港澳特区)外,全世界大约有4 000万人在学习中文。

首先,《全球华语词典》折射了华语的多元,展现了华语的姿彩,彰显了华语的魅力。生活在世界各地的炎黄子孙现在大多习惯于把现代汉语的共同语叫作华语。华语是以普通话为基础的现代全世界华人的共同语。海外华人和外国朋友学了华语,相互沟通一般都不成问题。但是,世界各地的华语都存在着一些差异,这主要是由历史的、地理的、社会的多方面原因造成的。这种差异主要体现在词汇上,有时成为相互交流与沟通的障碍。例如中国大陆人民所说的"民乐",台湾地区叫"国乐",港澳特区叫"中乐",新、马、泰、印尼等东盟国家叫"华乐"。新加坡人说的"路隆",马来西亚叫"路墩",港澳特区叫"路拱",中国大陆叫"减速带"。新马的"印度煎饼",中国大陆叫"印度抛饼""印度甩饼"或"印度飞饼"。诸如此类,可以说是华语中的一种奇特的景观,词典——如实记录。

其次,《全球华语词典》的出版有助于全球华人构建和谐的语文生活。你那里习惯用"中乐""华乐"或"国乐",那就依照你的习惯使用,词典不过是如实描写,记录下来,让语言的用户都了解,使他们能够入乡随俗,到什么山上唱什么歌。这不但有利于沟通,而且可以增强全球华人相互交往的亲和力。

虽然词典的编纂者在记录、描写的时候并不强求规范或统一,但也并不是毫无作为,他们也审慎地表了个态,即指出词语的应用导向。例如"印度抛饼""印度甩饼"和"印度飞饼",编者倡议使用"印度抛饼","路隆""路墩""路拱""减速带",语用导向是"减速带"。《全球华语词典》是商务印书馆创立110多年来出版的第一部用"华语"做书名的工具书,取名顺应潮流、与时俱进,具有特殊意义,因为"华语"是一个包容性很强,而且非常人性化的词儿。

第三,《全球华语词典》不当语用法官,却要当好语用导游,为中国人民走向世界,为海外华人和外国朋友走进中国扮演了一个向导的角色。众所周知,英语是全世界使用范围最广的一种语言,在长期的使用中出现了一些地域差异,因而有所谓英国英语、美国英语、新加坡英语等,呈现出它的多样性。现在,汉语已经成为一种世界性的语言,它也正通过在世界各地的变体来丰富自己。中国是汉语的故乡,是汉语的大本营，势必跟海外汉语频繁交流、亲密互动。《全球华语词典》可以说是这种交流与互动的产物，也是这种交流与互动的桥梁，对各地华语在交流与互动中自然融合将起到积极的导向和促进作用。

第四，在汉语国际化的过程中，《全球华语词典》大量收录各华语地区的相对稳定的汉语词语，经过广泛应用，逐步稳定之后，必将为现代汉语标准语输送丰富的养分，从而使现代汉语的基底更加厚实，内核更加坚实，表现力更加强大。

最后不得不提的是，《全球华语词典》颇有可读性。一般来说，词典是供查检之用的，不是一般的趣味性读物。但是这部词典不同，它的可读性主要体现在以下两个方面：

一是在许多词语下设置"知识窗"，主要介绍词语得名之由。比如新加坡人在阅读《联合早报》的中国新闻时，常看到"双规"一词，其实除了"双规"之外，还有"双开"和"双指"。"双开"是什么意思？词典有解析，"双规"和"双指"有什么不同？"知识窗"里有介绍。又如已为普通话吸收的广东话"拍拖"怎么可以用来"指谈恋爱"的呢？现在大家常说的"买单"和"埋单"、"大排档"和"大牌档"、"咸鱼翻身"和"咸鱼翻生"是哪里来的呢，到底怎么写呢？这部词典都给我们提供了答案，言之成理，持之有故。

二是例句丰富，例子出自当地报纸，从中可使我们了解到有关国家或地区的国情或区情。

词典要编得有可读性，并不容易。这说明词典的编纂者心中装着读者，是颇具匠心、煞费苦心的。

毋庸讳言，词典也还有不足之处，例如收录的条目，即以东盟10国来说，新马泰较多，其他国家较少。其次，我认为编者的编纂观念还应当前卫些，例如收了"臀霸"却不喜欢"波霸"，收了"丰乳""丰胸""隆乳""隆胸"却不喜欢"太平公主"。笔者忝为词典的编者之一,由衷地欢迎读者批评指教。

笔者希望商务印书馆能不断修订,日臻完善,把《全球华语词典》打造成一个品牌,使它更好地满足全球华人和外国朋友学习和使用华语文的需求。笔者相信全世界华人是需要这样一部词典的,学习华语的外国朋友也是需要这样一部词典的。

(2010年5月)

创汉语"牛津高阶"之楷模

改革开放以来,中国出版各类语文辞书达2 516部,可是,为以华语为母语的学习者编纂的、旨在提高华语文应用能力的"内向型"学习词典基本上是一片空白。新千年伊始,商务印书馆出版了郭良夫主编的《应用汉语词典》(2000年),新加坡版为当地怡学出版社出版的《新世纪高级汉语词典》(2000年),深受广大读者欢迎。

《应用汉语词典》虽冠以"应用"二字,注重词语的用法,在词类标注、词义辨析、构词提示等方面进行了有益的尝试,但还只能说具备了"内向型"学习词典的一些主要元素。有鉴于此,商务印书馆辞书研究中心早就着手在这部词典的基础上研发编纂《现代汉语学习词典》。

2010年8月,令人翘望已久的《现代汉语学习词典》终于出版了。这部词典以指导学习应用为本旨,具有强大的学习功能。"开学生'学习词典'之先河,创汉语'牛津高阶'之楷模"原本是出版者的愿景,如今已经呈现在我们的面前。

在西方,霍恩比(Hornby)的《英语习语与句法词典》于1942年出版,填补了词典类型学上的空白,开创了"外向型"学习词典这一崭新的词典类型。此后,由于英语逐渐发展成为全球通用的国际性语言,优秀的"外向型"英语学习词典不断涌现并互相学习,激烈竞争,使英语"外向型"学习词典的编纂从理论和方法到编纂技巧和手段逐渐成熟,并高居业内的领军地位。享誉全球的牛津系列辞书堪称英语学习型词典的典范之作,其中原著为霍恩比的《牛津高阶英语词典》(*Oxford*

Advanced Learner's Dictionary，OALD）历经打磨已经推出第7版，累计印刷291次，发行量逾3 000万册。（于屏方：《发达国家学习词典研究及其对汉语学习词典规划的影响》，第二届汉语辞书论坛，鲁东大学，2010年）

笔者注意到，新加坡在2010年5月11日举行的母语教育总理记者会上，陪同李显龙总理出席的教育部长黄永宏指出，母语教育检讨委员会认为，要确保一般学生能够有效地学习母语，施教目标应以配合应用能力为主，而未来母语教育要秉持的两大方针是因材施教和活学活用。华文教育秉持活学活用的方针，并注重培养学生华语文的应用能力，无论是教还是学，都在"用"字上大做文章，狠下功夫。说实在的，早该如此了。如果新加坡华族学生学习华文的目的依然是为了应付考试，为了升学，而施教亦以考试与升学为目标，那么，学生在学习过程中肯定只会囫囵吞枣、死记硬背，永远不可能有效地提高自己华语文的应用能力。

上海著名的语文教育专家、特级教师于漪有句名言："好的辞书能培养人一辈子，工具书是不说话的老师。"后半句，新加坡的华文老师耳熟能详，并且也是这样教导学生的。前半句，老师和家长们是否已具有这样的理念了呢？有，最好；没有，笔者认为应当树立这样的理念。不过，我们务必注意，"能培养人一辈子"的是"好的辞书"。市面上劣质的辞书为数不少，而抄袭词典、配套出售的"词语解释"之类的工具性小册子更多，都不足取。

什么样的辞书算是"好的辞书"？新加坡的华文老师和华文应用者或许都会推崇《现代汉语词典》。当年笔者在华文报服务时，向同事们和教育界的朋友们推荐的语文工具书首选的就是这部词典。但是，《现代汉语词典》是"以记录普通话语汇为主的""为推广普通话、促进汉语规范化服务的"规范型词典,不是学习型词典。跟《现代汉语词典》最大的不同是,《现代汉语学习词典》是基于特定学习者的学习需求和学习中所碰到的问题编写的,针对性和实践性都比较强。《现代汉语学习词典》在书名上仅比《现代汉语词典》多两个字——学习,然而这两个字正是《现代汉语学习词典》的特点、亮点、卖点。

有的专家认为高级的华语学习型词典,应收词语4万左右。《现代汉语学习词典》收录词语恰好4万余条,而全书将近400万字。这部词典的特点是体现了三个"结合"和三个"突出"。

三个"结合"是科学性和实用性相结合,规范性和灵活性相结合,工具性和人文性相结合。三个"突出"是突出时代特色,努力反映和贴近当代语言生活;突出文化特色,努力揭示词语包蕴的中华文化历史和现实的内涵;突出语用特色,努力挖掘各类词语的具体用法和特殊含义。最能凸显三个"结合"和三个"突出"的是词典所设置的五大板块——语汇、注意、辨析、知识窗、插图。限于篇幅,在此仅作简要介绍。

语汇——在单字条目下列出常用的逆序词语。如在"风"字下列出"把风""抽风"……"空穴来风""两袖清风""弱不禁风"等词语63个,"头"字下列出70个,"人"字下列出109个。如此可以扩大学生词汇学习的视野,丰富他们的词汇。

注意——对一些有特殊用法或容易读错、写错、用错的字词加以提示。如对"年龄"的释义是"人已经生存在世间的年数",紧接着的"注意"是"有时对动植物也说'年龄',常用一个'龄'字搭配,如'树龄''犬龄'等"。

辨析——对同义词、易混词等进行辨析。如在"年纪"条下辨析"年纪"和"年龄"的异同,告诉读者"年纪大"可以说"年龄大",

"上了年纪"却不能说"上了年龄",应当说"上了岁数";另外"年龄"可用于动植物或天体等,而"年纪"只用于人。再如"二"和"两"、"渡"和"度"、"做"和"作"、"没(没有)"和"不"用法上的区别,都辨析得既到位又简明,十分实用。

知识窗——简介与词目有关的文化知识,交代某些词语的来源,列举一些词语在华语区的不同说法等。如"年龄"条下有"年龄划界新规定":"1993年,世界卫生组织经过种种测定,决定将人生年龄重新划分如下:凡44岁以下者为青年人(过去是35岁以下),45岁至59岁为中年人,60岁至74岁为年轻的老年人,75至89岁为老年人,90岁上者为长寿老年人。这一年龄时期的新划法,对人们的心理健康和抗衰老意志是极大的鼓舞和推动。"在"彼一时,此一时"条下引用《孟子·公孙丑下》介绍了语源,"斧正"条下介绍了典源。在"蹦极"(bungee)、"方便面"、"减速带"条下分别介绍了称说上的地区差异,如"减速带"条下告诉读者,中国大陆叫"减速带"或"减速条",中国的港澳地区、台湾地区和马来西亚叫"路拱",马来西亚又叫"路墩",新加坡则叫"路隆"。读者由此可以了解到全球华人社区对同一事物有不同的称说,沟通起来障碍就消除了。

插图——部分条目配了插图,作为释义的补充。如"币"字条下附有钱币插图9幅。

这部词典还有几个特色值得一提。一是增收新词或增补义项。如收录了新加坡的"组屋",并设置"知识窗"加以介绍。"出租车"释义是"我国台湾地区称出租汽车",以此表明"出租汽车"是台湾地区词。"八卦""感同身受""呼之欲出""美轮美奂"都增补了义项,"八卦"增补的是"形容好管闲事或偏好窥探传播绯闻、隐私、灵异新闻"。二是在有些名词条目后附列量词。如"轮船"后有"条、只、艘"。三是方言词语标出所属方言,计有北京话、东北话、北方官话、西北官话、西南官话、江淮官话、吴语、湘语、赣语、粤语、闽语、客家话等十余种。如"窝心"有两个义项:一个标北京话、东北话,含贬义;一个标苏州话,含褒义。

《现代汉语学习词典》不但能够帮助华语文的学习者了解某个词语该怎么写、怎么读、怎么讲,而且能够帮助他们解决怎么用的问题。对使用者来说,词典能帮助他们将词语写准确,读准确,理解正确,运用得精当。因此它是一部创新、实用、好用、管用的学习型词典。

诚如编者所说,"这部词典距离理想的学习型汉语词典还有一些差距"。笔者认为美中不足的是没有在常用词语下列举词语的搭配选择。诚然,编者在"辨析"栏中不时提到词语搭配问题,但是,辨析的词语毕竟是少数,就绝大多数词语而言,它们惯常与哪些词语搭配,若能列出一些,对读者肯定大有帮助。笔者长期从事文字工作,语用的实际情形证明搭配不当是最常见的语病。其次,笔者一直不赞成将"林荫道"写作"林阴道",所以在读词典时特别关注这个词的写法。当看到以"林阴道"做主条时大失所望,谁知编者还提请读者注意说:"这里的'阴'不写作'荫'。"可当我翻到"树阴"时,只见释义后说也作"树荫"。树之"阴"和林之"阴"本质上有何不同?不解。第三,笔者看到新加坡的"组屋"进入中国学习型词典的殿堂时,眼前顿觉一亮。于是赶忙回望"榴莲",却见"榴莲"当头,还好释义后拖着条尾巴说"以上也作榴梿",内心稍微平复了些。词典出版之日就是修订开始之时,好词典是须要打磨的,就请打磨起来吧。

【附记】《现代汉语学习词典》繁体版已于2015年3月由三联书店(香港)有限公司在香港出版。繁体版是在简体版的基础上改编修订而成的。修订时，注重学术性、实用性和系统性，吸收了新词新语及少量新鲜的香港、澳门、台湾地区用词。共收字约11 000个，收词约46 000条。在字形方面，参考《通用规范汉字表》(2013)，依据香港地区现行的常用繁体字字形，设立字头。在字音方面，增补与普通话读音不同的台湾常用读音约200个。在词汇方面，增收香港、澳门、台湾地区用词数百条；适量增收港澳地区中文书面语常用的虚词。附录新增以阿拉伯数字开头的词语。

（2010年10月）

新版《现汉》恪守正道，开拓创新

1956年2月6日，周恩来总理签发了《国务院关于推广普通话的指示》，责成中国科学院语言研究所编写一部以确定词汇规范为目的的中型现代汉语词典。经过一段时间的筹备，《现代汉语词典》（以下简称《现汉》）于1958年初开编，1960年出了试印本（16开，6个分册），供征求意见用。10年"文革"动乱，编纂工作一度中断，直到1978年才正式出了第1版。2012年7月15日，商务印书馆推出第6版。34年中《现汉》出台了6个不同的版本，每一版都记录了那个时代的特征。

想当年，因工作关系，我手头有一套试印本。由于没有同类型的词典可以参考，因此在第1版出版前，我一直把它当作正版使用。此后每出一版，就买一部。岁月飞逝，算起来，《现汉》陪伴我从青年到老年，经历了半个多世纪。

犹记得1984年我到新加坡《联合早报》工作时，带着一本经过小修而在1983年出版的第2版。当时，新加坡还不允许《现汉》公开发售，书店里出售的是当地的《最新现代汉语大词典》。书名很牛，其实，既非"最新"，亦称不上"大"。办公室里有一部公用的，翻口一侧已经乌黑乌黑，硬封面也脱落下来了，可是在优质语文工具书奇缺的年代，大家还是把它当作宝，随时向这位不会说话的老师请教。

改革开放后，中国迎来了辞书出版的春天。如今，在新加坡的书店里，从中国进口的工具书林林总总，《现汉》一直是货架上的常客，是最受新加坡读者欢迎的语文工具书之一。

《现汉》(第6版)的修订工作历时7年,主要是审定字形、修订注音、增加单字、增收新词、增补新义、汰除旧词、复查词类标注、调整异形词主副条、增删修改例词例句等。修订后的《现汉》共收各类单字13 000多个,增加了600多个;条目总计69 000余条,增加了4 000条。这是一次比较全面而系统的修订。

《现汉》是规范型而不是描写型的词典,它以"守正拓新,与时共进"为目标,着力提高词典的科学性、时代性、规范性和实用性。我认为编者所确定的目标与"四性"原则是很恰当的。只是我觉得"守正拓新"已蕴涵了"与时共进"之意了,因此在品评新版《现汉》时务须以"守正拓新"为标尺。

"守正"指恪守正道,"拓新"指开拓创新。守正是拓新的前提与依归,拓新是守正的目的与结果;守正不离拓新,拓新不弃守正。二者共生互补,相辅相成,在词典的修订过程中应当始终保持平衡统一。

新版《现汉》面市后,最具眼球效应、争议最多的是它增收的新词语。全书共增收新词语和其他词语3 000多条,其中真正的新词仅1 000余条。这千余条新词分布在社会生活的多个领域,反映了近几年来中国社会所出现的新事物、新现象、新变化、新理念,富有强烈的时代气息,从中可以窥见中国社会的全貌。

新版《现汉》所收录的新词语绝大多数广受读者欢迎,争论的焦点集中在少数新词上,一个典型的例子便是词典收录了"宅男""宅女",却未收"剩男""剩女"。编者解释说,把未婚的大龄男女叫作"剩男""剩女"对人"不够尊重",这就涉及收录新词的标准了。有的网友尖锐地批评说,这是"用道德标准作为收录的原则",并提醒人们要警惕"这种思想洁癖背后的权力"对自由的干预。另有人批评说:"选词不应该有双重标准,词典唯一的标准,只能是语言本身。""选词应不论褒贬，不能在忌讳中失去客观。只有这样，才能体现对语言文字的尊重。"不过，有位语文专家指出，价值观和社会效果也是像《现汉》这样的规范型辞书必须考量的标准之一。我想，这大概就是编者在把关时所"守"之"正"了吧！

毫无疑问，为新版《现汉》殚精竭虑的首先是词典编辑组的全体工作人员，但据报道，为词典出力的尚有专家、学者等不下百余人。我相信他们对应否收录"剩男""剩女"也是有不同意见的，最终将之拒之门外，局外人不妨多想想原因何在。

我认为对人"不够尊重"不失为一个理由，但是，在我看来主要原因是这两个词本身太复杂了，可谓麻烦多多。姑且不论"剩男""剩女"的年龄界限难以确定，问题在于成年男女不娶不嫁的原因很多。有人害怕结婚，说结婚就是进入坟墓；有人抱持独身主义，根本不想结婚；有人因生理原因不能结婚，等等。这些压根儿就不想或不能结婚的人，怎能说他们是"剩男""剩女"呢？是从哪儿"剩"下来的呢？有部词典解释说"剩女"是"指婚姻上得不到理想归宿的大龄女青年"，这能涵盖上面所列举的女性吗？什么"得不到"，她们根本就不想或不能得到。由此，恕我大胆预言，"剩男""剩女"在构词上存在先天性缺陷，很可能经不起时间的考验而淡出我们的语言生活。像这样的新词语收进规范型词典未必合适。此外，新版《现汉》收"泡吧"而不收"泡妞"，收"裸婚"而不收"裸奔"，保留老"同志"而拒绝新"同志"（指同性恋者），原因亦在于此。对这样的新词语，语言用户大可爱用不用，十分自由。

新版《现汉》收录了源自台湾地区和港澳特区的地区词，前者如"糗、呛声、力挺、谢票、站台"等，后者如"八卦、手信、饮茶、狗仔队、无厘头、咸鱼翻生（咸鱼翻身为副条）"等；收录了常用的英语和日语外来词；收录了239条字母词（包括借词、外语缩略语和汉语拼音缩略语）。新马泰等国华人常用的"榴梿"终于由副条转正啦！

  一部规范型语文词典既要尽量满足读者查考的需要，又要起到指导读者正确使用规范语言的作用，二者之间如何取得平衡并不是一件容易的事。在具体问题上，新版《现汉》值得进一步推敲之处还很多，好在新版出版之日就是开始修订之时，一切的一切唯有留待来日解决了。

（2012年7月）

纸电同步，百年《辞源》换新装

中国古代并没有现代意义上的字典和词典的严格区分。东汉许慎所著的《说文解字》（简称《说文》），草成于公元100年（汉和帝永元十二年），公元121年（安帝建光元年）定稿，它是中国历史上第一部按部首编排的字典，收字9 353个，另有"重文"（异体字）1 163个，共计10 516个字。许慎逐字分析字形，考订字源，辨释音读，解说字义，历时22载。

清康熙年间，张玉书、陈廷敬等30多位饱学之士奉旨编纂字典，从1710年（康熙四十九年）到1716年（康熙五十五年），历时6年，大功告成，是为《康熙字典》。这部字典收字47 035个，成为汉字研究又一重要的参考文献。《康熙字典》是中国第一部以字典命名的辞书。

那么中国古代有没有词典呢？有人说有，就是《尔雅》。《尔雅》最早著录于《汉书·艺文志》，但未载作者姓名，后人大都认为是秦汉年间学者缀辑春秋战国及秦汉时期的文献，递相增益而成的一部以字为单位，按义类编排，专门解释字义的义典，还不能算是一部词典。

清末民初，西学东渐，社会剧变，中华民族正处在历史的转折时期。民国四年（1915年）《辞源》问世，成为"20世纪初中国文化转型期的标志性成果"（王宁：《百年〈辞源〉的现代意义》，《光明日报》，2015年12月22日）。

《辞源》由商务印书馆出版，主编陆尔奎。商务印书馆1897年创办于上海，创办人夏瑞芳。应夏瑞芳之邀，张元济于1902年入股商务印书馆，出任编译所所长。陆尔奎，江苏武进（今江苏省常州市武进区）人，晚清举人，办过新学，是一个"融合新旧"的人。他认为"一国之文化，常与其辞书相比例"，慨叹"国无辞书，无文化之可言也"（陆尔奎：《〈辞源〉说略》，《辞源》第1版）。1906年，44岁的陆尔奎经人介绍进入商务印书馆。一进商务，他就向张元济提出要编纂一部辞书，为此，张元济斥资13万元（约占当时公司总资本的四分之一），成立字典部，由陆尔奎担任部长。在张元济的策划和指导下，《辞源》于1908年开编。

提及《辞源》编纂之经历，陆尔奎说："其初同志五六人，旋增至数十人。""本期以两年蒇事，及任事稍久，困难渐见，始知欲速不达。""往往因一字之疑滞而旁皇终日，经数人之参酌而解决无从，甚至驰书万里，博访通人，其或得或失，亦难预料。"最后"历八年而始竣事"（《〈辞源〉说略》，同上）。陆尔奎跟他的同事们埋头苦干了8年，《辞源》才完工，他却因积劳成疾，视力受损，导致双目失明，1935年去世。

1915年9月，《辞源》第1版第1次印刷，10月，初版发行。这是中国第一部以语词为主，兼及百科的综合性新型辞书，是中国现代史上第一部大型汉语语文工具书。全书收单字1万余个，词目近10万条，按214个部首排列，400万字，3 094页。《辞源》问世，开创了中国现代辞书出版的先河。

1922年，方毅和傅运森主持《辞源》续编工作，主要是增补新名词。1931年12月，《续编》出版，虽是一个独立的版次，却是补充性质，并未与正编融为一体，因此不能算是一次完整的修订。与《续编》相对，先前的版本称为《正编》，二者互为补充，相得益彰。从1915年到1931年，前后共计16年。

又8年,1939年6月,正、续编合订本在香港出版,全四册。全书收单字11 204个,复词87 790个,合计词目98 994条,约700万字。卷首有部首目录、笔画检字索引。采用了新式标点,卷末有四角号码索引等附件,查检较为方便。

1949年9月19日,中华人民共和国成立前夜,毛泽东邀请张元济同游天坛。谈到商务印书馆,毛泽东说,商务出版的《辞源》,他在延安时总是放在案头,写作时常常翻阅。

中华人民共和国成立后,《辞源》修订工作于1958年启动,历经8个寒暑,修订稿第1分册(征求意见稿)于1964年7月出版。岂料,随后发生一场"文化大革命",修订工作被迫中断。1975年修订工作再次列入国家辞书出版规划,政府有关部门指定广西、广东、湖南、河南四省(区)分别成立修订机构,协助商务印书馆共同完成修订工作。1979年中华人民共和国成立30周年,作为献礼项目,7月,《辞源》修订本第1分册出版。1980年8月第2分册出版,1981年12月第3分册出版,1983年12月第4分册出版。至此修订本出齐,全书共4册,3 620页,共收单字12 890个,复音词84 134条,总计97 024条,总字数1 000万字,是为《辞源》问世以来的第2版。自1975至1983年又历经8个春秋。

第2版的3位总纂是商务印书馆的吴泽炎、黄秋耘、刘叶秋先生,均已作古。3位前辈功成不居,身后寂寞,他们的心血都凝聚在《辞源》中,垂范后人。

光阴荏苒。又过了3个8年,岁序公元2007年,2月27日,商务印书馆成立了《辞源》修订领导小组和项目组,拉开了再次大规模修订《辞源》的序幕。这次修订阵容强大,集合了近百所高校及科研院所的专业力量,由北京大学教授何九盈、北京师范大学教授王宁和中国社会科学院研究员董琨3位先生任主编,另有分主编22位,整个专家团队共有127人。

又是8年，2015年10月，《辞源》第3版出版。全书由214个部首统摄14 210个字头，众字头统摄92 646个词条，并有插图近千幅，约1 200万字，共4 767页，分上、下两册。同年12月24日，《辞源》出版百年暨《辞源》第3版出版座谈会在北京人民大会堂隆重举行。

第3版进行了9大修订。一、整理字形。确定了字的主形和标准的字样，形成了比较规范的古籍印刷通用字系统。二、考订注音。逐一清理了《辞源》字头的上古音、中古音、现代音的标注，达到音义契合，古今贯通。三、增补辞目。共增补1 302个字头、8 512个复音词，其中新增百科词语6 500个。四、改进释义。认真考察书证与释义的互相切合关系，进一步体现了书证对释义的加深和补足作用。对汉语典故词进行了典源、典义、典面的历史梳理。五、优化书证。复查了书证的原文和出处，纠正了书证的讹误和不确切之处，更换补充了对梳理源流有用的书证。书证和释义的改动量达40 000条，改动率达40%。六、沟通系统。细化了字、词、音、义、文、事互见的体例，将《辞源》中的相关条目尽量勾连，克服了辞书信息碎片化的局限，便于读者获取更为全面详尽的信息。七、增补插图。补充了与文化名物词相应的插图618幅。八、完善体例。九、科学建档。

上述各项修订的总目标是正本清源，修旧增新，重点是正本清源。"源者，原也。追溯始出为'源'，梳理流变，保持原貌都是'源'。""'源'有字源、语源"，"字源又可分为形源、音源、义源；语源又可分为典源、证源（所谓始见例）。""典源、证源只是文献、语料问题，属于书证层面，实为文化源。……字源才是真正的语言文字问题，基本上属于字头层面。"《辞源》讲究的是"用字之源"，"以传世古典文献（下限至鸦片战争）所用字作为阐释对象。上不引用甲骨、金文，下不用近现代的新造字和简化字",在筛选古代文献中的用字时,以"源"为首选标准。这是楷体层面的"源",符合传统就是"源",通用就是"源"。这样处理,"有利于纵向沟通(即古今沟通)和横向沟通(即陆台沟通)"。(何九盈、王宁、董琨:《〈辞源〉:通往传统文化的桥梁》,《辞源》第3版"前言")

  王宁教授说,"《辞源》是以古代典籍的语词及其解释为信息载体的中国传统文化知识库","《辞源》保留了中国古代文化的话语权","为阅读者还原中国古代对这个词语使用的原貌",以免读者用外国的和现代的词语意义去附会古代。(《百年〈辞源〉的现代意义》)《辞源》是通向传统文化的一座桥梁,每一次修订都是为了加固这座百年大桥。

  人类进入网络世纪,出版业顺应时代潮流而发展,告别了铅与火、光与电的时代而迈入数与网的时代。《辞源》第3版敢领潮流之先,在出版纸质版的同时推出了网络版和优盘版,实现了纸电同步。数字版《辞源》的数据加工和技术调试历时半年,为读者提供了笔记、引文、纸质书对照等一系列增值服务。对年轻读者和研究者来说,数字版《辞源》提供了更多的便利。

(2016年6月)

常州四大语言学家主创四套汉语拼音方案

每个人都有自己的语文生活,语文生活是社会生活的重要组成部分。社会的发展和现代化,引领人们的语文生活发展和现代化。中国语文现代化的领军人物周有光先生在一次受访时说,中国语文现代化,就是中国的语言和文字要跟随着时代的变化而发展。

中国语文现代化始于19世纪末,至今已经有百多年历史了。当时,中国人民的语文生活状况是使用方言,四方言殊;书面语用文言,造成言文脱节;汉字难读难写,注音工具落后。

周有光将中国语文现代化的目标归纳为"四化":语言共同化,文体口语化,文字简便化,注音字母化。后来根据人们语文生活的实际发展,他又增加了"两化":中文信息化和术语国际化。

如今中国人民语文生活的状况是使用普通话,实现语同音;使用现代白话文,我手写我口;使用规范汉字,注音工具拉丁化;普遍采用汉语拼音转换汉字的输入法,使中文信息处理逐步同国际接轨。

在推进中国语文现代化的历史进程中,一大批专家学者为此贡献了毕生的精力,常州籍四大语言学家在不同的历史阶段"起了领头雁和风向标的作用"。这四位语言学家是常州市武进区雪堰镇人吴稚晖(1865—1953)和常州市旧城区青果巷人赵元任(1892—1982)、瞿秋白(1899—1935)、周有光(1906—2017)。

吴、赵、瞿、周四位大家在推广早期国语，践行现代白话，推行大众语文，编纂国音字书，调查汉语方言，倡导现代汉字或中文信息处理等促进语文现代化方面都有重大贡献，最突出的是他们对四套经典的拼音方案，分别作出了创造性的贡献。这四套经典的拼音方案依出台时间之先后分别是：注音字母、国语罗马字、拉丁化新文字和汉语拼音方案。

一、注音字母

注音字母是中国北洋政府教育部于1918年11月23日公布的，1930年4月21日，中国国民党中执委第88次常务会议决定将"注音字母"改称为"注音符号"。因为"注音字母"的功用"仅适注音，不合造字，称为字母，徒滋歧误，所以应改称为'注音符号'，以副名实"。今天，"注音符号"仍在中国台湾地区使用，继续发挥其学习"国语"及给汉字注音的功能。

"注音符号"不是由一个人制定的拼音方案，而是在政府领导下制定的集体方案，主持人是吴稚晖。1911年10月10日武昌起义爆发。当时客居伦敦的吴稚晖闻讯后兴奋不已，立即回国，于12月28日抵达上海。1月4日，他赶往南京会见孙中山。孙中山邀请他出任中华民国临时政府教育总长，吴坚辞不就，只答应担任"国语读音统一会会长"，表示要为中国文字不但"书同文"，而且"语同音"努力，于是潜心研制注音字母。

1912年5月，教育总长蔡元培在教育部设立由吴稚晖主持的"读音统一会筹备处"，吴受命后便积极开展工作。1913年2月15日，教育部网罗全国各地的语文专家44人参加"读音统一会"成立大会，吴稚晖被推选为会长。会议经过3个月的缜密探讨，制定了注音字母。

这套注音字母从章太炎创制的记音字母中选取15个字母,再改造部分汉字得出23个字母,并另造1个,共计39个字母,包括(1)声母24个,(2)介母3个,(3)韵母12个,(4)浊音符号和四声点法。由于当时政局不稳,这套字母并未立即公布,直到1918年11月才正式公布。从1919年到1923年,吴稚晖他们又先后进行了若干重要修正。1930年4月"注音字母"改称"注音符号",添补了个不用于注音、仅用于说明音理的符号"帀",因此共有40个符号。声调标注方法将"四角点声法"改为在韵母上端加ˉ(阴平)、ˊ(阳平)、ˇ(上声)、ˋ(去声)。入声用·(后不用)。

从制定"注音字母"到推广"注音符号",吴稚晖一直是领军人物,也是民国官方语言规划机构的核心人物。注音符号统一了汉字读音,实现了汉语的语同音。吴稚晖是中国语文现代化的先行者和推动者。

二、国语罗马字

赵元任1910年考取留美官费生,1918年获哈佛哲学博士学位,1920年回国在清华大学任教。赵元任精通数学、物理、音乐、语言、心理学等多门课程,掌握英、法、德、俄、日等近10种外语,会说33种汉语方言。从1938年起,赵元任先后在美国康奈尔、哈佛、耶鲁等多所大学任教。1945年当选美国语言学会会长,1960年被选为美国东方学会主席。胡适说:"每与人评论留美人物,辄惟常州赵元任君为第一"。

赵元任是中国语文现代化事业的积极倡导者和杰出的实践家,是国语罗马字的主要创制人。国语罗马字是中国第一套法定的拉丁字母形式的拼音方案,全称是"国语罗马字拼音法式"。1925—1926年国语统一筹备会罗马字母拼音研究委员会研究制定,1928年由南京国民政府大学院作为"国音字母第二式"正式公布,与"注音字母"同时推行。这个方案拼写规则比较复杂，没有进入基础教育领域。1986年台湾地区当局加以修订后，以"国语注音字母第二式"公布，声调改用符号标调，拼写规则大为简化。

提到赵元任，周有光说："中国语文现代化，是他开的头。""赵元任的方案，从学术角度讲是很好的，可是推广上发生了困难。赵元任的思想对我影响很大，我们设计拼音方案时主要参考了他的学术成果。"赵元任是20世纪中国科学界、语言学界、音乐界的先行者，是享誉世界的语言学大师。

三、拉丁化新文字

瞿秋白是中国共产党早期主要领导人之一，1935年6月18日被国民党杀害于福建省长汀县，时年36岁。

1917年春，瞿秋白随堂兄到北京，9月考入外交部办的俄文专修馆学习俄文。1920年8月，被北京《晨报》和上海《时事新报》聘为特约通讯员到莫斯科采访。1922年12月回国工作。1928年，再度赴苏，借鉴国外经验，研究设计拉丁字母新方案。

1929年2月，瞿秋白在苏联汉学家郭质生协助下，积多年心血拟订了《中国拉丁式字母草案》，10月在莫斯科出版了《中国拉丁化字母》一书，这是现在在中国能看到的最早的瞿秋白制定的拉丁式拼音方案。该书88页，附有"新拉丁化字母的一览表""汉语拼音表"，另有汉字与拼音相对照的读物。这个方案跟现在的《汉语拼音方案》很接近，它在中国用拉丁字母研制拼音方案的过程中起了积极的作用。

1931年9月，中国新文字第一次代表大会在海参崴召开，会议通过了对瞿秋白所制定的方案作了修改补充的《中国拉丁化新文字的原则和规则》。"原则"定了13条，"规则"主要包括：1.字母（声母22个，韵母35个）；2.拼音规则；3.写法规则（词儿连写、词头连写、词尾连写、界音法、单独的词类独立写、短横"-"的用法、略语和缩写、大写字母）。这个方案包含了音节拼写和词儿连写（正词法）两部分，是个比较完整的设计。

1958年1月10日，周恩来在政协全国委员会举行的报告会上作了一个题为《当前文字改革的任务》的报告，他说："拉丁化新文字和国语罗马字是中国人自己创造的拉丁字母式的汉语拼音方案中比较完善的两个方案。在谈到现在的拼音方案的时候，不能不承认他们的功劳。"

四、汉语拼音方案

周恩来谈到的"现在的拼音方案"即《汉语拼音方案》，主要设计者是周有光。1923年周有光从常州中学毕业后考取上海圣约翰大学，后转入光华大学。大学毕业后，先后主要从事教育、金融、经济研究工作。1955年10月15—23日，新中国第一次文字改革会议在北京召开，会前，周恩来点名要周有光出席。当时周有光在上海财政经济学院（今上海财经大学）工作，便请假进京参加会议。岂料会议结束后，文改会希望他留在北京工作，周有光便留了下来，从此改行，开始了他后半辈子的语言文字研究工作。这时，周有光正好50岁。在文改会，周有光担任第一研究室主任，主要研究制定汉语拼音方案。搞了3年，《汉语拼音方案》终于出台了。《汉语拼音方案》在制定过程中反复争论而举棋不定的就是字母形式问题，后来还是毛泽东肯定采用拉丁字母才使问题有了结论。

在《汉语拼音方案》制定过程中，周有光提出了"三化"原则和"三不是"理论。"拼音三化"就是拉丁化、口语化、音素化。为了拉丁化，周有光比较了300多年来24种用拉丁字母制作的汉语拼音方案。

"三不是"指第一不是汉字的"拼形"方案，而是"汉语"的"拼音"方案；第二不是"方言"的拼音方案，而是"普通话"的拼音方案；第三不是"文言"的拼音方案，而是"白话"的拼音方案。

《汉语拼音方案》在国内全面推行后，周有光又开始了把这个方案推向世界的实践。1982年8月1日，国际标准化组织通过了汉语拼音作为拼写汉语的国际标准（编号为ISO-7098）。周有光说："东西十万里，古今三千年，风马牛不相及的汉字和罗马字，今天居然彼此偎傍在一起，这是东西文化交流的奇景。"周有光关于汉语拼音的理论与实践为中国语文现代化积累了宝贵的经验，并将进一步推动中国语文现代化的发展。使用汉语拼音的人要永远感谢他、怀念他。

上面笔者所介绍的四位对中国语文现代化，特别是汉语拼音作出重大贡献的语言学家都是常州人，而赵、瞿、周三位的老家在同一条巷子——青果巷里。笔者世居常州，老宅在麻巷东口，枕古运河而建。西出麻巷，就进入青果巷。1951—1954年，笔者就读常州师范，学校就在赵、瞿、周三家西首，正对着横跨古运河的中新桥。每天上学放学都要经过青果巷，寒来暑往三度春秋，竟然不知赵、瞿、周三家的故居就在这条巷子里。后来上大学，读中文系才听闻他们的大名。退休后，笔者每年都有几个月时间在家乡度过，在一个偶然的机会里拜读了赵贤德教授的著作《常州籍四大语言学家与中国语文现代化》。忝为语文工作者，又是常州人，看到书名，就被吸引了；阅读时仿佛在听作者讲常州的故事，娓娓道来，倍感亲切。

这是中国语言学界第一部翔实全面地描述评论上述四位常州同乡的专著。全书七章，47万字，511页，结构合理、思路明晰，博采众长，旁征博引，通俗易懂，可读性强。尤其是最后一章"学者笔下的常州籍四大语言学家"，共有四节，分别是"胡适笔下的吴稚晖""胡适笔下的赵元任""梁衡笔下的瞿秋白""苏培成笔下的周有光"。这四篇可谓延伸阅读材料，故事风趣，文笔精彩，令人爱不释卷。

赵贤德教授是湖北仙桃人，在远离自己故乡的常州江苏理工学院人文学院工作。近年来，他主持国家社科基金"民国时期江南语言学家对中国语文政策和语言规划影响的研究"及地方科研项目"常州人对中国语文现代化的贡献"，从事的是"接地气"、贴近社会、贴近生活的研究，成果丰硕，颇有建树。

读者诸君若有兴趣了解中国人民的语文生活由古代向现代转型过程中发展变化的历史，了解汉语拼音的前世今生，赵著是部佳作。

（2018年1月）

沿着一带一路走向世界

　　王希杰教授是我国著名的修辞学家,多年前,我读过他写的语文随笔,文采斑斓,引人入胜。他的新著《汉语词汇学》35万字,开卷前我想,修辞学家著书立说,一定也很讲究修辞。不出所料,读王教授这部学术著作果然如沐春风,惬意轻松。原因之一是王教授运用了随笔漫话式而不是学究式的语言。

　　运用随笔漫话式的语言说明作者心中装着读者,下笔时特别注重可读性。现代人生活节奏快,工作压力大,空闲时间少,要他们硬着头皮一个字一个字地啃,王教授于心何忍?看看王教授是怎么写的吧。

　　一部学术著作,开宗明义很重要。王教授是怎样开头的呢?他说,婴儿牙牙学语时第一次叫了声"妈妈",就开始了词的学习过程,同时开始了人生的历程。"从此以后,词就时时刻刻伴随着我们,我们就生活在词的海洋里,词在我们心中,我们在词的包围之中。""词同我们共存。""从一粒沙看世界,从一朵花看天堂。""同理,从一个词中可看到一种语言的词汇的海洋,看到一种文化的大世界。""一个人所掌握的全部词,就是他个人的词汇,一个或大或小的海,或许是小湖泊、小小的池塘。每个人的词汇就是他的人生历程的见证。每一个词都是他生命中的一个密码。"从婴孩叫"妈妈"说到词,从词说到词汇,从词汇说到汉语词汇,从汉语词汇说到汉语词汇学。行文宛如清渠流水,顺顺溜溜。学术著作而运用随笔漫话式的语言来写作,这是王教授《汉语词汇学》的特色,是我读后感触最深的一点。下面说第二点。

这就得先说说我自己。退休前,我在海外的一家报馆工作,每天的工作就是读报,咬嚼报上的文章在字、词、句乃至标点符号等方面有无失误之处。实践证明,语言文字应用中最多、最突出、最敏感,因而最棘手的就是词汇问题。新词新语新义新用法、文言词、方言词、地区词、异形词、外来词、字母词、网络词、零翻译,等等,都有许许多多的问题值得我认真关注、思考和探究。老实说,直到今天,我的脑海里依然装着许多问号。虽然我早已退休,但我是带着问题读《汉语词汇学》的,我渴望从中汲取养料,找到往日未找到的答案。我也读过几本汉语词汇学的著作,但总觉得读跟不读差不多,原因是不能解决我碰到的语用问题。可是在王教授的著作中,我找到了问题的答案。举例说说吧。

到过香港的朋友感到新鲜的是,茶餐厅特别多。《现代汉语词典》(第7版)尚未收录"茶餐厅",《全球华语大词典》收录了。茶餐厅是普罗大众消费场所,餐饮品种中西兼备,物美价廉。有的茶餐厅门口放着招徕顾客的告白牌子,上书"本店奉送啡和茶"。将"啡"和"茶"并列在一起,一看就明白,"啡"自是咖啡无疑。咖啡是音译词,"咖"和"啡"都是译音用字,不单独表意,二者必须组合后才能成词。可是在告白上"啡"字独用,与"茶"并列,居然成了一个词了。走进茶餐厅,叫一杯"斋啡"(black coffee,不加糖和奶的咖啡),这"斋啡"内地大多叫"清咖",此外,香港还有"网啡"或"网咖":"啡"或"咖"前都附加了一个语素,构成合成词了。类似的例子还有大巴、中巴、小巴、旅巴、迪吧、迪厅、迪园、的哥、的姐、的票、打的。外国人的译名有的一串好几个字,当年,我的同事打标题时,把戈尔巴乔夫叫作"老戈",把齐奥塞斯库叫作"老齐",问我可以这样处理吗?我说可以,但心里直嘀咕，这算什么名堂啊？王教授说："非词素词素化之后，取得了造词资格，具有能产性。""多音节外语音译词经常通过紧缩法词素化。"他在第八章"语法造词"的第九节"短语和句子的词汇化"中备述原委。

网络新词"躺枪"用的是什么造词法？焦点造词法。到过新马泰的朋友或许都品尝过当地的"肉骨茶"，"肉骨茶"用的是什么造词法呢？王教授半开玩笑半当真地说是"张冠李戴式造词"，欲知其详，请翻原书。继而探讨其结构，有人说"肉骨茶"是偏正结构，因为表面上跟"柠檬茶"一样，但是，王教授说"肉骨茶＝肉骨汤＋功夫茶"，因此是并列结构。那么"肉夹馍"呢？该是主谓结构吧？不是。肉夹馍＝肉＋（夹＋馍），因此是偏正结构。这在第九章"词的结构"的第四节"词的句法结构"中有详细的解析。

王教授在他的著作中列举了大量古今中外的例子，书面语和口语里的都有。我认为最富眼球效应的是今例。这些例子联系实际，贴近现实，贴近社会，贴近生活，而且好些引自报纸，活泼鲜跳。比如在谈到"汉语的词没有形态变化"时举了个广告词："做女人挺好。"他分析说，这句话有两种分析法。一是"做女人"是主语，"挺好"是谓语，"挺"副词，"好"形容词。二是"挺好"是主谓句，主语"挺"即"挺拔"（直立而高耸），动词。这说明，"因为汉语的词没有形态，改变词性很容易，词义随着词性而改变，组合十分灵活"。这样的汉语词汇学著作读起来常会令人莞尔，感到很亲切，一点也不枯燥。如果用作教材，教起来或研讨起来，互动时肯定更加生动。这是王教授《汉语词汇学》的第二个特色。

王希杰教授说："词汇学和修辞学是语言学走向社会的桥梁，它们为语言学赢得社会效益，塑造了社会形象。词汇学是语言学中最富有情趣的学科。"词汇学"理所当然地是语言学中最有人气、人味、人缘的学科"。这话说到我的心坎里了，很是认同。可是在一般的词汇学专著中，"三人"在哪里啊？打着灯笼都找不着啊！难怪王教授要说："词汇学是语言学中最落后的一个部门，甚至面临被清除出语言学的危险。"王教授指出，"当前词汇学的尖锐矛盾是：一方面它的研究成果特别丰富，大量词典问世，词语考释成果辉煌；另一方面，词汇理论却极其贫乏，还没有形成简明的、可以解释大多数词汇现象的框架。""词汇学家必须联系物理世界、文化世界和心理世界来研究词汇。"他的《汉语词汇学》就是按照这样的观点来揭示词的奥秘，构建词汇系统的。这是我要说的第三个特色。

第四个特色是王教授关于词汇规范化的论述。我先谈几个我碰到的与词汇规范化有关的例子。我在文字工作第一线日常遇到的词用问题可谓形形色色。如果集中到一点来说，那就是词汇规范问题。

新马华人非常重视词汇的规范问题。比如报上的新闻中用了"打歌"，就有读者投书总编辑，责问"歌可以打的吗"？报上出现了"峇厘"（印尼旅游胜地），就有读者写信给总编辑，说"峇"字"是个道道地地、实实在在不入标准汉字之列"的"怪符号"。报上的股市行情报道中用了"收盘"（与"开盘"相对），有人投诉说用错了，因为在新加坡，"收盘=倒闭"，用"收盘"是"中国文化污染"。另一方面，却有新加坡人建议把新加坡使用频率很高的"榴梿"（durian）和"胡姬"（orchid）规范为"榴莲"和"兰花"；而在马来西亚则有人建议把"巴刹"（pasar）规范为"菜市""菜场"或"菜市场"。

《汉语词汇学》的最后一章是"词汇的演变与规范"，开头王教授引用了古罗马诗人、批评家贺拉斯说的一句话："'习惯'是语言的裁判，它给语言制定法律和标准。"王教授说:"词汇在时间流中一刻不停地演变着。""词汇的演变,是使用者都能够感觉到的事情。""词汇世界是一个生生世世、新旧交替的世界。""对于词汇的演变,人们应当承认它,顺应它,与它俱进。"词汇是否应跟语言的其他要素一样规范呢?答案是肯定的,关键是如何规范。

王希杰教授说:"对于词汇世界的混乱,词汇学家应当冷静、客观、理智地进行分析研究。……语言学家不是语言世界的立法者,也不是语言世界的警察。面对词汇的混乱无序现象,词汇学家不应当以鲧为师,而应当师法大禹,不是简单地堵,而是积极疏导。"

犹记得改革开放之初,英语日语冲击汉语,闽粤方言词语冲击普通话词汇,繁体字冲击简体字,在语言学界,有人大声疾呼,要纯洁祖国的语言,要打一场语言保卫战。王希杰教授说:"第一,任何语言几乎从来没有纯洁过。第二,作为交际工具的语言,其生命不在于'纯洁'。第三,语言绝对纯洁未必就是好事情。"他说为了语言的"健康"是对的,"为语言的纯洁而斗争"是不妥当的。

王希杰教授认为,"通常所说的语言规范化,其实主要是言语运用问题","言语规范其实是同言语得体相联系着的"。而词汇规范"往往并不仅仅是词汇问题,有时主要是社会文化心理的问题","仅仅从词汇角度来谈词汇规范问题,既说不清楚,也解决不了问题的","简单化地禁止、封杀或强行推广,都是无济于事的"。

我联系切身的经历来看王希杰教授关于词汇规范的论述,觉得他实事求是,说得很中肯。

《汉语词汇学》还没有以全球华语为视野,没有把目光和研究范围投射和延伸到境外和海外,以超越自身生活的圈子,将汉语词汇的研究进一步向纵深拓展。王希杰教授说,汉语词汇学的研究要沿着一带一路走向世界。我想补充一句,必须立足我国这个核心地区,发挥我们自身的优势,努力加强跨国、跨地区的调研与合作。唯有这样,我们的研究成果才能适应与满足国际中文教育的需要。

(2019年5月)

文化星空下的一片五彩祥云

新加坡的建国一代如果年轻时曾在华校受教育,相信他们大多听说过王云五这个名字。提起王云五,人们就会联想到他发明的"四角号码检字法",王云五因发明"四角号码检字法"并用以编纂辞书而声名鹊起。

可就是这位文化界的大腕,曾被列入战犯名单。此事听起来或许会让人大跌眼镜。

话说1948年12月27日,《人民日报》(1948年6月15日于河北省平山县里庄创刊)刊登了一则新华社12月25日发自陕北的电讯,报道陕北某权威人士谈战犯名单问题,蒋介石等43人列为"举国闻名的头等战争罪犯"。名单上蒋介石"领衔",王云五排第15名,位次挺靠前的。

王云五并非军人,亦非国民党党员,何以成为"头等战争罪犯"的呢?说来话长,略表几句。1911年10月10日,武昌起义爆发。12月25日孙中山到上海,29日当选中华民国临时大总统,31日旅沪香山同乡会宴请孙中山。王云五和孙中山是老乡,因此被推举为宴会主席,致辞欢迎孙中山。席间,王、孙相邻而坐,交谈甚欢。孙中山即席邀请他担任大总统府秘书。1912年9月,王云五加入国民党,时年25岁。1927年国民党清党前,王云五深思熟虑后决定不去登记,趁机脱离了国民党。但是,王云五明确表示将一如既往,永远当国民党的朋友,以无党无派之身,一心为党。

1937年"七七事变"爆发后,原本"从文"的王云五转身"从政"。

从 1938 年到 1946 年,他连任四届国民参政会参政员,在参政会上极力支持国民党和蒋介石,被称为"国民党之前哨"。抗战胜利后,他又毫不犹豫地继续紧跟国民党,1946 年 5 月 15 日被任命为国民政府经济部长,成为无党派人士参政出任部长之第一人。此后,王云五历任行政院副院长、财政部长、台湾地区考试院副院长、台湾当局领导人幕僚机构顾问等高职,直到 1964 年 7 月 1 日重返台湾商务印书馆,正式就任董事长,再次华丽转身,重操旧业,将主要精力投入文化教育事业,淡出政坛。周荐教授在近著《王云五评传:多重历史镜像中的文化人》(上海辞书出版社,2019 年)中说,王云五终其一生,他的心"始终没有离开过国民党,国民党也始终没有忘记王云五"(第 153 页)。

下面让我们转换角度,看看文化镜像中的王云五是怎样一个人。文化视角下的王云五不是高官,而是巨擘。

1921 年 9 月,王云五受胡适推荐,入职商务印书馆,担任编译所副所长,11 月正式受聘为所长。1930 年 2 月,王云五任商务印书馆总经理,直到 1946 年 4 月辞职。20 多年间,王云五积极推行科学管理法,开创商务印书馆"日出一书"的新局面。王云五为中国文化教育事业作出了重要贡献,人称"四百万"。

"四"指"四角号码检字法"。中国的字书从《说文解字》到《康熙字典》,大多采用部首检字法。《说文》收字 9 353 个,归纳成 540 个部首,查检起来颇为不便。从 1924 年起,王云五便着手研究一种简捷的汉字检字法。他受电报编码的启示,借助前人研究成果,尤其是他"最知己的朋友"高梦旦的研究心得与资料,于 1925 年 3 月发明了"四角号码检字法"。

"四角号码检字法"是将汉字的笔形分为 10 类,分别用 0—9 十个数字代替,然后把每个字分成左上、右上、左下、右下四个角,按序取每个角的笔形代号编成一组四位数。字典按四位数数值之大小排序或查检。新中国成立初期一度推广过四角号码检字法,但从未进入中小学基础教育领域。1958年1月《汉语拼音方案》颁布并广泛推行,"四角号码检字法"便消逝于无形。2015年10月,商务印书馆出版了《辞源》(第3版),下册收录"单字四角号码索引",计14 210字,可资查阅。

1930年7月,以四角号码检字法编排的《王云五大辞典》由商务印书馆出版。这部词典1 663页,收单字1万个左右,词语5万余条,是王云五的一部代表作。

王云五在序中说:"欧战以后世界潮流呈剧烈的变迁,新名词既日有产生,旧词语也有许多失其效用。又自从语体文盛行以来,语体的词语也有补入的必要。"这部词典收录了诸如"户头、宪法、写意、博览会、混血儿、机关报、凝聚力、校友会、有价证券"等现代词语。这些条目反映出王云五等现代辞书编纂家的时代眼光,《大辞典》"称得上现代汉语词典的开山之作","反映出作者本人缜密而详赡的现代辞书学学术思想,也是中国20世纪一部划时代的语文工具书,标志着那个时代汉语辞书学的最高学术成就"(同上,第122、140页)。此后,王云五又"一鸡多吃",编纂出版了《王云五小辞典》《王云五小词汇》《王云五综合词典》《王云五新词典》等辞书。

"百"指《中国百科全书》。编纂百科全书是王云五的宏大心愿,可惜书稿完成近半之时,为"一·二八"和"八一三"事变的战火吞噬,未能面世。

"万"指《万有文库》。"万有"是以1万册为目标,为20世纪上半叶最有影响的大型现代丛书,由王云五主编,1929—1937年陆续出版,创造了商务印书馆创办百年以来的第二轮辉煌。

王云五说,出版这套丛书的目的是"使得任何一个个人或者家庭乃至新建的图书馆,都可以通过最经济、最系统的方式,方便地建立其基本收藏",定价应低得能使中国任何一个穷苦的小城市都买得起,从而"为苦难的中国提供书本而非子弹"。

《万有文库》总共两集。第一集收丛书13种,如《国学基本丛书初集》《汉译世界名著初集》等,计1 010种2 000册。第二集收丛书4种,如《国学基本丛书二集》《汉译世界名著二集》等,计711种2 000册。两集合计1 721种、4 000册。

王云五比胡适大两岁,却是学贯中西的胡适的老师,曾为准备考留美官费生的胡适补习过三个月的大代数和解析几何,胡适用"有脚的百科全书"赞誉他这位老师。王云五还被誉为"中国博士之父"和"中国科学管理之父"。然而又一件让人跌眼镜的趣事发生了。这位有两个"之父"称谓的"有脚的百科全书"竟然没有"学历",在填报学历时写下"识字"二字。"识字"别于"文盲"或"半文盲",王云五自认文化程度只有"识字",让人觉得既谦逊又风趣。今天的学人要么不提学位,一提就是什么学士、硕士、双硕士、博士、双博士、博士后等一串,王云五却"一士不名"。

王云五从8岁起,在长兄教导下初读《三字经》,再读《千字文》,续读《孟子》,接着才读《论语》《大学》《中庸》。这是因为他大哥认为《孟子》浅显易学,所以先易后难,读《四书》从《孟子》起步。15岁上,大哥去世,痛失导师,他秉承父命到上海学生意,半工半读,白天当学徒,晚上修英语,靠非正规教育获得知识。

1906年,王云五年方19,就应聘担任中国公学的英语教员,讲授文法和修辞学。当时学校有两位英文教员,另一位是留美学者宋耀如,也就是宋氏三姐妹宋霭龄、宋庆龄、宋美龄的父亲。1908年9月,胡适自办新公学,王云五"过档"在中国新公学任教,以每月分期摊还的方式贷款买了一部《大英百科全书》，苦读3年，把它啃完，由此熟练地掌握了英语，并汲取了广博的知识。王云五没有上过大学留过洋，全靠自学，是词典助他成材。

周荐教授详细研读了中国大陆和台湾地区保存的大量历史文献，并赴夏威夷、台湾等地考察，获得了丰富的第一手资料，撰写了《王云五评传：多重历史镜像中的文化人》一书，图文并茂地重现了王云五的一生，这在40年前是想都不敢想的事儿。那时候，在中国大陆，只要书皮上印着"王云五"，这些书就只能躺在尘封的书架上，因为"王云五"三个字就是禁忌，遑论有人去研究他，为他著书立说。今天，中国进入坚持和发展中国特色社会主义的新时代，学术研究的春天为周荐教授在"多重历史镜像"中评述王云五创造了有利的条件。当"多重历史镜像"这几个字映入眼帘时，我脑海中波涛翻涌，思绪起伏。多重历史镜像中的文化人王云五到底是怎么一副样子？我带着这个问题边读边思考，试图寻找一个圆满的答案。掩卷时，得到了答案：王云五是文化星空下的一片五彩祥云。

【附记】周著特请著名语言学家李宇明教授作序。序文最后讲了这么一件事儿：王云五本名"日祥"，他的塾师解析说，"日祥"有"日下现五色祥云"之意，于是为他起字为"云五"。其后，王云五便以字为名，本名反为人所忘却。

（2020年2月）

立体呈现近现代汉语新词形态

1908年春，商务印书馆《辞源》开编。该馆字典部部长、46岁的陆尔奎主持其事，他与49位同事通力合作，历时8年，1915年10月，《辞源》初版问世。这是我国第一部以语词为主，兼及百科的综合性大型汉语语文工具书，开创了我国现代辞书出版之先河。

2015年10月，《辞源》百岁华诞，修订第3版由商务印书馆出版，全书14 210个字头，统摄92 646个词条，约1 200万字，共4 767页，分上、下两册。参加修订工作的专家团队共127人，苦干8年，铸就大业。

2020年3月，上海辞书出版社出版了黄河清编著的《近现代汉语辞源》。全书收录明末至1949年前后汉语中出现的新词约43 000条，计647万字，2 305页，分上、下两册。著者"单打独斗"，"以一人之绵力，编万千之词语"，耗费5年心血，完成编纂工作。

辞书编纂工作者大都默默无闻，呕心沥血，日夜操劳，遂成大事，令人肃然起敬。陆尔奎编《辞源》才完工，却因积劳成疾，视力受损，导致双目失明。黄河清在编至X母时，"眼睛突然闪光，飞蚊飘舞。医生警告：失明将至！"一时之间，他惊恐不已，担心庞大工程半途而废。因此辞书界人士谈到工作之辛劳艰苦，常会引用意大利语言学家和历史学家斯卡利格（J.J.Scaliger，1540—1609）的一句名言："十恶不赦的罪犯既不应处决，也不应判强制劳动，而应判去编词典，因为这种工作包含了一切折磨和痛苦。"

《辞源》和《近现代汉语辞源》先后问世，相隔一个世纪。二者最大的区别是,黄著书名"辞源"前有定语"近现代汉语","近现代"三字凸显了这两部大型汉语语文工具书时代上的差别:《辞源》着眼于古代汉语;《近现代汉语辞源》着眼于近现代汉语,说得具体一点,它所收录的是"明末至1949年前后汉语中出现的新词"。"极索中国文辞之源"是这两部大型辞书共同的亮点。

黄著"近代"的起始时间是"明末",比一般近代汉语的时间晚了将近一千年。语言学界所谓"近代汉语",一般是指"从唐五代至清中叶千年左右的汉语",它上接古代汉语,下连现代汉语。另一个须要注意的是,黄著收录的是"近现代汉语中的新词"。所谓"新词",其实就是"外来概念词",也就是"汉语中因受外来影响而产生的词语"。这是《近现代汉语辞源》的特点,也是它的卖点。

解析词语,最困难的莫过于"极索"其"源"。"源"者,原也。追溯始出为"源",梳理流变也是"源"。"语源""典源""证源"(始见用例)都是"源",追本溯源,正本清源,工程之浩大、任务之艰辛,不言而喻。

举例来说。在我国近现代历史上,孙中山、袁世凯、黎元洪、蒋介石都当过总统,那么汉语中"总统"这个词是"本土词"呢,还是"舶来词"呢?《近现代汉语辞源》给出答案,它告诉我们,"总统"始见于1872年5月7日《申报》(Shun Pao)第5号第3页。《申报》是英国商人安纳斯脱·美查(Ernest Major)于1872年4月30日在上海创办的,1949年5月27日停刊,共出版26 845号。第5号就是《申报》呱呱坠地的第5天。

"总统"始见那年还出现一个名字不叫"总统"的"伯里喜顿(president)",这个"伯里喜顿"是英语的音译,跟"总统"互为异名词语。除此之外,义同而名(形)异的词语还有23个。其始见时间有些早于1872年，有些晚于1872年。请看清单：

早于1872年的有：首领主、魁首领（1837年），总领、国首领、国统领、首领、统领（1838年），勃列西领（president）、伯理玺天德（president）(1844年)，总统领（1848年），大头目、伯理师天德（president）(1852年)，大伯理玺天德（president）(1853年)，国主（1854年），伯勒西敦（president）(1856年)。

晚于1872年的有：伯里玺天德（president）(1873年)，众统领（1874年），大统领（だいとうりとう）(1876年)，伯理玺（president）(1878年)，大总统（1879年），民主、伯理天德（president）(1896年)，百里玺天德（president）(1913年)，大民主（1917年）。

汉语中的这25个"总统"是黄河清先生爬梳了近现代时期具有代表性的700多种文献后获得的，看得出它们大多源自英语的president，都是通过音译或意译的方式引进汉语的，只是由于音译或意译选字或取义因人而异，才出现25个president抢坐同一把交椅的现象。

"总统"从"百花齐放"的竞争中胜出，而选中"总统"的不是个人，而是广大的汉语用户。既经约定俗成，便定于一尊，淘汰其余。这些历史陈迹通通记录在《近现代汉语辞源》里，具有研究价值。

由此我们不难看出，《近现代汉语辞源》立体地呈现了汉语外来词的形态与语义演变的过程，"还原了现代汉语通用词汇在近现代时期的基本生态，反映了西学东渐以来中国社会全方位的、影响深刻的历史变革，具有独特的语言学、历史学和社会学价值"。

从1837年的"首领主、魁首领"，到1917年的"大民主"，经过了80年，如果把"总统"这类条目单独敷衍成文，就是一篇颇有可读性的迷你论文。事实也正是如此。25年来，黄河清在不断充实数据库的同时，撰写了许多短小精悍的词语考源论文，如"动物园、西班牙、博物馆、吨",等等,在北京、香港、日本大阪的刊物上发表,而撰写这类条目,尤其是科学术语,作者"用力颇勤",因而深受国内外读者欢迎。

收词、释义、配例是辞书不可或缺的互相紧扣的三环,而编纂资料都采用现代手段存放在数据库中。黄河清的数据库名为"近现代汉语辞源数据库",是1998年在香港中国语文学会的资助下建立的。究其实,"数据库"就是一部电子词典,具有词典的本质特征。

这个"数据库"内存放的语料,其时间跨度350余年,从15世纪末到20世纪中叶,即从意大利传教士利玛窦(Matteo Ricci,1552—1610)来华开始,到中华人民共和国成立。"数据库"所收条目有84 000多条,"以汉语中受外来文化影响而产生的词语为主"。试想,建立这样一个数据库得耗费多少财力与精力啊!那么黄河清是怎么起步的呢?

1989年的一天,黄河清在绍兴的图书馆里第一次看到香港中国语文学会的会刊《语文建设通讯》(现已出版至第120期),上面刊登了该会主席姚德怀写的文章《反思、反省》,是探讨这两个词的词源的,于是投稿与姚德怀讨论,很快,文章刊登出来。从此,黄河清关注汉语外来词的时间多了起来,并且跟姚德怀和香港中国语文学会结下了不解之缘。1993年学会创办了《词库建设通讯》,筹建"外来概念词词库",二十多年如一日,黄河清积极参与其事,他"研究外来词的工作慢慢展开"了。

1997年,姚德怀寄给黄河清一本意大利学者马西尼在美国出版的专著:*The Formation of Modern Chinese Lexicon and its Evolution toward a National Language: The Period from 1840 to 1898*。这本书是马西尼研究近现代汉语新词的力作,理论和方法都十分新颖。香港中国语文学会表示愿意赞助黄河清翻译并出版此书。不久,此书由黄河清翻译,香港中国语文学会制作,上海汉语大词典出版社出版,中文书名为《现代汉语词汇的形成——十九世纪汉语外来词的研究》，很受语言学界欢迎。翻译马西尼的专著是黄河清研读、思考理论与方法的过程，也是他确定进军目标，获取丰硕研究成果的过程。

2001年，在学会统筹下，黄河清编写出版了《近现代汉语新词词源词典》（汉语大词典出版社），收词5 000余条。2010年，黄河清编写出版了《近现代辞源》（上海辞书出版社），收词9 000余条。

《近现代辞源》出版后，中日两国4位学者在日本国立国语研究所有过一次聚会，会上，日本学者指出《近现代辞源》失收了一些日本词，而收录的日本词未予标注，也没有标音。黄河清接受了日本学者的意见，在《近现代汉语辞源》中，凡日语词都用方括号标示，并按照日本词典的规范做法，按"词语配假名"的形式标音。例如"经济""财务""会计"条下，分别是：［日］経済（けいざい）、［日］財務（ざいむ）、［日］会計（かいけい）。这样处理大大地增加了辞书编纂的工作量。

《近现代汉语辞源》是在上述3部著作翻译或编撰的基础上编纂的。笔者之所以不厌其详地述说《近现代汉语辞源》诞生的背景，为的是想说明，《近现代汉语辞源》是一部有分量的语文工具书，它的基底是厚实的。

在过去四分之一的世纪里，黄河清专心致志，兢兢业业，朝朝暮暮，不辞辛劳地工作，一步步地拾级而上，终于登顶——内地学者和香港学者、学术团体长期真诚的合作，谱写了语言研究领域美妙的乐章。

（2020年6月）

熟读王叔和，不如临症多

最近读到了三本指导读者语文运用的"字斟句酌"小书——《词误百析》（第3版）、《高频别字300例》和《标点百诊》，觉得比较实用，想跟大家说说自己的一些阅读感受。

10年前，我曾读过《咬文嚼字》编辑部杨林成先生编写的《词误百析》。后来这本书在市面上断货，现经修订、增补，出了第3版。新版增补了8篇文章，读后觉得内容更充实，表述更严谨了。试举增补的《"终生"与"终身"》说说我的感受。

我曾长期从事文字工作，在周边国家和地区的中文媒体上，没少见过误用"终生"与"终身"的语例。有时查了词典，依然一头雾水。

有的词典说，【终身】①一生；一辈子（多就切身的事而言）：～之计｜～受益。②特指婚姻：私订～。【终生】一生：奋斗～｜～难忘。有的词典说，【终身】①一辈子；一生：～受益｜～未婚。同"毕生""终生"。②指婚姻大事：私订～｜托付～。【终生】一辈子；从生到死：～郁郁不得志｜～辛劳。辨析说："终身"侧重指一辈子的时间，多用于与自身有关的事情；"终生"侧重指从生到死的全部时间，多用于有关事业方面。试问，两个"侧重"所指的时间，一个是"一辈子"，一个是"从生到死"，有什么区别？两个"多用于"，一个是"与自身有关"，一个是"有关事业"，试问，"有关事业"与自身有关还是无关？恕我直言，这样辨析不得要领，不解决问题。

《词误百析》辨析说：这两个词都解释为"一生""一辈子"。就字面意义讲，终点都是生命结束，但起点不同。"终生"的起点是生命的开始，指从生到死的一生；"终身"的起点一般是获得某种（社会）身份，指从某件事发生的时间点开始，直到去世，"事情持续的时间明显不等于人的一生"。

看了这样的辨析，如获斩乱麻之快刀。在使用"终生"与"终身"时，我们只要抓住"起点不同"和"社会身份"，就不会出错，在鉴别正误时，就能迎刃而解。我们不妨举例测试一下。俗话说"活到老，学到老"，请问，是用"终生学习"还是"终身学习"？答案是二者均可，关键在于时间节点，若倾向于从出生开始，就用"终生学习"，若倾向于从某个时点开始，就用"终身学习"。就一般的情形而言，应当用"终身学习"。

我认为作者写这本书的时候是颇费心思的。何以见得？还得举例说明。在《"厥词"是指谬论吗？》一文的"辨析"中，作者说："'厥功至伟'（不要误作"居功至伟"）指他的功劳很伟大。"这句话里的括注实在可以扩展独立成文。读友们上网一搜索就知道，把"居功至伟"当作褒义成语，形容某人"功劳很伟大"的误例为数甚多。内地和港澳台如此，新马泰亦然。

还可以举许多精彩的例子，如"不齿"与"不耻"、"反映"与"反应"、"工夫"与"功夫"、"面世"与"面市"、"三味"与"三昧"、"行迹"与"形迹"、"营利"与"盈利"，等等。这一组组的例子由于构词语素音同、音近或形似，因而混淆、用错，作者都辨析得很到位。

在语文教学中有所谓"组字成词"，足见字、词关系十分密切。用错一个合成词，往往是由于用错了一个语素，亦即一个字。高频别字，在当代汉语出版物中到底有多少个呢？2005年《咬文嚼字》编辑部发布了100个，2015年上海远东出版社出版的《语言文字规范手册》收录了253个。北京师范大学汉语言文字学专业研究生毕业的许霞女士编著的《高频别字300例》，最近由上海教育出版社出版，精心筛选了300个案例。比如"挖墙脚"，在境外和海外中文媒体上，常见误作"挖墙角"。"脚""角"音同义异，分辨不清，就会用错。"挖墙脚"，挖的是墙的脚，即墙基或墙根，墙壁势必倒塌；"挖墙角"，挖的是墙的角，即两堵方向不同的墙相接之处，墙壁未必倒塌。这本"准工具书"的特点是病例的典型性、诊断的针对性、辨析的学理性。限于篇幅，恕不申述。

在2019年的一个会议上，杨林成先生见到了在复旦大学读研时的导师陈光磊教授，师生在聊天中萌生了合编一本讲标点符号用法的小册子的念头。事缘陈教授先前有一个关于标点符号用法的讲稿，1万多字，曾在多个场合用过，反响良好，于是由杨林成先生在此基础上扩充成为10万字的《标点百诊》。

标点符号是书面语中不可或缺的辅助符号。在日常生活中，谁说话没有语气和停顿呢？没有语气和停顿的话说得出吗？语言学家吕叔湘、朱德熙在20世纪50年代合著的《语法修辞讲话》中就说过："每一个标点符号有一个独特的作用，说它们是另一形式的虚词，也不为过分。"

"熟读王叔和，不如临症多。"《标点百诊》是"从误用的角度来谈标点的规范"，有点类似"错题集"。全书共分五大部分，第二部分"常见标点符号的误用及其辨正"是重点，约占全书的三分之二。书后附录中有一个练习"标点用法训练100题"，你就当自己是王叔和吧，每"诊"一例，就看看后边的"参考答案"，要是"参"不透，就看看前边的辨析。估计"百诊"下来，你就是王叔和了。语文教师也可结合语文教学，把练习题给学生做，相信会收到良好的效果。

《词误百析》《高频别字300例》《标点百诊》是上海教育出版社

"字斟句酌丛书"中率先出版的三种,融知识性、权威性、趣味性于一体,是一套富有亲和力并且非常实用的语文科普读物,读者认可。获悉《标点百诊》近日已经重印。我愿意向广大语文工作者、编辑记者推荐一下。

(2020年10月)

读词典，逛京城，品京味儿

我在新加坡从事华语文工作16年，如果有人问我，感受最深的是什么，我的回答是，新加坡人有超强的语言能力，新加坡好像一所语言大学。

新加坡的官方语言有马来语、华语、泰米尔语（新加坡习称淡米尔语）和英语四种。华语（Mandarin）是"新加坡华族的共同语"。共同语之外，还有几种主要方言：福建话（新加坡习称，即闽南话）、福州话、潮州话、客家话、广东话、海南话。这几种语言集中在一个幅员724.4平方公里、人口564万（据2018年统计）的蕞尔城市岛国里，相互接触与碰撞，彼此间相互影响，相互借鉴，相互吸收，为新加坡的多元文化增添了一抹绚丽的色彩。

自1979年以来，新加坡一直坚持推广华语。现在，17—39岁的新加坡华裔年轻一代，80%能流利地讲华语了。在地球村里，"华语"一词的使用范围逐渐扩大，使用频率不断提高，内涵和外延也不断变化，商务印书馆出版的《全球华语词典》（2010年）的"前言"和《全球华语大词典》（2016年）的"序"将华语定义为"以普通话为基础的全世界华人的共同语"。不过，《现代汉语词典》（第7版，2016年）对"华语"的解释依然是"指汉语"；《现代汉语应用规范词典》（语文出版社，2019年）的释义是"中国话，多用于境外华人对汉语的称谓"。

在客居新加坡的岁月里，我结识了好几位华语电台和电视台的主持人或播音员，也结识了好几位话剧界与相声界的朋友，他们的华语讲得都挺标准。有一次与程茂德先生聊天儿，他一开口，我就冒昧地问他祖籍是不是北京，因为他讲的华语与众不同，带京腔，有浓郁的京味儿。程先生回答说，他是土生土长的新加坡人，他这一口带京腔的华语全是靠模仿学来的。语音，口耳之学，靠模仿是可以习得的。

我是从香港去的新加坡，在香港工作时曾接触过好多位从北京移居香港的汉语教师，他们的普通话讲得很标准，有的就跟程茂德先生一样，一口京腔。在香港，居然有人愿付高额学费，特请这样的老师个别教授普通话。我的一位同事是厦门人，讲得一口京腔普通话，挺受学员欢迎。这两件事儿让我看到了京腔普通话在境外和海外的市场价值。

普通话只是以北京语音为标准音，它不是北京话，北京话跟上海话、福建话、广东话一样是方言。我在新加坡《联合早报》工作时的同事陈伯汉先生是20世纪50年代华侨中学的学生、话剧圈的活跃分子，一口北京腔标准华语说得挺溜的，曾被北京籍的历史老师误认为同乡。

伯汉兄回忆说，1959年自治伊始，新加坡广播电台在维多利亚剧院举办综艺演出，他跟朋友曾鹏翔受邀参与其盛。演出那天，首任总理李光耀是座上嘉宾，休息时到后台跟艺人一一握手，走到曾鹏翔面前时对他说："你的华语很好听。"当时，曾鹏翔表演的是诗歌朗诵，用的就是"北京腔标准华语"。后来，他凭那口漂亮的华语，在广播界大放异彩十几年。

伯汉兄说，当年用"北京腔"形容华语，不过是借以标榜华语的"漂亮"，为突出标准华语的魅力提供一个参照点。讲"漂亮华语"在20世纪60年代后半期至70年代蔚然成风，在同侪中，似乎只有程茂德始终坚持北京腔，不论什么场合都不肯"放低身段"。（陈伯汉：《新加坡的标准华语》《新加坡的漂亮华语》，新加坡《联合早报》，2014年5月19日、6月9日言论版）

拜读伯汉兄写的这两篇回忆文章后，我脑海中油然浮起一串问题：新加坡人为什么要借"北京腔"标榜华语的"漂亮"呢？为什么连李光耀都觉得曾鹏翔的北京腔华语很好听呢？程茂德先生又为什么那么执着，始终坚持北京腔，不论什么场合都不肯"放低身段"呢？我想，原因之一是北京话比普通话更生活化，更口语化，更接地气，更贴近大众。北京话的儿化音现象比普通话多，语言因而显得绵软、动听。

2021年春，为躲避新冠疫情，我回到内地江南老家，宅在家里喝茶，读书，听听音乐，看看电视，倒也舒坦。忽一日，看到微信公众号上一则书讯：《北京话儿化词典》（增订本，贾采珠编著，上海教育出版社，2019年。以下简称"增订本"）出版。随即网购一册，次日书到，开卷阅读。

说起"读"词典，不禁怀念起新加坡华文界的前辈学者卢绍昌先生来。我与卢先生相识于香港，熟稔于新加坡，他曾对我说过，有空就读《现代汉语词典》。以前我总以为词典是供"查"的，不是拿来"读"的，退休后不忙着"揾食"，闲云野鹤似的，有的是时间，于是就学卢先生读词典了。

"增订本"收录北京话中的儿化词语7 400条，"它们绝大部分还活跃在今天的口语或书面语中"，而条目所用书证都选自"充满京腔、京味儿、京韵，又京范儿十足的佳作"，并随文注明出处。从18世纪中叶清乾隆年间的《红楼梦》到2017年3月出版的《北京话》，共计77种书刊，另有"其他主要参考书目"17种，总共94种之多；其中新加坡人熟悉的老舍的著作最多，共15种。中国社科院语言研究所张伯江先生在为这部词典所写的"序"中说："北京话儿化现象的语言学价值，在这部词典丰富的实例中，得到了深刻的揭示。"

我读"增订本"，还深深地感受到它彰显了北京话儿化现象的文化价值。"增订本"有意增收一些体现北京民俗、风土人情、独门手艺、著名街景、景区、城池的词语,我特喜欢读这些条目。比如我们常在媒体上听到或看到"四九城儿",只知道那是北京城的代称,不知道它的来历。"增订本"告诉我们,它泛指当年北京城的布局。旧时,北京有内城、外城之分,内城分东西南北四个城区,共有九座城门:朝阳门(齐化门)、崇文门(哈德门)、正阳门(前门)、宣武门(顺治门)、阜成门(平则门)、德胜门(健德门)、安定门(安贞门)、东直门(崇仁门)、西直门(和义门),统称"四九城儿"。有趣的是每个城门各司其职,譬如正阳门走龙车(皇帝每年出此门到天坛祭天,到先农坛耕地),宣武门走囚车(犯人被押往宣武门外的菜市口处斩),德胜门走兵车(出城),安定门走兵车(回城)。再如"燕京八景儿",这是老北京著名的八处景点,即太液秋风(在中南海)、琼岛春阴(在北海公园)、蓟门烟树(在西土城)、卢沟晓月(在卢沟桥)、金台夕照(在金台路)、西山晴雪(在香山)、玉泉趵突(在玉泉山)、居庸叠翠(在居庸关)。

  俏皮话是"指活跃在人们日常生活中幽默、生动、活泼的话语",它简洁、形象、幽默、风趣,饱含风土人情,富有生活哲理,"是人们多少年积淀下来的",不失为我们了解北京俗文化的一个窗口。

  北京话里的俏皮话十分丰富,是北京话的一大特色。限于篇幅,仅举一例说说。比如"嗝儿",俗指死,含诙谐或不尊重意,常常是小孩儿口中说的粗俗的戏谑语。同义的还有"嗝儿踹""嗝儿了""嗝儿凉凉了""嗝儿屁"及"嗝儿屁唧当""嗝儿屁着凉""嗝儿屁着凉大海棠"等。周有光先生就写过一篇讲"嗝儿"的语文小品。

  话说"文革"期间,1971年9月13日,林彪连夜乘专机仓皇出逃,不料飞机失事,坠落在蒙古温都尔汗附近,暴尸于异国荒野。1972年2月21日,美国总统尼克松正式访华,随行的一个会讲华语的记者拿着红皮袖珍本《毛泽东语录》，指着林彪的照片问一个胡同里的小孩儿："他到哪里去了？"小孩儿回答说："嗝儿了。"老外听不懂，再问："什么？"小孩儿："嗝儿屁了。"老外三问："什么？"小孩儿："嗝儿屁着凉了。"老外四问："什么？"小孩儿："嗝儿屁着凉一个大海棠！"记者十分无奈，"啊"地叹了口气，原来他始终没有听懂。当时，京城的小孩儿都知道林彪是个大坏蛋，摔死了，所以用一连串的戏谑语来回答记者的问题，谁知对牛弹琴，听得老外一头雾水，好不尴尬。他如"赔本儿赚吆喝"、"响鼓不用重槌儿"、"缩脖儿坛子"（形容身材矮小、颈项短的人）、"听蛐蛐儿叫唤去了"（借指人死了，蛐蛐儿即蟋蟀），运用了高超的修辞手法。像这样的俏皮话，"增订本"增补了不少。读这些词条，觉得挺有趣儿。

京剧是我国的国粹，形成于1840—1860年，1917年始进入鼎盛期，至今已有百多年历史了。京剧在北京扎根、生辉，深受北京人喜爱。"增订本"增收了"范儿"，这个词源于戏曲表演，原指演员在舞台上表现出的一种从容自若、信心十足、精神饱满的状态，引申为"风格，做派，气派"之义。近年来，在中国的媒体上，我们看到了大量的新"范儿"，如"京范儿""北京范儿""中国范儿""国际范儿""民族范儿""文化范儿""文艺范儿""时尚范儿""君子范儿""淑女范儿""倍儿有范儿"，等等。说得文雅一点，"范儿"就是"风范"（风度与气派）。"范儿"蕴蓄着正能量，是个褒义词。

如前所述，在中国香港和新加坡都有人对京味儿情有独钟，"增订本"富有浓郁的"京味儿"。那究竟什么是"京味儿"？如何理解"京味儿"？这还真是个问号。作者告诉我们："京味儿"不仅仅是形象、生动、丰富的北京话特有的语音、语调，也不仅仅是儿化词语，它体现的是一种有着丰富历史传承的、厚重的北京方言文化，是立体的、全方位的，涉及社会生活的方方面面。

"增订本"作者贾采珠是中国社科院语言研究所研究员，从小生活在北京城，对北京话，特别是其中的儿化词比较熟悉，对研究儿化词怀有浓厚的兴趣。1990年，她编著的《北京话儿化词典》在北京出版；2019年，"增订本"在上海出版。初版和"增订本"倾注了她几十年的心血。

"增订本"一典在手，笔者想读就读，想查就查，忽前忽后，随心所欲。读着读着，浮想联翩，1958年我初到北京，那会儿正当年轻，好奇心很强。到王府井溜达，听马路上的交警、百货大楼里的售货员、饭庄里的服务员和公交车上的售票员讲北京话，自觉十分过瘾。如今已是耄耋之年，猫在家里读词典，好似又到北京了，正在逛京城，品京味儿，瘾头儿又上来了。

（2020年10月）

成为中国古代诗词达人的阶梯

我国北宋时期（960—1127年）的大文豪苏轼，号"东坡居士"，世称"苏东坡"，四川眉州眉山县人。嘉祐元年（1056年），苏轼21岁，初次离开家乡，上京（东京汴梁，今河南省开封市）准备参加科考。翌年，他参加礼部的考试，与弟弟苏辙双双考中进士。四年后，苏轼再应中制科考试，入第三等，为"百年第一"，授大理评事、签书凤翔府判官。那时，董传（河南洛阳人）适在凤翔，正准备参加科考，跟苏轼过从甚密。

董传生活贫困，衣衫朴素，却是个饱读诗书、满腹经纶之士，平凡的衣着掩盖不住他乐观向上的风骨。嘉祐七年（1062年），苏轼罢官凤翔签判去汴京（即汴梁），途经长安时与董传话别，留赠一首七律《和董传留别》，称许董传志向，预祝他黄榜高中。

《和董传留别》开头两句是："粗缯（zēng）大布裹生涯，腹有诗书气自华。""腹有诗书气自华"意谓只要饱读诗书，胸有学问，才华和气质自然就会光彩夺人。诗句凝练概括，经典地阐述了读书跟人的素养、跟培养高尚品格与高雅气质的关系，是历代中国人所推崇、向往的境界，因而深受读者喜爱，广为传诵。

中国历史悠久，古代文献浩如烟海，单就诗词而言，总数恰似繁星无数。据统计，历代有先秦诗词511卷，全唐诗1 012卷（存世约55 730首），两宋诗词7 007卷（词1 361卷，留世词作约2万首），金元词284卷、曲377卷、诗15卷，明诗词96卷，清诗汇201卷，诗词鉴赏561

卷，总数逾30万首，尚有大量遗珠。

热爱中华古代经典诗词，或者有志于攀登中华古诗词高峰，成为诗词达人的朋友，不可能尽数读完中华古代诗词，唯有选读经典之作。但是，自古以来，某个时期或某位作者的诗词作品选本形形色色，林林总总，不胜枚举，却鲜有通代诗词选本。《中华经典诗词2 000首》（方笑一主编，上海教育出版社，2018年）涵盖上古至近代的诗词名作，基本上囊括了中国最经典的诗词，是一部大型通代诗词选本。

这部选本凡10卷，精心遴选了从3 000多年前的《诗经》直到近代新史学的开山王国维等人的诗词作品。各卷所选诗词略述如下：

第一卷：收录先秦诗歌126首。从《诗经》305篇中选了126篇，如《关雎》《桃夭》《伐檀》《硕鼠》《七月》等；楚辞选了《湘夫人》和《涉江》；从留存于先秦典籍和后世史书中精选古代歌谣8篇，如《击壤歌》《孺子歌》《易水歌》。

第二卷：收录汉魏六朝诗歌169首。如项羽的《垓下歌》，刘邦的《大风歌》，曹操的《龟虽寿》《蒿里行》《短歌行》《观沧海》，无名氏《古诗十九首》中的《青青河畔草》《迢迢牵牛星》《明月何皎皎》等11首，曹植的《七哀》等9首，陶渊明的《归田园居》《饮酒》等15首，魏晋南北朝无名氏的《敕勒歌》等24首。

第三、四、五卷：收录唐五代诗词601首。其中唐诗和唐敦煌曲子词540首，五代诗词61首。唐诗收录最多的前五位诗人是杜甫（73首）、李白（45首）、李商隐（39首）、白居易（31首）、杜牧（26首），其后为王维和刘禹锡各21首。仅被收录一首作品的唐代诗人共58人，所收都是脍炙人口之作，如虞世南的《蝉》、崔颢的《黄鹤楼》、张继的《枫桥夜泊》、张志和的《渔歌子》、朱庆余的《闺意献张水部》。

第六、七、八卷：收录宋金诗词599首。第六卷收录作品篇数名列前四位的是：欧阳修，诗词18首；王安石，诗24首；黄庭坚，诗词25首；苏轼，诗词37首。第七卷前四位是：秦观，诗词13首；李清照，诗词14首；周邦彦，词22首；陆游，诗词27首。第八卷前四位是：范成大，诗15首；姜夔，诗词15首；杨万里，诗16首；辛弃疾，词26首。其中《题西林壁》《念奴娇·赤壁怀古》《泊船瓜洲》《鹊桥仙·纤云弄巧》《夏日绝句》《如梦令·昨夜雨疏风骤》《醉花阴·薄雾浓云愁永昼》《声声慢·寻寻觅觅》《示儿》《卜算子·咏梅》《十一月四日风雨大作》（其一）等都是诗词爱好者们耳熟能详的经典名篇。

第九卷：收录元明诗词206首。本卷收录作者多达81人，被收录诗作最多者不过六七首。

第十卷：收录清和近代诗词205首，作者有87人。被收录诗作较多的是：钱谦益、袁枚各8首，王士禛、纳兰性德各7首。郑燮的《竹石》、赵翼的《论诗》（其一）、林则徐的《赴戍登程口占示家人》（其二）、龚自珍的《己亥杂诗》（其二）等佳作收录其中，近代名人黄遵宪、康有为、谭嗣同、徐锡麟、梁启超、秋瑾、王国维和苏曼殊等人均有诗作入选。

从以上简述中不难看出，全书10卷，唐五代和宋金诗词就有6卷，这是为了凸显唐宋诗词在中华古诗词中的经典性和重要地位，当然，也充分顾及唐宋前后各代的诗歌创作情况，使读者通过阅读这些诗词，能对中国古诗词的演变脉络和发展趋向有个整体的印象或通盘的了解。

本书收录的每篇作品除原作外，还包含四个板块：作者介绍、注释、今译和诗解。作者介绍，要言不烦，即使杜甫、李白这样的大诗人，也都在百字之内。注释，简明扼要，以免读者陷入枯燥繁复的故纸堆中。今译，讲究语言流畅优美，不强求必须押韵，旨在帮助读者理解。诗解，寥寥数语，阐明主旨，相关知识点到即止，力避过度阐发。

通盘考虑，取精用宏，专注文本，简明实用，堪称本书最大特色。兹举开卷第一篇《关雎》(《诗经·周南》)原文与今译，请各位欣赏（括号内是今译）：

关关雎鸠，在河之洲。窈窕淑女，君子好逑。

（雎鸠关关相对鸣，停在黄河沙洲上。美丽纯洁好姑娘，就是君子的好对象。）

参差荇菜，左右流之。窈窕淑女，寤寐求之。

（长短荇菜漂水上，顺流采摘左右忙。美丽纯洁好姑娘，我白天夜里都在想。）

求之不得，寤寐思服。悠哉悠哉，辗转反侧。

（想来想去也没用，白天夜里都在想。思念情怀真悠长，我翻来覆去到天亮。）

参差荇菜，左右采之。窈窕淑女，琴瑟友之。

（长短荇菜漂水上，左采右摘实在忙。美丽纯洁好姑娘，我弹奏琴瑟诉衷肠。）

参差荇菜，左右芼之。窈窕淑女，钟鼓乐之。

（长短荇菜漂水上，左采右摘挑选忙。美丽纯洁好姑娘，我敲起钟鼓娶进房。）

今译朗朗上口，准确、浅白、口语化地从整体上表达了原作的意思，同时体现了原作的神韵，为读者提供了美好的艺术享受。

（2020年12月）

语例鲜活的《语法修辞例话》

1951年夏,我初中毕业后报考家乡的一所中等师范学校,入学后,第一学年教我们语文的是一位姓金的老师。每次上作文评讲课,金老师总是口不离"吕朱"。课后我问金老师"吕朱"是谁,他介绍说是吕叔湘和朱德熙两位先生,《人民日报》正在连载他们的《语法修辞讲话》。说来惭愧,我直到大学毕业当了教师之后,才因工作需要补读了《语法修辞讲话》。

1951年6月6日,《人民日报》发表了一篇关于正确使用祖国语言的社论,同时开始连载吕、朱合著的《语法修辞讲话》,12月15日结束,刊登了46次。翌年12月,合订本第1版由中国青年出版社出版。

吕、朱两位先生写《语法修辞讲话》是为了"匡谬正俗",侧重于应用,针对性很强。有位语言学家说,《语法修辞讲话》是"亿万人民的语言教科书"。

近读上海师大博导宗守云教授的新著《语法修辞例话》,书名跟当年吕、朱所著仅一字之差。宗守云教授在"前言"中说,出版社本来是约他写本《新编语法修辞讲话》的,但是"吕叔湘和朱德熙两位大师的经典作品,岂是我辈可以'新编'"?于是在形式上模仿《语法修辞讲话》,书名就叫《语法修辞例话》(上海教育出版社,2020年。以下简称《例话》),"希望通过一些具体实例说明词汇、语法、修辞和语用问题"。说实在的,讲语言规律,尤其是应用的书,哪一本都离不开"具体实例",因而选例是十分重要的。

《例话》的最大特色就是"实例"具有鲜明的社会性和时代性。全书分5讲：词汇、虚词、结构、表达、语用。每一讲有10个案例，大致反映该部分内容的各个方面。难能可贵的是，每个案例都是鲜活的语例。这些例子都贴近当今社会，贴近当今语文生活，尤其是年轻人的语文生活。

比如第3讲是"词汇"，第1篇是《"老"缀新用》。"缀"指构词时使用的词缀，有前缀和后缀，"老"是前缀，例如"老师""老虎""老赵""老乡"中的"老"。

"老"缀怎么"新用"呢？且看例子：

（1）"老大"应向"老乡"学什么？（报名、日期从略，下同）
"老大"不是指排行，而是指"国有大型企业"；"老乡"不是指同乡，而是指"乡镇企业"。

（2）一些不法分子为了偷逃车辆营业税和使用税，纷纷找门路嫁"老公"，私车挂起公家车牌照，致使国家税收大量流失。
这个例子真发噱，"老公"不是指丈夫，而是指"公家的"。

还有"老外／老中"（外国人／中国人）、"老广／老美"（广东人／美国人）、"老记／老编"（记者／编辑），等等。

"苍龙日暮还行雨，老树春深更着花。"新时期"老"缀新用是因为当今语言用户心态开放，改革精神和现代化意识都大大强于过往任何一个历史时期。同时，当代语言用户更富有追求新色彩、寻觅新格调、敢于新创造的热情和能力。

他如《说"辈"道"素"》《"卡奴"和"膀爷"》《"贴士"和"秀逗"》，一看标题，读友们就欲知其详，且看《例话》分解吧。

普通话里有个"的"，谁写文章能够不用一个"的"？笔者经常摇笔杆儿，别说写个千儿八百字了，就算写三五百字吧，也不能不用"的"。在《现代汉语常用词表（草案）》收录的56 008个常用词中，"的"排列首位，使用频率最高。就是这个"的"，写文章的时候用还是不用，宗教授说有时是个"复杂问题"。这就得举例来说说了。比如"中国朋友"和"中国的朋友"，"中国朋友"一定是中国人，"中国的朋友"可能是中国人，也可能不是中国人，这就跟用不用"的"有关系了。因为是个"复杂问题"，欲知其详，又得请读友们去读《例话》了。

第3讲是"结构"，第1篇是《"有"+动词结构》，比如"你们有提前沟通一下吗""我有觉得我和他不谋而合"这样的句子，宗守云教授认为"有"的这种用法表示完成义，可以看作完成体的标记。"有+动词结构"的形成，"是由于语言共性的生发、对称机制的需求以及相关格式的促成"（第76页）。然而，好些语法专家在他们的著作或论文中，或者认为这是闽粤方言的语法现象，已为普通话所吸收；或者认为这种方言句法不规范，应当按照普通话的说法改正。宗教授的结论是"'有+动词结构'还是因为它自身具有深刻的理据性而出现在汉语中的"。笔者认为，宗教授的论述全面而深刻，理据比较充足。

笔者因从事文字工作，语言学一类的书读过几本，老实说，十之八九都十分枯燥。这类著作要写得系统、简明、实用、好懂，或者还要有趣些、生动些，委实不是一件容易的事儿。而对一般读者来说，最好还是有趣些、生动些。笔者倒不是说《例话》写得很有趣，很生动，但是，作者至少是心里装着读者，朝这个目标努力的。

宗守云教授在"前言"的结尾说："大师的事业，我们难以企求；经典的文献，我们不易续写。但我们尽量做得好一点儿，尽量有些新意，尽量有些实用价值，尽量能反映当代汉语的面貌，尽量能反映当前语言观念的变化。"5个"尽量"，作者是这么说的，也是这么做的。

书籍是精神食粮，也是商品。消费者不管买什么产品，都追求实惠。《例话》是上海教育出版社"字斟句酌"丛书中的第4册，跟前3册一样，我觉得还是蛮实惠的。

（2020年12月）

推进语言文字规范化标准化

2021年3月5日上午,第十三届全国人民代表大会第四次会议在京举行,国务院总理李克强在政府工作报告中提出要"加大国家通用语言文字推广力度"。下午,习近平总书记在参加内蒙古自治区代表团审议时指出,要认真做好推广普及国家通用语言文字工作,全面推行使用国家统编教材。党和国家领导人同一天在如此重要的会议上都强调要认真做好推广普及国家通用语言文字工作,这在新时代还是第一次,凸显了推广国家通用语言文字的重要性。

2020年10月13日,在新时代第一次全国语言文字会议上,中共中央政治局委员、国务院副总理孙春兰强调,要落实党中央、国务院加强新时代语言文字工作的决策部署,坚定不移推广普及国家通用语言文字,推进语言文字规范化标准化信息化建设,把大力推广国家通用语言文字作为当前语文战线的一项迫切任务。

所谓"国家通用语言文字",就是《中华人民共和国家通用语言文字法》(2000年10月)"总则"第二条中所规定的"普通话和规范汉字",第六条说"国家颁布国家通用语言文字的规范和标准"。那么"规范和标准"有哪些呢?

教育部语言文字信息管理司(简称"语信司")组编的《语言文字规范标准》遴选了在语文教学、编辑出版、中文信息处理等领域中常用的规范标准,主要包括国家语言文字政策和政府各种有关的管理规定,国家、地方、行业制定的语言文字规范标准,政府主管部门发布的语言文字方面的引导性规范等，共有26个文件。

这26个文件，从1958年2月11日第一届全国人民代表大会第五次会议通过的《汉语拼音方案》，到2016年6月29日国家质量监督检验检疫总局和国家标准化管委会发布的《党政机关公文格式》，时间跨度将近60年，所收录的规范标准比较完备。其组编单位为教育部语信司，且由出版界的百年老字号商务印书馆出版，其权威性毋庸置疑。

笔者曾在国内教了23年现代汉语，1979年至今，一直在境外和海外文字应用一线单位工作，无论在中国内地、香港还是新加坡，我国颁布的通用语言文字的规范和标准是案头必备的参考资料，例如《通用规范汉字表》《普通话异读词审音表》《汉语拼音正词法基本规则》《标点符号用法》《夹用英文的中文文本的标点符号用法（草案）》《出版物上数字用法》，等等。

2020年春，我因避疫回到内地，赋闲在家，迄今整整一年。其间受友人所托，审阅了近百万字文稿，姑不论遣词造句，单就标点符号和数字用法而言，颇多不规范之处。例如老长一段文字，一逗到底。又如国标规定，"相邻或相近两数字连用表示概数通常不用顿号"，如"五六个""十二三岁"，可是常见写成"五、六个"甚至"5、6个"或"十二、三岁"。还有"标有引号的并列成分之间、标有书名号的并列成分之间通常不用顿号"，可是许多作者似乎不了解有此规定，因此并列成分之间都用顿号。例如：

（1）他以自身的字号及"曼"命名的别号共有十个，分别是不常用的号"颂"、"子恭甫"；常用别号"子恭"、"恭寿"、"曼生"、"阿曼"、"曼寿"、"曼生寿"、"曼公"、"老曼"等。

（2）其他重要作品还有舞剧《婚礼》、《普尔钦奈拉》、《阿波罗》、《竞赛》，歌剧《俄狄浦斯王》、《浪子的历程》、《普西芬尼》、《诗篇交响曲》《三乐章交响曲》,以及钢琴曲《俄罗斯圣歌》《我儿童时期的回忆》等。

例(1)中的顿号均可删除。例(2)"还有"后的7个顿号亦可删去,奇怪的是"以及"后的两项之间并未使用顿号,可见作者随心所欲,并未严格遵循国标。

两个或两个以上的引号或书名号并列,本身已经起到隔开的作用,不用顿号不会产生歧义,而且不用顿号既节省笔墨,形式上也比较美观。至于数字用法,许多作者都比较随意,未严格按规范标准执行,我认为应当照《出版物上数字用法》使用。数字形式的选用,《用法》规定得很具体,照章办事,合乎规范化、标准化的要求,有何不好?

走笔至此,想起一桩"公案"。前些日子,马来西亚一位长期从事华文规范工作的老友发来微信说,他们国家的华文媒体已经根据中国的《通用规范汉字表》把"锺"作为姓氏用字了,为什么"规范汉字的源头"中国在称呼"锺南山"的时候仍然写成"钟南山"呢?言外之意似是批评我们,自己制定的规范标准,连自己都不严格执行。

"钟"收录在《通用规范汉字表》一级字表(3 500字)中,字序为1 528;"锺"字列入三级字表(1 605字),字序为7 679;在附件1"规范字与繁体字、异体字对照表"中,"钟"字的繁体字"鍾"后加注说:"用于姓氏人名时可简化作'锺'。"

首先要肯定的是,现在"钟"和"锺"都是规范字,但是,以前只有"钟",没有"锺"。这说明"鍾"字之简已由刚性变成柔性。注解中用"可"字,其言外之意似是,如果当事人已经习惯并接受"钟"字了,本人愿意继续用"钟"字,并无不可,如想改用"锺"字,悉听尊便,并且是合乎规范的。此事使我联想起一位"蕭"姓老友,当年,他误以为"蕭"简化为"肖"了,后来才知道是"萧"不是"肖",可是写"肖"已经习以为常了，于是干脆继续用"肖"，贪图它笔画少，书写方便。"行不改名，坐不改姓"对他而言，"改姓"也无所谓。举"锺"这个例子，是为了说明，规范是可以刚柔相济的。但是，海外中文用户未必了解，因此，在进行中文国际教育时，对我国制定的规范标准，我建议必须加强宣传的力度。

《第一批异形词整理表》（2001年12月19日发布）选取了338组异形词，并给出每组的"推荐使用词形"，例如：保姆—保母—褓姆，叫花子—叫化子，一锤定音——一槌定音，每组中前面的词形为推荐词形。"推荐词形"就是一种柔性标准，然而也有争议。例如"一锤定音——一槌定音"推荐的是"一锤定音"，金字旁的"锤"，但是日常所见，法官在开庭、休庭或裁决时所用的法槌的"槌"是木字旁，因此有位新加坡朋友对我说，现代人应当用"一槌定音"。这个例子同样说明，中文走向世界，我国所制定的规范标准应当多多宣传才好。

最后举个读音的例子来说说。现在国内外每天都发生许多大事，事发之后，往往"发酵"，因此"发酵"常用。"酵"读什么音呢？《普通话异读词审音表》（1985年12月修订）规定统读jiào音。《现代汉语词典》（第7版）、《新华字典》（第12版）都注jiào音，《现代汉语应用规范词典》还用手形符号"☞"特别提示"酵"不读xiào。

长期以来，我在境外、海外或国内，每天都收看央视中文国际频道（CCTV-4）的《海峡两岸》节目，听到主持人、大陆和台湾应邀上节目的嘉宾发言时都说xiào，也曾听到央视其他频道的主持人读xiào。于是我写了一篇题为《"酵"的统读音不妨改为xiào》的短文，发表在《语言文字周报》2019年10月9日第1857期上。我看到公众号上读者的留言，咸表反对。王洁先生撰文回应说："央视主持人念'fāxiào'的情形，属于'言语趋同'现象：主持人意在通过趋近于对方的口音，达到增进相互的理解和交际效果的目的。这种特殊语境下的读音改变有一定的语用价值，但并不具备标准音层面上的示范意义。"(《关于"酵"字异读的商榷》，《语言文字周报》，2020年5月16日第1876期)。

守正创新，深化改革，在"认真做好推广普及国家通用语言文字工作"的进程中，必须"发挥学校教育的基础阵地作用、党政机关的带头作用、新闻媒体的示范作用、公共服务行业的窗口作用"。央视节目主持人的语音竟然"不具备标准音层面上的示范意义"，这对"推广普及国家通用语言文字推广工作"是促进呢，还是促退？而且我们必须看到，我国大陆的普通话和台湾地区的"国语"，无论字形、字音、词汇、语法都存在许多差异，何以"言语趋同"只落实在"酵"字上呢？词语方面的差异多了去了，而且问题很复杂很敏感，又为何不管不顾呢？所以我认为，为今之计，唯有严格按国家标准行事。不能为了"达到增进相互的理解和交际效果的目的"就改变字的规范读音。难道我们也要把国宝"熊猫"叫作"猫熊"吗？把"我和你"读成"我hàn你"吗？把"在××基础上"说成"在××基础下"吗？

在网络世纪，社会网络化和网络社会化，虚实空间正深度交融，人们往来于这两个世界之间，无论人言人语还是网言网语都必须规范化、标准化，尤其是虚拟世界，规范化和标准化的空间很大，任务十分艰巨。而规范与否、标准与否，必须以国标为准。

学校、党政机关、新闻媒体、公共服务行业都是使用语言文字的大户，必须肩负起加大国家通用语言文字推广力度的重任。对他们来说，《语言文字规范标准》是不可或缺的工具书。

（2021年4月）

异彩纷呈学术路，南国之梅吐芬芳

1994年，为了因应中国改革开放，新加坡南洋理工大学国立教育学院中文系主任周清海教授受命在南大成立中华语言文化中心。中心成立后，周教授策划设置与中国、中华文化有关的课程，同时制定学术研究与交流规划，以便展开与海外学者的交流与合作，借以带动并提升新加坡的华语研究。

与此同时，周教授放眼未来，拟定专项计划，协助中国（包括港澳台地区）与马来西亚著名学府修读或研究中文的优秀学生到新加坡攻读硕士或博士学位，使他们有机会走出国门，来到新加坡，了解新加坡，熟悉新加坡，融入新加坡，并与新加坡本土学生或教研人员建立友好关系，以期进行长远的合作。

经一番部署，各项计划付诸实施。北京大学中文系陆俭明教授是著名的语法学家，陆先生作为首位受聘客座教授到中华语言文化中心从事研究工作。从1995年2月25日到8月31日，陆教授在中心潜心进行新加坡华语与现代汉语标准语的对比研究，历时半年。访问结束前一周，陆教授完成了题为《新加坡华语语法的特点》的研究报告（与张楚浩、钱萍联合署名），发表在1996年《南大中华语言文化学报》的创刊号上。当时，我正在新加坡报业控股华文报集团从事文字工作，拜读了陆教授的大作，感到既亲切又实用。

在新加坡时，陆教授就准备写一本简明的新加坡华语语法，鉴于新加坡华语口语并不成熟，所以他搜集了大量的华语书面材料，准备回国后加以整理分析，撰写专著。这部著作名为《新加坡华语语法》，脱稿于2016年12月，2018年2月由商务印书馆出版。

《新加坡华语语法》将近33万字，全书所用语料大多采用新加坡当代知名作家的作品，共计117种（含中小学华文教材17种）。周清海教授在为这部语法专著所作的序中说："本书特别适合作为本地报刊、传媒的从业人员的参考书，作为大专学府华文师资培训、中文系汉语科目以及语言比较的教材。"

其他中国语言学界的著名学者周长楫、徐大明、陈松岑、李临定等教授也都先后应邀到中华语言文化中心进行专题研究。他们在短期研究结束后，或发表论文，或出版专著，硕果累累，例如周长楫、周清海合著的《新加坡闽南话词典》（中国社会科学出版社，2002年）就是一部颇具地方特色的方言工具书。

在协助引进中国、马来西亚优秀人才到新加坡深造方面，当时中国著名学府北大、北师大、华中师大、暨南大学等都曾选拔优秀学生到中心深造。下面我讲一个富有传奇色彩的故事。

周清海和陆俭明早有交集。1997年春夏之交，周教授亲临北大，在一个阳光温煦的午后，由陆教授陪同，在该校五院尽头的会议室面试了一位叫王晓梅的应届毕业生。王晓梅原籍山东泰安，是个在东岳泰山下成长的女孩，品行良好，成绩优秀，她是陆教授的弟子。经一轮面试，王晓梅被录取了。7月，王晓梅初出国门，飞到令人向往的有花园城市美誉的新加坡，从此在雨树遮阳、椰影婆娑的云南园里开始了她攻读硕士学位的研究生生涯。

硕士学位论文选题时，在徐大明教授的启发和周清海教授的指导下，王晓梅以《新加坡华人英语、华语语码转换策略的研究》为题进行研究。这篇硕士学位论文开启了王晓梅社会语言学研究之路，而且越走越宽，越走越坚定。

晓梅在新加坡获得文学硕士学位后，告别云南园，在华侨中学执教一年，便开始了她的南洋之路第二站。她越过长堤，"勇闯马来西亚"。"踏足大马，再次迎来文化冲击，"她说，"这里的社会语言现象更加让人着迷，简直是一个语言宝库。"从"课堂"到"宝库"，这可是认知上的一次提升啊！

之后，晓梅又在周清海教授的推荐下，远赴香港，在香港城市大学师从邹嘉彦教授，攻读博士学位，研究马来西亚柔佛州华语的传播，提出语言传播的综合性理论框架。学成后，王晓梅返回马来西亚，在马来亚大学语言暨语言学学院任教，曾连续两次荣获中国社会语言学学会颁发的青年学者论文奖一等奖。2016年王晓梅调入厦门大学马来西亚分校，现任中文系主任，职称：教授。

2021年3月，王晓梅的专著《马来西亚华人社会语言研究》由商务印书馆出版，这部专著约23万字，是王晓梅扎根马来西亚、扎根学术研究所取得的一项丰硕成果。

暨南大学华文学院前院长、著名社会语言学教授郭熙先生为这部专著写了序言。他说："海外华语是一份重要的文化遗产，是一种宝贵的语言资源，在某种意义上可以说是不可再生的资源。社会语言学需要搜集整理这些资源，需要描写语言生活的各种事实和各地的华语——包括当下的和历史上的，需要在描写的基础上作出进一步的分析解释。"（《马来西亚华人社会语言研究》，第IX页）

语言生活中的"各种事实"是语言生活的写照，描写的目的是为了用事实来证明社会语言学必须论述的具有普遍意义的现象与规律。王晓梅这部专著就是从宏观、中观、微观三个角度来论述的，而且她根据汉语的特点，从"古、方、普、外"四个角度进行对比、分析。

在这部专著中,作者将论述集中在语言传播、语言维护、语言转用、语言选择、语言规划、语言景观和语言接触这7个课题上,分章申论,精彩纷呈。令人击赏的是,对这些课题的研究,王晓梅"大多建立在广泛深入的田野调查基础之上",例如对柔佛州客家人的研究,对雪兰莪和吉隆坡潮州人的研究,对槟城客家人的研究,等等。伴随着这些研究个案,作者编制了大量的统计表,例如在第四章"语言选择"中,各种统计表竟有47个之多。与此同时,作者还充分运用图片,例如在第六章"语言景观"中,她配了25幅图片。我在新加坡的新闻机构工作过,深知图片具有纪实性、实证性、简明性,被喻为媒体的"眼睛"或"心脏"。学术著作并非新闻,但是,在专论"语言景观"时,一张图片有时胜过千言万语。这在中国出版的同类著作中并不多见,因此我认为这是晓梅专著的一大特色。

自从2019年12月国际中文教育长沙会议后,"国际中文教育"作为一个正式名称开始广泛使用,现已成为中国语言学界的一个热词。既然是"国际中文教育",视角自然是"全球华语"。马来西亚是一个典型的多语社会,有说有134种语言的,也有说没那么多,只有80多种。无论100多还是80多,马来语、英语和华语是马来西亚最主要的三种语言,国语是马来语,是"马来西亚的核心语言资源",具有"至高无上"的地位。那么,华语的地位怎么样呢?这正是这部专著研究的焦点。

王晓梅教授说:"马来西亚是中国以外唯一一个有完整的华文教育的国家,这在其他多语国家是不多见的。独特的教育体系使得华人在多语环境下,不但没有被主流语言(马来语)同化,反而很好地保持了自己的语言(当然,其中方言有向华语转移的倾向),是世界上语言传播的一个特殊的例子。"(同上,第55页)由此可见,马来西亚华人的华语教育当属"海外华语传承"。马来西亚"华语传承"的"方向、目的、动因、路径"是怎样的呢?王晓梅在书中备述甚详,为读者给出一个令人满意的答案,可资借鉴。

新加坡和马来西亚一衣带水,两国的语言景象异彩纷呈,颇多共同之处,但是,新加坡和马来西亚毕竟是两个国家,国情不同。不过,王晓梅教授在其专著中的诸多观点与论述,对新加坡的语言学界,对在高等学府修读语言专业特别是社会语言学的学生,对社会语言学研究者,都具有参考价值,值得一读。

(2021年6月)

汇入大海的小溪

在拙著《时代新加坡特有词语词典》(Times Dictionary of Singapore Chinese，新加坡联邦出版社，1999年)的"前言"中，我曾说，新加坡华语是"新加坡华族的共同语"，而在词目"华族"条下给出的解释是"东南亚国家华人指自己所属的民族"。华文是华语的书面形式，记录华语的符号是汉字(Chinese character)，新加坡华人避"汉"而称之为"华文字"。华人、华族、华语、华文、华文字是新加坡华人在谈论华语言文字时常用的一组名称。

1984年10月8日，笔者应新加坡新闻与出版私人有限公司之聘，从香港到了新加坡，第二天就到在亚历山大路的公司人事部报到。公司安排我住在武吉知马路上段美世界中心URA的一座公寓内。新家安顿之后，熟悉一下周边环境和上下班的交通路线，从16日起，我就上班了。

当时，我的职务是"新闻改写兼培训"，主要在《南洋·星洲联合早报》新闻编辑组改稿。我比组内同事提前两小时上班，一上班就阅读当天出版的报纸，检查在文字运用上有无失误之处。如果发现字词句运用上有不妥或可商榷之处，就记录下来，然后交给张清江先生，张先生也每天都检查报纸文字的运用。我们必须对自己所查出的问题加以评改，最后由张先生编辑，印成单张，分发给每位同事参考，俾便改进。其时，林佑璋（原甸）先生与我相对而坐，跟我一样，每天也得埋头看报。说得好听点，清江、原甸和我都充当事后诸葛亮，专放马后炮。我们仨也许是《联合早报》忠实读者中的忠实读者了。

由于工作需要，有时管理层指定我通读整份《早报》的新闻、副刊或广告，就某个专题作计量研究，然后提交专题报告。最有趣的是，余共华先生任副总（分管副刊）期间，要我专门研究《早报》上刊登的讣告，并提出改进意见。《早报》广告版的一大特色是讣告多、版位大，我曾听说有的读者每天一拿到《早报》就先翻讣告，看看有没有亲朋好友走了。许多读者尤其是年轻人看不懂讣告，只知道那是讲死人的事儿。

我是从中国内地到香港然后到新加坡的，在内地时，教了23年现代汉语。由于长期从事语言文字工作，因此每到一地，尤其是陌生地方，对语言特别敏感。我每天这么读报，每个新加坡本土特有词语对我来说都富有眼球效应，吸引着我对它必须另眼相看。比如"爽""显""巴刹""卜基""吃风""德士""乐龄""叻沙""隆帮""罗杂""组屋""马赛地""拥车证""摩摩喳喳""五C""U转""MC""CPF""HDB""PIE""NTUC"，等等，我闻所未闻，见所未见。

一叶知秋，一雨知寒，一语知人、知心、知事。词汇是社会的一面镜子，从一词一语中可以窥探社会现象的方方面面，有助于人们对社会进行全景式解读，因此，收集、整理、研究新加坡本土词语，是一件非常有意义的工作。

由于当时还没有用电脑，因此我只得用最原始的方式，把这些词语的用例一个个地剪贴在一本记事簿上。后来，公司用电脑了，就储存在电脑中了。

1994年南洋理工大学中华语言文化中心成立，周清海教授出任主任，聘请我担任中心的特邀研究员，课题是新加坡华语词汇。于是我决心整理所搜集的语料，目标是写一篇论文，编一本词典。

随着新千年临近,我退休的时间进入倒计时。我不得不快马加鞭,加紧编写。在最后冲刺的那段日子里,节假日我都到公司工作,并且干到半夜,直到公司保安员到办公室"清场"熄灯时才离开。1999年7月,词典杀青付梓,年底就出版了。2000年10月1日,我离开服务了16年的新加坡报业控股(SPH)回到香港。

《时代新加坡特有词语词典》共收词语1 560条(含副条),分为8类。条目除注音、释义外,还标注词类,每个词条一般举3个范例,例子出自新加坡《联合早报》,间或从《联合晚报》和《新明日报》中选取。大多数条目另有"说明项",内容为词语来源、词语背景、语用比较、用法商兑、又作形式、参见条目、语用辨误、外语对应等。这个板块是我最花心血的部分。幸运的是我在报馆工作,多亏我的同事大力支持。当我向他们请教时,他们总是不厌其烦地释疑解难。特别是《联合早报》采访组的同事,给我帮助最大。光阴荏苒,20年过去了,回首往事,恰如昨日,历历在目,铭记心头。

例如"万字/万字票",释义区区6字:一种博彩形式。但是"说明项"写了378字,说句笑话,是在教人赌博啊。"初庭"的"说明项"写了1 152字。我觉得唯有如此,读者方才明白,因为这部小词典的主要读者是来自世界各地的华人。1996年的统计数字就显示,到新加坡的中国人(包括港澳台地区)每年有106万,日均2 867人。词典为他们提供了一个认识新加坡、了解新加坡的窗口。当时在《语文建设》任编辑的孙建强女士,看了我寄赠的词典后,写了篇书评,题目就是《读词典,逛新加坡》。

21世纪初,商务印书馆开始筹划编纂《全球华语词典》。2004年新加坡和马来西亚编写组在新加坡率先成立,并先行试编。我忝为新马组主持人,便以《时代新加坡特有词语词典》为基础启动编纂工作。周清海教授任审订,小组成员有郭熙、徐复岭、林万菁、谭慧敏、钟天祥5位。徐复岭教授是闻风而动,半途加入的,独自编写了泰国词语800条。艰辛6载,2010年5月,由李瑞环和李光耀任荣誉顾问,收录世界各地华人社区使用的华语词语大约1万条的《全球华语词典》问世。

2010年5月17日,《全球华语词典》在北京人民大会堂浙江厅举行首发式,李光耀专程莅临。会上李光耀提议编纂词量更大的华语词典,李瑞环当即表示支持。又6载,2016年,《全球华语大词典》出版,全书500余万字,收录华语词语约88 400条,其中单字条目约9 400条。翌年,新加坡名创教育集团(Published by Marshall Cavendish Education)获授权出版了新加坡版。

《时代新加坡特有词语词典》不过是一条小溪,它流入大河,最后汇入大海。

(2021年8月)

带部《现汉》下南洋,"老师"时刻在身旁

《现汉》即《现代汉语词典》,"南洋"指东南亚各国,本文特指新加坡。

1984年10月,我应聘到新加坡新闻与出版私人有限公司旗下的《联合早报》工作,随身携带的唯一"宝贝"便是一部1980年2月香港商务印书馆出版的《现代汉语词典》(第1版)(修订本,繁体字版)。

《现汉》是以记录普通话语汇为主的中型词典,供中等以上文化程度的读者使用。1956年由国家立项,1958年初开始编写,1960年出"试印本"(8册,含附录和检字表各1册),征求意见。经过修改,1965年出"试用本"送审稿,1973年内部发行,同时进行修订,1977年底完成修订工作。

我看到的《现汉》最早的版本是

《现代汉语词典》(港版繁体字本)

1960年"试印本"

1960年"试印本",当时印制1 000本,分送给有关研究机构和大中学校,征求意见。那时,我在山东曲阜师范学院(现曲阜师范大学)中文系当助教,专业是现代汉语。我们教研室收到一部"试印本"和一叠卡片纸(供提意见)。教研室主任曹一清先生叫我把这些拆分后发给室内同事,人手一份,审阅条目,有意见就写在卡片上,每条一张。全稿审毕,我把卡片汇总,寄回北京。根据规定,"试印本"可以留下。

1960年"试印本"(合订本)

1962年暑假,我申请调回家乡江苏常州工作。因为常州没有高校,回乡后就准备到中学教书去了。教语文,准确地解析、辨别词语的意思并不容易,我购置的尽是语法参考书,于是向主任曹先生借用"试印本",说回乡后用一段时间定当归还。主任同意了,我高兴地带着这个"宝贝"回家乡了。

1965年"试用本"(送审稿)

讵料到常州后我被分配到常州市教师进修学校工作。校方因人设事,开了门现代汉语语法修辞课,由我任教。第一届学员大多是中老年小学语文教师,个个比我年长,他们都是所任教的学校的骨干教师。当时强调"双基教学"(双基:基础知识和基本技能),所以开了门语法修辞课。

有一次上课时,我抱着"试印本"进教室,向他们介绍一下《现代汉语词典》。我每一排发一册,让他们从前到后传阅。

学员们一看都异口同声地说:"太好了!要是有这么一部词典,今后备课解释词语就方便多啦。"我告诉他们,"试印本"征求意见修订后就会正式出版的,到时每所学校买一部不就得啦。谁知一等就是16年。个中原因,对我国那段历史稍有了解的人都心知肚明,无须赘述了。因为不教语文,"试印本"就被我寄回孔圣人的家乡曲阜去了。

1978年12月,《现汉》(第1版)终于由商务印书馆正式出版,所收条目包括字、词、词组、熟语、成语等,共约56 000条。

《现代汉语词典》(第1版)

1983年,《现汉》推出第2版(修订重排本),收词56 000条;1996年,第3版出版,收词61 000条;2002年,第4版(第3版增补本)出版,增收新词语1 200条;2005年,第5版出版,收词65 000条;2012年,第6版出版,收词69 000条;2016年,第7版出版,增收新词语400多条,这是目前最新的版本。

《现汉》以规范性、科学性和实用性为主要特点,自从出版以来,深受广大读者欢迎,

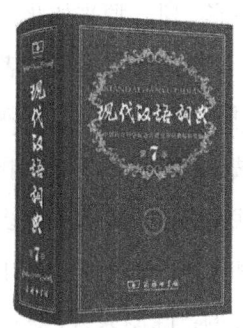

《现代汉语词典》(第7版)

在海内外享有很高声誉,先后荣获首届中国社会科学院优秀科研成果奖(1993年)、第一届国家图书奖(1994年)、第二届国家辞书类一等奖(1997年)和第一届中国出版政府奖图书奖(2007年)等。截至2016年9月,已是第595次印刷了。

我到新加坡工作后,《联合早报》偌大一个编辑组只有一部新加坡当地书局出版的暗红色布面精装的《最新现代汉语大词典》。这部"大

词典"书口乌漆墨黑,右下角更是既残又脏,参差不齐,封面封底与书脊"藕断丝连",几近脱落,肯定是使用率高,才如此"破相"的。在中文工具书缺乏的年代,海外华人从事中文传承工作是多么不容易啊!他们太需要像《现汉》这样优质的工具书了。

再说那书名,用"最新"和"大"形容,"牛"得很啊!仔细翻阅,内容跟《现代汉语词典》一字不差。莫不是……我不愿继续往下想,因为我心中已经有了答案,也明白了书局这样做的苦衷。我的新加坡同事肯定比我更清楚这部词典的故事。

当时,新加坡政府禁止书商进口中国图书,凡是进口,必须送审,《现代汉语词典》亦在禁止之列。我天真地想,词典是工具书啊,又不是政治类书籍,何以也禁?据说原因是书中某些条目及其释义具有政治色彩。哦,原来如此!

新加坡的华文学者和我的同事告诉我,他们到中国大陆旅游,回国时最"沉重的负担"就是随身所带的书籍。对此,我感同身受。到新加坡工作后,我每次回国度假,都要买些书带回新加坡。因为工作需要,我只买语文工具书。多卷本的《辞海》和《辞源》都是从国内买了带回新加坡的;除附录外,一套12册的《汉语大词典》是用蚂蚁搬泰山的方法从香港带到新加坡的。

写到这儿,我不由得又怀念起新加坡前辈学者、新加坡国立大学华语教学与研究中心主任、新加坡华文研究会会长卢绍昌先生来了。1996年7月,《现汉》修订本(第3版)出版,

《现代汉语词典》修订本(第3版)

正好卢先生到北京参加会议。返回新加坡后，卢先生打电话给我："汪兄，我给你带了本《现汉》修订本回来了，几时见面，我带给你。"我喜出望外，感激之情难以言表。卢先生比我年长，见面时总是"汪兄汪兄"地称呼我，使我汗颜无地。出远门自己要买好多书，还特地给我带一本如砖块般沉甸甸的词典，且婉拒书款。卢绍昌先生值得我铭记于心，以为做人的标杆！

2002年5月，《现汉》增补本（第4版）出版。8月27日，我以《老树春深更着花》为题，写了篇书评，发表在《联合早报》言论版。拙文第3段开头说："《现汉》是部老词典，如今老树绽放出灿烂的新花：一是增补了新词新义1 206条，一是增收了'以西文字母开头的词语'103条。笔者最感兴趣的是它增补了许多由洋文单独构成或华洋结合的词语——字母词（lettered-word）。"

2002年8月27日《联合早报》言论版

我从小没见过也没听说过durian，1984年10月到新加坡后，才跟这种在南洋有果王之称的水果零距离接触，看到当地都写成"榴梿"。但是《现汉》最初两版都用"榴莲"立目，第3版删除"榴莲"条，第5版"榴莲"复出，并以"榴梿"为副条。为此，我怀着兴奋的心情写了篇《喜见"榴梿"入〈现汉〉》的书评，发表在《联合早报》的言论版上，文内说"期待着'榴梿'能够'扶正'"。

2005年8月2日《联合早报》言论版

再经7年考验,《现汉》第6版,"榴梿"终于以主条身份坐正词典的殿堂,"榴莲"成了副条。编者这样处理,就使中国和新、马、泰、印尼等东盟国家durian的中文译名一致了。

从1960年"试印本"到2016年第7版,56年中《现汉》正式出版了7个版本,无不打上了时代的烙印。《现汉》陪伴我从青年到中年到老年,是我的良师益友。现在我还在笔耕,还是每天向她请益。

用了一辈子的《现汉》,品评她的每个新版本时,我都以"守正拓新"为标尺。守正不离拓新,拓新不弃守正。二者共生互补,相辅相成,始终保持平衡统一。

(2021年12月)

我跟郝老总的三次握手

暮春三月，江南草长，杂花生树，群莺乱飞。2020年3月下旬，我回到了故乡，看到《咬文嚼字》第3期发表的郝铭鉴先生在专栏"百问百答（6）"中撰写的文章，跟以往一样，马上拜读。郝老总退休多年，笔耕不辍，令人钦佩，老将果真是宝刀不老啊！没想到，4月2日传来郝先生因病逝世的噩耗，一时无法相信，无法接受。然而接连在手机上频繁看到同样的消息，内心十分沉重，十分哀伤。我跟郝老总20多年来互动的往事一一清晰地浮现在眼前。

《咬文嚼字》创刊于1995年1月，每月一期，32开本，体量小无可小。当时全国有8 000多种刊物，语文刊物就有200多种，然而这只"语林啄木鸟"在创办人郝铭鉴先生的精心培育下，趁着改革开放的东风一飞冲天，从上海飞向全国各地，1996年底越洋飞到新加坡，随后越过新柔长堤，到了马来西亚。

其时，我在新加坡《联合早报》专事文字工作，每天"咬嚼"《联合早报》，查看有无语用失误，若有，就写短评，由专人通过网络发送到编辑部同事的终端机，请他们注意。同时，我还得帮助同事解决新闻写作或处理中遇到的语用问题。身在异国，单兵作战，孤立无援，我是多么希望《咬文嚼字》陪伴我"咬嚼"啊！

我第一次跟郝铭鉴先生握手是在1996年11月中旬。当时，郝先生因参加华东书展到新加坡公干，一日到我任职的公司参观。初次见面，我就向郝先生表明心愿，希望得到他的帮助。郝先生回国后，便按月寄赠刊物给我，我如获至宝，每期都通读一遍。这样，我跟《咬文嚼字》结下不解之缘。弹指间，已经24度春秋了。我能结识郝先生，全仗何伟渔教授，当时，何教授是《咬文嚼字》编委（现为顾问），是他把我介绍给郝老总的——我习惯称郝铭鉴先生"郝老总"，皆因"郝""好"同音。

我第二次跟郝铭鉴先生握手是在1999年10月22日。当时，我回家乡常州度假，郝老总获悉后一再打电话给我，说是要到常州来探望我。他重任在肩，日理万机，我怎能让他耗费那么多时间专程来常州，于是跟他约定日子，我到上海去拜访他。当时刊社在上海颇具盛名的文化街，亦称出版街的绍兴路。郝老总把顾问张斌教授，编委何伟渔教授、金文明编审都请来了，大家就社会语文应用问题展开了广泛的交流，在座的还有责编唐让之先生和韩秀凤女士。

我跟郝铭鉴先生第三次握手是在2010年9月中秋节前。那时《咬文嚼字》编辑部已乔迁至打浦路新址。时隔11年，老朋友第三次重逢，自是格外兴奋。郝老总和我还有编辑部的同事三句话不离本行，就语文应用问题相互交流，畅所欲言，交谈甚欢。也就是这次见面，我和现任主编黄安靖先生第一次握手。

就在初次见面后不久，《联合早报》副刊获得授权，可以转载《咬文嚼字》的文章，这样不但充实了副刊的内容，而且使新加坡读者认识了《咬文嚼字》。1997年12月28日《联合早报》报道，《咬文嚼字》1996年合订本成为新加坡三家华文书局年度10大畅销书之一，排行榜上名列第6。此事标志着《咬文嚼字》正式落户新加坡，而且颇受当地华文读者欢迎。

《联合早报》按月结算稿酬并汇到《咬文嚼字》编辑部。后来，我在一个偶然的机会里得知，郝老总决定将稿酬悉数转发给文章作者。他们收到稿酬，方知自己的文章又在新加坡发表了，还拿到了第二次稿酬，无不喜出望外，纷纷点赞"咬刊"。这个小故事说明，《咬文嚼字》舵主郝铭鉴先生胸中既装着读者，也装着作者。没有作者投稿，刊物怎能存活？一本小刊物，每期有将近20个栏目，仅《一针见血》专栏，每期就有十多位作者写稿，以今年第1期为例，作者有15位之多。全国有哪家语文报刊是这样做的？

词语无国界，到处流通，进入网络世纪，语言碰撞，时时擦出火花。我在媒体工作，几乎每天都会遇到同事们提出的语用问题，尤其是词汇上的问题。我记得曾跟郝老总谈起"七月流火"的使用问题。我一直认为应当接受"七月流火"的新用法。郝先生告诉我，《咬文嚼字》创刊10年来，不断收到批评用"七月流火"形容天气炎热的稿件，可是编辑部一直不采用。2005年《咬文嚼字》第11期的《百家会诊》专栏公开讨论"七月流火"的应用问题，结论是新用法救活了一个濒临死亡的词语，赋予传统旧词以新生命，这是对语言资源的开发。2016年9月出版的《现代汉语词典》（第7版）增收了这个词条。同时，在"咬文嚼字"条下增补了新的义项"也用来指对文字的使用反复推敲，十分讲究"。这个新义项的增补，跟20年前郝铭鉴先生用"咬文嚼字"做刊名不无关系。

往事并非如烟，往事值得回味。让我们铭记郝老总，学习郝老总，为语文规范化，为祖国语言的健康，继续贡献我们的一份力量。

安息吧，郝铭鉴先生！

（2020年4月）

跨越百年的智慧长者周有光

1958年2月11日，第一届全国人民代表大会第五次会议批准了《汉语拼音方案》，1982年，国际标准化组织通过汉语拼音为拼写汉语的国际标准，标志着汉语拼音已经由中国的国家标准发展为国际标准。

提起《汉语拼音方案》的制定和国际化，人们就会想起周有光先生；提起周有光先生，国内和境外海外众多媒体和个人就会称他"汉语拼音之父"。但是，周有光说："不能这样讲。因为这个拼音方案在清朝末年就开始研究了，一直到我那个时候可以说是告一个段落。"周先生还告诉大家："有一个人写了一篇文章，说周有光不应当是'拼音之父'，他说周有光跟拼音是没有关系的。他说踢足球，一个球已经踢到球门口了，周有光最后一脚踢进去了。这一脚踢进去了，不能功劳全是我，因为前面有很多人踢过脚了，我想他的讲法还是很对的。所以我一而再、再而三叫人家不要叫我'拼音之父'，说我是参加制订者之一还是可以的。"（曹锡华、李梅香编著：《百岁学人周有光》，第130—131页，中国电影出版社，2015年。以下简称《百岁学人》）

这件事在周有光和王荣泰合著的《111岁如是我闻：周有光访谈录》（新华出版社，2015年。以下简称《周有光访谈录》）中亦曾提到。关于"汉语拼音之父"，周有光说："我不喜欢他们这么说，我不喜欢吹牛。"王荣泰问道："您觉得叫什么呢？"周有光答道："汉语拼音制订人之一，有的人说是主要的制订人之一，也可以。"

2008年，《汉语拼音方案》颁布50周年，有人问周老如何纪念，周老说:"最好的纪念方法是不声不响地让汉语拼音发挥更多作用。"王荣泰感慨地说:"这就是周有光先生的风范,不声不响如大象无形,大音希声!"

王荣泰先生历任《中国剪报》社社长、总编辑,《特别文摘》杂志社社长等职,跟周有光是同乡(江苏省常州市)。两人来往十多年,交情深厚。王荣泰将与周老交往的点点滴滴集腋成裘,并以一问一答的形式归纳整理周老在许多著作中的真知灼见,汇编成书出版,作为对周老111岁华诞的献礼。这本书就是上文提到的《周有光访谈录》。此书于2015年12月出版,2016年1月第1次印刷,问世一年后,即2017年1月,周有光在度过112岁华诞(1月13日)的翌日凌晨三时许在北京逝世。

王荣泰跟周有光有过很多次的零距离接触。在王荣泰眼中,周有光"记忆力超强,谈吐风雅、语言诙谐、条理简明",谈起他那个年代的人和事,"时而和风细雨,时而惊心动魄,时而柳暗花明。与之交流,有一种特别的画面感,你会觉得不是与一位长者聊天,而是与整个历史对话"。(《周有光访谈录》,"前言"第2页)

记述周有光的著作有好几种,单篇文章更多。值得一提的是周有光逝世前两年出版的两本书:一本是周老110岁时问世的《百岁学人周有光》,一本是周老111岁时问世的《周有光访谈录》。前者是对六集同名电视人物传记片从策划、筹备、摄制到首播的全过程的记录,后者是与跨越百年的智慧老人周有光所经历的时代的历史对话。

周有光的一生是学术的一生,是文化的一生,是长寿的一生。他历经清末、北洋政府、南京国民政府、新中国四个时期,寿比金石,著作等身,学识渊博,影响深远。如果你想走近他,了解他,认识他,纪念他,学习他而时间有限,资料欠缺,就不妨观看六集电视人物传记片《语言文字学家——周有光》,或者阅读《周有光访谈录》。

传记片六集是：一、水韵年华，二、执子之手，三、患难与共，四、结缘字母，五、大音之魅，六、多情不老。《周有光访谈录》全书分为七个部分：一、往事流光，二、字母故事，三、心忧天下，四、全球视野，五、居尘论道，六、文化思考，七、达观人生。传记片和访谈录各有千秋，电视片直观形象，访谈录备述甚详。拙文以阅读《周有光访谈录》时随笔记录的形式，撷英转述，以飨读者。

新加坡小国崛起

周有光说："改革开放以后，新加坡大学邀请我去参加国际学术会议。新加坡大学规模不大，各方面非常好。空闲下来，我和一位英国教授到公园散步聊天。我问他，许多人说新加坡是一个奇迹，你是什么看法？英国教授告诉我，世界上没有奇迹，只有常规。什么叫常规呢？按照国际先进的先例来做，但是有一个前提条件，这个国家是民主的，是开放的，有这个条件就可以得到国际帮助……新加坡走民主道路，搞开放，很短时间就'起飞'了，成为'亚洲四小龙'之一。前几年大家都说'大国崛起'，我写了一篇文章叫《小国崛起》，新加坡就是典型。""常规就是走全世界共同的发展道路，一定要强调特殊国情，'独辟蹊径'，历史已经证明'此路不通'。"(《周有光访谈录》，第136页）

周有光所撰《小国崛起》这篇文章写于2008年5月24日，时年103岁。文章开头说："第二次世界大战之后，小国崛起而大国衰落，美国是例外。吹嘘'大国崛起'，不是事实。大国衰落，由于宗主国力量下降而殖民地力量上升。小国崛起，由于抓住了发展机会，运用全球化的国际支援。""小国以及港台小地区的崛起，有一条共同的底线：政治民主，不侵略别国土地；经济富裕，不专靠天然资源（人均GDP超过$20 000）。"文中提到的崛起的小国和小地区共有8个，东亚

"四小龙"第一个就是新加坡。(周有光:《朝闻道集》,世界图书出版公司,2014年)

讲到推行汉语拼音,周有光说:"新加坡采用拼音,影响东南亚;联合国采用拼音,亦以拼音为拼写中国地名的标准。"(《周有光访谈录》,第103页)

推进语文现代化

周有光认为,语文现代化就是中国的语言文字要跟随时代的变化而发展。语文现代化有四件大事:第一,全国普及普通话;第二,文言改为白话文;第三,要整理汉字;第四,给汉字标音。语文现代化是中国现代化的一个方面。(《周有光访谈录》,第95—97页)后来周先生又完善了中国语文现代化的理论,指出语文现代化的内涵为:"语言通用化,文体口语化,文字简易化,标音字母化,中文电脑化,术语国际化。"(《有光一生 一生有光》,第183页,香港国际基础华文研究院,2013年)

汉语的将来

中国改革开放40年了,随着综合国力的提高,汉语加快了走向世界的步伐,全球五大洲已经创办孔子学院500多所、孔子课堂1 000多个。于是许多人说汉语要变成世界语言了。周有光说:"在联合国各种语言的使用比例大致是:英语80%,法语15%,西班牙语4%,另外1%是俄语、阿拉伯语、汉语,汉语比俄语、阿拉伯语用得少。""英语已经成了一个世界性的共同语,它这样一个地位是经过了400年。"(《周有光访谈录》,第118页)

最后引用周有光的几句名言作为结束语:

文化的发展道路只有一条,就是人类"共创、共有、共享"的科学道路。科学是一元性的,没有西方科学和东方科学的分别。

先知是自封的,预言是骗人的,聪明是从反思中得来的。

尼采说,不要生气,生气是以别人的过失来责罚自己。不生气有助于健康长寿。

卒然临之而不惊,无故加之而不怒。

人生是一朵浪花。

(2018年2月)

李光耀，新加坡国家语言整体规划的总设计师

1984年10月，我从香港到刚组建的新加坡新闻与出版私人有限公司属下的《南洋·星洲联合早报》从事文字工作。在我应聘的过程中，新加坡政府总理公署于1982年4月20日发布公告，宣布《南洋商报》和《星洲日报》合并为《联合早报》。翌年3月16日《联合早报》创刊，"为华文报业树立了一个里程碑，震动了新加坡华社"。

《联合早报》创刊号在封面版左上方最抢眼的版位刊登了《我们的话》，编辑部开宗明义地表明"将设法使用浅白易懂的文字"忠实地报道新闻。我就是在这样的大气候下跨进当时在亚历山大路的报馆的门槛的。

2000年9月，我退休返回香港，在狮城待了整整16年。在此期间，每年除回港休假外，其余时间都生活在新加坡。换句话说，我在新加坡"浸濡"了16年。退休回港后，从2003年起，我被返聘，在香港通过互联网继续为华文报集团工作了6年，直到2008年11月因参加《全球华语词典》的编纂工作而辞职。前后算起来，我为新加坡华文报服务了22年。

在这22年中，管理层分配给我的主要工作是每天阅读《联合早报》，检查我们的报纸在语言文字运用上有没有差错，有没有需要改善的地方。为此，我必须认认真真、仔仔细细地看报，连一个标点符号都

不放过。说句笑话,我做的是"文字警察"的工作。在新加坡看纸质印刷版,在香港上网看电子版。直到今天,我还保持着天天读《联合早报》的习惯。

光阴荏苒,弹指间退休16年了。16年中,我曾多次因参加会议或短期工作或探亲访友重临新加坡。新加坡光彩照人的形象萦回脑际。

最近一次到新加坡是2015年11月上旬,这回在新小住10天。其间承蒙老朋友馈赠由新加坡宗乡会馆联合总会学术委员会主任、著名历史学家柯木林先生主编的《新加坡华人通史》(*A General History of the Chinese in Singapore*。以下简称《通史》)——"一部从1819年到今天的新加坡华人通史"。大开本,全书80余万字,826页,堪称皇皇巨著。

我长期从事语文工作,天天跟语言文字的应用打交道,因此,非常关注官方的语文政策,自认为在新加坡这么多年,对新加坡的语言政策还是有所了解的。然而读了《通史》中的"报业文化""风雨华教"等章节,不禁赧然。原来,我对新加坡政府制定语言政策,进行语言整体规划的了解是那么的肤浅。

《通史》告诉我们,新加坡自从1965年8月9日脱离马来西亚独立建国以后,人民行动党政府就不再强调学习三语——马来语、各族母语和英语,而是转向双语,1966年开始推行双语教育。所谓"双语"就是各族的共同语英语和各族自身的母语,并把它作为一项重要的国策认真贯彻执行。

1979年2月,《一九七八年教育部报告书》(俗称《吴庆瑞报告书》)发表,这份报告书为新加坡规划了一个新的教育体系,即全国各族儿童未来都将在一个以英语为主要教学语言的学校中学习,同时竭力掌握好母语。从此以后,以华语文为主要教学媒介语的"华校"逐渐陷入生源紧缩的困境,到1983年,小一所能招收的新生总数已不到全国小一招生总数的1%。1987年新加坡全国学校统一源流，一律以英语为教学媒介语，"华校"的历史任务终告完成，并淡出新加坡教育的舞台。如今，"华校"已然成为历史词语。

综上所述，我们可以得出这样的结论：新加坡不仅是中国之外唯一以华语为四种官方语文之一的独立的主权国家，而且是唯一在学校基础教育阶段（小学6年+中学4年）强制实施"英语+母语"的双语教学的国家。对新加坡的华族学生来说，他们所学习的"双语"，就是英语和华语；华语是新加坡华人的共同语。这就是新加坡政府进行语言整体规划的两项最重要的举措，尤其是双语政策，它是新加坡教育制度的基石。母语是维系国人与母族文化的纽带，英语是国人相互之间及跟全世界沟通的利器。在双语政策制定与实施过程中扮演主要角色的是建国总理李光耀，他是新加坡国家语言整体规划的总设计师。

李光耀睿智过人，胆识非凡。为了融合多元民族建立新的共和国，执政的人民行动党政府决定采用四种官方语文，1965年独立建国后便把它写进宪法。

《新加坡共和国宪法》第37条规定："除立法机关另有规定外，议会中的一切辩论和讨论均得以马来语、英语、中国官话或泰米尔语等语言进行之。"其中马来语是象征性的国语；英语是族际共同语和行政用语，虽无国语之名，却有国语之实；中国官话即华语，是华族各方言群彼此沟通的共同语；泰米尔语（淡米尔语）是印族的共同语。

新加坡自1819年2月6日开埠之日起，岛上就有华人劳工和技工居住，此后中国华南移民远渡重洋到达新加坡，华人成为新加坡最大的族群，约占全国总人口的70%。尽管如此，宪法规定以"中国官话"即华语为官方语文之一，其地位跟马来语和泰米尔语并列，都居于英语之下。当年作出这项规定需要足够的勇气与理据，事实证明它是合乎新加坡国情的明智之举。

当年的"唐人""番客"主要来自中国南方沿海诸省，他们操闽、粤、潮、客家或琼等方言，以使用人口最多的闽南语（福建话）为通用语。但是，宪法规定以中国官话为官方语言，这就势必需要推广官话——普通话的旧称。

1979年9月7日，李光耀主持"讲华语运动"（Speak Mandarin Campaign）开幕礼，这是一场纯粹以华人为对象，以实施了13年的双语教育政策为基础的长期的社会运动。今年已进入第37个年头，仍将继续进行下去。

"讲华语运动"刚启动时，政府提出的口号是"多讲华语，少说方言"，但是从1981年元旦起，政府规定电台和电视台全面停播方言节目，连有线广播"丽的呼声"也不得广播方言节目。对此，民间反对的声音很大，但是政府不为所动，我行我素，并宣称禁播的规定"数十年不变"。李光耀了解人民对方言怀着恋恋不舍之情，因而对禁播方言节目十分反感。难怪他说："由逻辑上看来，应有的决定是很显然的；但是在感情上，如此的选择却是痛苦的。"明知"痛苦"，仍要"选择"，这就是李光耀。

"讲华语运动"是新加坡政府开展的所有运动中最长寿的运动，可谓历久弥新。其特点是每一个阶段有不同的目标和对象。比如第一个十年的目标是以华语取代方言，主要对象是蓝领；第二个十年的目标是认识华语的历史价值，主要对象是白领；第三个十年的目标是使讲华语成为一种时尚，以1965年后从小受英文教育而不大会讲华语的华人为对象。

如今新加坡已进入后李光耀时代，新加坡第三任总理李显龙说：我们今天的目标不再是"多讲华语，少用方言"，我们现在的宗旨是"在英语环境中，请尽量运用华语"，使华语能继续成为一个活的语言，一个有生气的语言，一个能够表达我们的精神、我们的思想、我们的欲望的语言。

今天，在华语的故乡，汉语的国际地位空前提升，客观上为新加坡华语文的发展拓阔了国际空间，所以现在正是通晓华英双语的新加坡人在国内外大展拳脚的时候。我们有理由相信，只要新加坡继续实施双语教育政策，继续推行"讲华语运动"，新加坡仍会是个多元语言社会，不会"脱华入英"而成为一个单纯讲英语的单语社会。

（2016年4月）

后　记

　　商务印书馆1897年2月创办于上海,今年是她125年华诞。笔者1937年3月出生于上海,今年虚度八十有五。商务比我年长40岁。

　　10年前,拙作《语言的风采》有幸在这家百年老店出版;没承想10年后,在她125华诞之年,姊妹篇《语言的魅力》还是在这家百年老店出版。这是商务印书馆在我85岁生日时给我的一份最珍贵的礼物,谨向商务印书馆表示由衷的感激。

　　为庆祝商务印书馆125年华诞,去年12月5日,我撰写了《词典,我永远的老师》一文,结尾说:"谨怀感恩之心,撰写此文,以表庆贺。"

　　贺文特选"词典"做文章,一是因为商务素有"工具书王国"之称,二是我这辈子从未离开过商务出版的辞书。我前半生,在国内教现代汉语,后半生在境外和海外文字一线工作,我怎么离得开词典呢?

　　有关资料告诉我,1958年,中国出版社业务分工,商务印书馆承担了翻译出版国外哲学社会科学和编纂出版中外语文辞书等出版任务,逐渐形成了以出版"汉译世界学术名著""世界名人传记"为代表的翻译作品,和《辞源》《新华字典》《新华词典》《现代汉语词典》《英华大词典》等为代表的中外文语文辞书为主要支柱的出版格局。

　　从1984年10月起,我为新加坡报业控股华文报集团做了22年的文字工作(含退休后的6年兼职),《辞源》《新华字典》《新华词典》《现代汉语词典》《英华大词典》等语文辞书一直陪伴着我,须臾未曾离开。

即使现在,因为有时伏案码字,或受人之托编审书稿,还"老是查字典"。说句大实话,我是靠词典吃饭的啊!也因此,我对辞书怀有深厚的感情。

在本书中,有16篇文章是书评,其中6篇是评介商务出版的辞书的。商务出版的语文词典,跟我感情最深的是《现代汉语词典》。收在本书中的《带部〈现汉〉下南洋,"老师"时刻在身旁》就是讲我和她的故事的。从1960年出版的"试印本"开始,直到2016年第7版,她一天都没有离开过我,我也没有一天不需要她,她也是我的"另一半"。

《语言的风采》小文章收得多,有些只有600来字,长的也不过2 000字。有时因工作需要,我也写一些长文章,也就是学界所谓"论文"。本书收了几篇。

说起论文,我觉得也不能空发议论,哪有那么多"空话"可讲?必须要有充足的论据,才有说服力。拙文之长,是由于列举的语言事实比较多。讲语言的风采也好,魅力也好,不用活生生的语言事实说话,能让人家领略到它的风情与姿采吗?能让人家感受到它散发的仪态万方的魅力吗?例如收录在本书中的《新加坡华语特有词语探微》一文,将近3万字,是因为我先编写了《时代新加坡特有词语词典》,然后写论文,因此引用了许多词典中生动的例子,文章才长起来的。相信读者诸君在读的时候不会太辛苦,因为我的一位当编辑的朋友在评论词典时,用了这样一个标题:读词典,逛新加坡。词典通常是供人"查"的,可是我这位朋友用了"读"字,那不是很辛苦?可是她说像"逛新加坡"。我想,逛街通常是轻松惬意的吧?这么絮叨,似有老汪卖瓜之嫌了,抱歉!

本书共有5个板块:语言生活、字词天地、华语华文、书评和人物评介。说起这5个板块,我得感谢责编包诗林先生。是他仔细审阅了我

后记

提供的几十篇文稿,经过梳理,提出来的。我当过编辑,这两年还应友人邀请,编审过两部书,对编辑工作的甘苦,感同身受。谨向包先生表示衷心的感谢。

暨南大学华文学院前院长、国家语委海外华语研究中心主任郭熙教授,领导工作和学术研究任务繁重。我想请他作序,朋友提醒我说,郭教授可是个大忙人啊。我想,与郭教授相识于新加坡,迄今二三十年了,我初次开口,他不会推辞的。果然,他非常爽快地答应了。他在百忙中挤时间,有时人在旅途,先是通读20多万字的文稿,然后下笔,写了将近4 000字,颇多溢美之词,令人汗颜。谨此深表谢忱!

我要把郭教授的"点赞"当作鼓励,当作鞭策,当作动力,继续努力!

汪惠迪

2022年1月12日

于香港新界青山东麓北望斋